레닌 평전 3

포위당한 혁명

레닌 평전 3

포위당한 혁명

토니 클리프 지음 | 이수현 옮김

책갈피

레닌 평전 3 : 포위당한 혁명

지은이 | 토니 클리프
옮긴이 | 이수현
펴낸곳 | 도서출판 책갈피
주소 | 서울시 성동구 무학봉 15길 12 2층(133-020)
등록 | 1992년 2월 14일(제2014-000019호)
전화 | (02) 2265-6354
팩스 | (02) 2265-6395
이메일 | bookmarx@naver.com
홈페이지 | http://chaekgalpi.com/

첫 번째 찍은 날 2010년 6월 15일
두 번째 찍은 날 2014년 5월 28일

값 13,000원

ISBN 978-89-7966-072-2 03300
ISBN 978-89-7966-059-3(세트)
잘못된 책은 바꿔 드립니다.

차례

일러두기

1. 이 책의 내용 중 인용처는 모두 후주 처리했다.

2. 각주 중에서 국역된 책을 소개한 것은 옮긴이가 넣은 것이고, 나머지는 지은이가 독자의
   이해를 돕기 위해 넣은 것이다.

3. ≪ ≫ 부호는 책과 잡지를 나타내고, 〈 〉 부호는 신문과 주간지를 나타낸다. 논문과 신문
   기사 제목은 " "로 나타냈다.

4. 이 책에서 쓰인 날짜는 구력을 기초로 삼은 것이다. 구력은 신력보다 13일 늦다.

5. 본문에서 [ ]는 옮긴이가 우리말로 옮기면서 독자의 이해를 돕고 문맥을 매끄럽게 하기
   위해 덧붙인 것이고, 지은이가 덧붙인 것은 [─ 지은이]라고 표기했다.

머리말

10월 봉기 직후 레닌이 "이제 우리는 사회주의 질서 건설을 향해 나아갈 것"이라고 침착하게 선언했을 때, 그는 국가권력과는 전혀 거리가 먼 박해받는 혁명가들의 당을 조직하고 교육하고 지도하면서 투옥, 유형流刑, 지하활동, 망명 생활로 점철된 25년의 세월을 보낸 뒤였다. 이제 레닌 앞에는 당 지도자, 혁명 정부의 수반, 신생 공산주의인터내셔널의 지도자로 활동하게 될 5년의 세월이 남아 있었다.

  과거의 힘들고 괴로운 오랜 정치 활동 기간에 레닌이 버틸 수 있었던 것은 새로운 사회주의 질서 건설이라는 원대한 꿈 덕분이었다. 레닌은 25년 동안 한 가지 목표를 줄기차게 추구했지만 그 목표가 실현될 기미는 좀체 보이지 않았다. 1917년 2월까지도 레닌은 자신이 살아 있는 동안 혁명이 일어날 것이라고 생각하지 않았다. 무명의 정치 세력에서 극적으로 부상해 권력의 정상에 오른 볼셰비키와 레닌은 수많은 새로운 난제에 직면했다. 엄청나게 광대한 후진국, 경제 파탄과 '14개국 군대'의 침략을 받은 나라에서 국가기구를 운영해야 했다. 맨손으로 노동자, 농민의 군대를 창건해야 했고, 그렇게 만든 군대를 이끌고 훨씬 더 잘 무장된 국내외 군대들에 맞서 싸워야 했다.

권력을 장악한 볼셰비키당은 활동 방식을 신속하게 바꿔야 했다. 그동안 반反국가 선전·선동과 조직 활동에 전념했다면 이제는 노동자들을 이끌고 국가를 운영해야 했다. 프롤레타리아가 비록 집권 경험도 없고 사회적 명성도 없고 이렇다 할 부富나 문화도 없는 계급이었지만 레닌과 볼셰비키는 혁명에서 프롤레타리아가 결정적 구실을 하리라는 것과 프롤레타리아가 사회를 다스릴 수 있다는 것을 조금도 의심하지 않았다. 볼셰비키는 각성한 노동계급의 창조적 능력을 깊이 신뢰했다. 오랫동안 악전고투를 치르며 단련된 당의 강철 같은 규율, 프롤레타리아의 용기와 영웅적 행동을 믿고 레닌은 국가의 방향타를 과감하게 움켜쥐었다.

또 다른 무거운 부담이 레닌의 어깨 위로 떨어졌다. 신생 공산주의인터내셔널을 지도하는 일이었다. 러시아 혁명은 해외에서 엄청난 반향을 불러일으켰다. 많은 나라에서 소규모 혁명적 마르크스주의 단체들이 대중적 공산당으로 성장했다. 경험 없는 신생 공산당들을 교육하고 훈련시키는 것은 대단히 힘들고 어려운 과제였다.

3권은 레닌이 권력을 장악하고 나서 사망할 때까지의 기간을 다룬 두 권 중 첫째 권이다. 당연히 3권의 배경이나 무대는 1권이나 2권보다 훨씬 광범하다. 레닌의 세 가지 구실, 즉 당과 정부와 인터내셔널의 지도자라는 3중의 구실을 분석하고 서술해야 하기 때문이다.

레닌의 전기와 노동계급의 역사는 끊임없이 변하는 관계였다. 1권에서 나는 프롤레타리아가 당을 만들고 당이 레닌을 만든 과정뿐 아니라 레닌이 당에 영향을 미치고 당이 프롤레타리아에 영향을 미치는 과정도 보여 주려 했다. 레닌의 정치적 전기는 노동계급의 정치적 역사와 맞물려 있었다. 레닌의 활동과 당, 계급의 활동이 융합되는 과정은 1917년 혁명에서 절정에 달했다는 것이 2권의 주제였다. 1권에서 전기의 요소와 역사의 요소가 완벽하게 들어맞지 않았다면 그것은 레닌이 노동계급을 변화시키고 사회를 변혁하는 투쟁 속에서 당과 자신을 개조하면서 당이 계급에 뿌리내리도록 하는 활동에 주력해야 했기 때문이다. 1917년에는 전기의 요소와 역사의 요소가 완전히 융합됐다. 그래서 마치 레닌과 당, 프롤레타리아가 완전히 하나가 된 듯했다. 1917년에 레닌이 보여 준 강점과 위대함은 노동자들의 강점과 위대함에서 얻은 것이었다.

이 3권에서는 전기의 요소와 역사의 요소 사이의 관계가 다시 바뀐다. 10월 혁명 뒤 볼셰비키는 러시아의 후진성과 농민의 보수성이라는 암울한 현실에 직면한 데다 국제 혁명도 지체되자 점차 무기력해지고 현실을 통제할 수 없게 됐다. 마치 사태의 압력이 레닌을 사회생활의 주변부로 밀어내는 듯했다. 전기의 요소는 역사의 요소보다 아주 하찮은 것처럼 보였다. 레닌과 그의 당이 불가항력의 상황에 직면한 이 시기는 레닌의 삶에서 비극적 시기였다. 그렇지만 이 시기에 레닌과 당과 프롤레타리아가 치른 희생은 결코 헛되지 않았다.

레닌이 프로메테우스처럼 투쟁한 이 기간 내내 미래가 볼셰비즘의 것이라는 그의 신념은 결코 흔들리지 않았다. 비교적 소규모였던 러시아 프롤레타리아는 가장 어려운 상황에서도 국제 노동계급이 자유와 노동자 권력을 위한 투쟁에서 무엇을 쟁취할 수 있는지를 힐끗 보여 주었다.

레닌의 생애 마지막 몇 년 동안에는 낙관적·영웅적 요소와 비극적 요소 (레닌이 국가, 당, 인터내셔널에 대한 장악력을 점차 상실한 것 등)가 떼려야 뗄 수 없이 서로 얽혀 있다. 그래서 다음 4권뿐 아니라 이 3권에서도 전기적 요소와 역사적 요소의 변증법에서 후자가 전자를 거의 압도한다.

3권과 4권을 쓰는 일은 무척 힘들고 어려웠다. 러시아와 국제 관계, 당, 국가, 공산주의인터내셔널 등 주제가 워낙 광범한 탓도 있었지만, 훨씬 더 중요한 이유는 이 책의 주제와 어울리지 않는 감상感傷에 빠지지 않으면서도 개인의 죽음과 맞물린 역사적 비극을 서술한다는 것 자체가 힘들었기 때문이다.

1918년 2월 1일(14일) 전의 사건들을 서술한 때는 두 가지 날짜를 병기倂記했다. 율리우스력, 즉 '구력舊曆'의 날짜를 먼저 표기하고 나서 괄호 안에 그레고리력, 즉 '서유럽력' 또는 '신력新曆'의 날짜를 표기했다. 구력은 1918년 2월 1일(14일) 폐지되고 신력이 도입됐다. 그 뒤에 일어난 사건들은 그레고리력으로만 표기했다.

1977년 7월 런던에서

토니 클리프

01 볼셰비키 정부의 첫 조처들

10월 25일(11월 7일) 볼셰비키는 페트로그라드에서 정권을 장악했다. 거의 4개월 만에 은신처에서 나와 공개 석상에 모습을 드러낸 레닌은 트로츠키에게 다음과 같이 말했다. "'뭐랄까, 박해받으며 지하 생활을 하다가 이렇게 갑자기 권력을 장악하게 되면 ⋯⋯' 레닌은 적절한 표현을 찾느라 잠시 말을 멈추더니 갑자기 독일어로 '정신이 아찔하기 마련이지Es schwindet' 하고 말하면서 손으로 머리 주위에 원을 그렸다."[1]

레닌 자신도 볼셰비키가 얼마나 오랫동안 권력을 유지할 수 있을지 의심스러워했다. 자본가들, 멘셰비키, 사회혁명당은 볼셰비키가 며칠 버티지 못하고 금세 무너질 것이라고 확신했다. 여전히 멘셰비키와 사회혁명당이 통제하던 소비에트 기관지 〈이즈베스티야〉는 혁명 이튿날 발행한 마지막 호에서 "볼셰비키는 절대로 국가권력을 구성할 수 없을 것"이라고 단언했다.[2]

케렌스키 정부에서 장관을 지낸 S N 프로코포비치는 몇 년 뒤 다음과 같이 회상했다. "모스크바에서 우파들은 '볼셰비키가 임시정부를 무너뜨리게 놔두자. 그런 다음에 우리가 볼셰비키를 처치하는 것은 식은 죽 먹기다' 하고 공공연하게 떠들어 댔다." 그리고 다음과 같이 덧붙였다. "당시 우파 진영이든 좌파 진영이든 모두 볼셰비키의 대담한 행동을 보며 거의 노골적으로 좋아했다."[3] 또 다른 목격자는 총사령부에 파견된 임시정부 지도위원 스탄케비치였다. 그는 10월 혁명 직후 우파의 분위기를 다음과 같이 묘사했다. "볼셰비키가 곧 박살날 것이라는 확신이 점차 강해지고 있었다."[4]

보수 일간지인 〈노보에 브레먀Novoe Vremia〉[새 시대]는 볼셰비키가 권력을 장악한 이튿날 아침에 다음과 같이 주장했다.

볼셰비키가 정말로 주도권을 장악하게 됐다고 가정해 보자. 그렇다면 앞으로 우리를 통치하게 될 사람들은 누구일까? 커틀릿[소·돼지 고기 등을 납작하게 썰어 튀긴 요리]과 비프스테이크 전문가인 요리사들? 아니면 화부火夫[증기기관이나 난로 따위에 불을 때거나 조절하는 사람]들? 마구간에서 일하는 아이들이나 자동차 운전사들? 아니면 기저귀를 빨다 말고 달려와서 국무회의에 참석할 유모들? 과연 누구일까? 정치인들은 어디 있을까? 아마도, 기계공들이 극장을 운영하고, 배관공들이 외교 업무를 담당하고, 목수들이 우체국을 관리할 것이다. 과연 누가 우리를 통치하게 될까? 볼셰비키의 이 정신 나간 야욕에 대해서는 역사가 분명하게 대답해 줄 것이다.[5]

한 보수적 역사가는 다음과 같이 회상했다. "내가 만난 사람들 중에는 볼셰비키 정권의 전복이 임박했음을 의심하는 사람이 단 한 명도 없었다. 문제는 언제, 어떻게 전복되느냐 하는 것뿐이었다."[6] 사회혁명당 일간지인 〈델로 나로다Dyelo Naroda〉[민중의 대의]는 봉기 3일 뒤에 "볼셰비키의 모험은 …… 현실과 부딪히자마자 바로 터져 버릴 비누 거품 비슷한 것"이라고 썼다.[7] 또, 다양한 사회집단을 두루 접촉한 존 리드도 비슷한 증언을 했다. "볼셰비키가 3일 이상 권력을 유지할 수 있으리라고 생각한 사람은 아무도 없었다. 아마 레닌과 트로츠키, 페트로그라드 노동자들, 순진한 병사들만이 그렇게 생각했을 것이다."[8]

자본가들, 멘셰비키, 사회혁명당의 생각은 오판이었다. 믿을 만한 목격자인 수하노프가 지적했듯이 "볼셰비키는 페테르부르크 노동자들과 병사들의 전폭적 지지를 받으며 행동"했기 때문이다.[9] 마찬가지로, 마르토프도 1917년 11월 6일(19일) 악셀로드에게 보낸 편지에서 다음과 같이 썼다. "어쨌든, 우리 앞에 있는 것은 승리한 프롤레타리아 봉기라는 사실을 아서야 합니다. 프롤레타리아는 거의 모두 레닌을 지지하면서, 봉기를 통해 자신들의 사회적 해방이 이뤄지기를 기대하고 있습니다."[10]

10월 봉기 당시 부르주아지의 저항은 거의 없었다. 첫째 이유는 부르주아지가 자신들의 '타고난 지배권'에 프롤레타리아가 감히 도전할 수 있으리라고 생각하지 않기 때문이다. 둘째 이유는 부르주아지가 스스로 대중과 너무 괴리되고 소외돼 있다고 느꼈기 때문이다. 서구 제국주의 열강이 개입한 뒤에야 러시아 부르주아지는 자신감을 되찾고 볼셰비키에 대항할 용기를 낼 수 있었다.

소비에트 대회

10월 26일(11월 8일) 오후 11시 45분에 제2차 전 러시아 소비에트 대회가 열렸다. 대회에 참석한 대의원들의 사회적 구성은 1차 대회 때와 사뭇 달랐다. 6월에 열린 1차 대회 대의원들은 대부분 프티부르주아 출신의 지식인들과 군 장교들이었다. 그러나 10월의 2차 대회 대의원들은 더 젊었을 뿐 아니라 훨씬 더 프롤레타리아적이었다. 존 리드는 다음과 같이 묘사했다.

나는 그곳에 서서, 새 대의원들 ― 수염을 기른 건장한 병사들, 검은 작업복

차림의 노동자들, 머리가 긴 농민들 — 이 들어오는 것을 지켜봤다. 행사 책임자인 여성 — 플레하노프가 이끄는 예딘스트보Edinstvo[단결] 그룹의 회원 — 이 그들을 비웃으며 말했다. "이들은 1차 대회 때의 대의원들과는 전혀 다른 사람들입니다. 보세요! 얼마나 거칠고 무식해 보입니까? 정말 우매한 사람들입니다. ……" 그것은 사실이었다. 러시아는 밑바닥부터 흔들리고 있었고, 그래서 이제는 최하층 사람들이 최상층으로 올라오고 있었던 것이다.[11]

2차 대회 대의원들의 정치적 구성도 1차 대회 때와 사뭇 달랐다. 6월의 1차 대회 때는 사회혁명당과 멘셰비키가 압도적이었던 반면, 이제는 대의원의 다수가 볼셰비키 지지자들이었다. 전체 대의원 650명 가운데 볼셰비키가 약 390명이었다. 사회혁명당 대의원 수는 160명에서 190명까지 다양하게 추산된다. 그러나 이 수치들은 오해할 소지가 많다. 왜냐하면 당시 사회혁명당은 이미 분열한 상태였고, 사회혁명당 대의원의 다수는 볼셰비키를 지지하는 좌파 사회혁명당 소속이었기 때문이다. 6월에 멘셰비키 대의원의 수는 200명이 넘었지만 이제는 겨우 60~70명 수준으로 줄어들었고, 그조차도 여러 그룹으로 분열돼 있었다. 우파 사회혁명당과 멘셰비키는 다 합쳐도 100명이 채 안 됐다.

2차 대회에서 새 집행부가 선출됐다. 이 집행부는 볼셰비키 14명, 사회혁명당 7명, 멘셰비키 3명, 국제주의 통합파United Internationalist(막심 고리키의 그룹) 1명으로 구성됐다. 그러나 우파 사회혁명당과 멘셰비키는 볼셰비키가 포함된 집행부에는 참여하지 않겠다고 선언했다.

그러자 마르토프가 연단에 올라서 가장 시급한 문제는 지금의 위기를 평화적으로 극복하는 것이라고 주장했다. 사회혁명당과 멘셰비키가 추구하는 정책의 진정한 본질을 들춰낼 필요가 있다고 판단한 볼셰비키는 마르토프의 발언에서 반反볼셰비키 성향이 드러났음에도 그의 주장에 반대하지 않았다.

"볼셰비키는 마르토프의 주장을 전혀 반박하지 않았다. 위기를 평화적으로 해결하는 문제를 첫째 안건으로 삼자는 마르토프의 동의안이 표결에 부쳐졌다. 반대하는 사람이 아무도 없었다."[12]

그러나 우파 멘셰비키와 우파 사회혁명당 지도자들은 "봉기를 주도한 당"과 협력하기를 단호하게 거부했다. 우파 전체(멘셰비키, 우파 사회혁명당, 유대인 분트)는 자신들의 견해를 밝힌 뒤에 소비에트 대회에서 퇴장했다.

마르토프는 마치 아무 일도 없었다는 듯이 계속 화해와 타협을 주장했다. 그러자 트로츠키가 그를 격렬하게 비판했다.

지금 우리는 이런 말을 듣고 있습니다. 우리의 승리를 포기하고 양보하고 타협하라고. 누구와? 저는 묻습니다. 우리가 누구와 타협해야 합니까? 이곳을 떠났거나 지금 이런 제안을 하고 있는 저 가련한 자들과? 그러나 우리는 그들을 속속들이 잘 알고 있습니다. 러시아에서 이제 그들을 따르는 사람은 아무도 없습니다. 이 대회에 대표를 보낸 수많은 노동자, 농민이 그들을 대등한 당사자로 인정하고 그들과 타협해야 합니까? 그들이 부르주아지의 호의를 얻는 대가로 노동자, 농민을 팔아넘기려 한 것이 한두 번이 아닙니다. 안 됩니다, 이제 더는 타협할 수 없습니다. 이곳을 떠난 자들에게, 그리고 우리더러 타협하라고 떠드는 자들에게 우리는 다음과 같이 말해야 합니다. 당신들은 비참하게 파탄했다, 당신들의 구실은 끝났다, 이제 당신들이 있어야 할 곳으로 가라, 역사의 쓰레기통 속으로!

트로츠키에게 폭풍 같은 박수갈채가 쏟아지는 와중에 마르토프가 "그렇다면 우리도 퇴장하겠소" 하고 외쳤다.[13]

대회는 계속 진행돼 새 중앙집행위원회VTsIk[체이카], 즉 소비에트 대회가 열리지 않는 동안에 활동하게 될 입법 기구를 선출했다. 새 중앙집행위원회에서 볼셰비키는 67석을 차지했고, 좌파 사회혁명당이 29석을 차지했다. 국제주의 통합파 6석 등 군소 정당들 몫으로 20석이 배정됐다.

2차 소비에트 대회에서는 또 새 정부, 즉 인민위원회(소브나르콤, Sovnarkom)도 구성됐다. 좌파 사회혁명당은 새 정부에 참여하기를 거부했다. 그래야 자신들이 한편으로는 볼셰비키와 다른 한편으로는 우파 사회혁명당이나 멘셰비키 사이를 중재해서 더 광범한 연립정부를 구성할 수 있을 것이라는 이유에서였다.

인민위원회는 다음과 같이 구성됐다.

의장 — 블라디미르 울랴노프(레닌)

내무 인민위원 — A I 리코프

농업 — V P 밀류틴

노동 — A G 실랴프니코프

육해군 — V A 오프세옌코(안토노프), N V 크릴렌코, P Y 디벤코로 구성된
          위원회

상공 — V P 노긴

교육 — A V 루나차르스키

재무 — I I 스크보르초프(스테파노프)

외무 — L D 브론시테인(트로츠키)

법무 — G I 오포코프(로모프)

식량 — I A 테오도로비치

체신 — N P 아빌로프(글레보프)

민족 문제 — J V 주가시빌리(스탈린)

철도 인민위원은 철도노조 중앙집행위원회(빅젤)와의 타협이 성사되기를 바라면서 일부러 공석으로 남겨 두었다. 빅젤은 모든 사회주의 정당이 참여하

는 광범한 연립정부 구성을 고집하고 있었기 때문이다.*

포고령, 포고령, 포고령 ……

레닌은 권력 장악 후 며칠, 몇 주 사이에 수많은 경제·정치·문화 생활과 관련된 포고령을 잇따라 공포했다. 18개월 뒤인 1919년 3월 23일 레닌은 8차 당대회에서 다음과 같이 말했다.

> 포고령은 대중적 실천 활동을 요구하는 지침입니다. 그 점이 중요합니다. 이 포고령들에 쓸모없는 것, 실제로는 실행될 수 없는 조항이 많다고 칩시다. 그러나 실천적 행동을 위한 요소가 들어 있습니다. 포고령의 목적은 소비에트 정부의 주장에 귀를 기울이는 수많은 사람들에게 실천적 조처들을 가르치는 것입니다. 포고령은 사회주의를 건설하는 분야에서 실천적 행동으로 하는 실험입니다. …… 문제를 이런 식으로 다룬다면 우리가 공포하는 법률, 명령, 조례로 많은 성과를 얻을 수 있을 것입니다. 포고령은 무슨 일이 있어도 즉시 실행해야 하는 절대적 명령이 아닙니다.[14]

레닌의 활력은 끝이 없었다.

당시 인민위원회 회의는 날마다 열렸고, 한 번 시작하면 보통 대여섯 시간씩 걸렸다. 그러나 레닌은 지칠 줄 모르고 회의를 주재했다. 그는 다양한 주제에 관한 갖가지 논쟁을 주도했다. …… 대체로 토론 주제는 아무 사전 준비 없이 안건으로 올라온 것들이었고 …… 항상 아주 시급한 문제들이었다. 의장이든

---

* 더 자세한 내용은 2장을 보시오.

인민위원이든 문제의 본질이 무엇인지를 정확히 파악하지도 못한 채 논쟁을 시작하기 일쑤였다.[15]

레닌은 인민위원회 회의를 엄격하게 주재했고, 이를 위해 다음과 같은 의사 규칙을 만들었다.

1. 보고는 10분.
2. 발언 시간은 처음에는 5분, 두 번째는 3분으로 제한한다.
3. 발언 기회는 두 번으로 제한한다.
4. 찬반 표결을 할 때 양쪽 1인씩 1분으로 발언 시간을 제한한다.
5. 이 규칙은 인민위원회의 **특별** 결정에 따라 다르게 적용할 수 있다.[16]

회의 때 레닌은 다른 인민위원들에게 작은 메모지를 보내 이것저것 물어보았다. 레닌이 토론을 정리하면서 요약한 내용이 후속 포고령의 기초가 된 때도 많았다. 트로츠키가 다음과 같이 쓴 것도 당연하다. "소비에트 포고령 모음집은 어떤 의미에서 블라디미르 일리치 레닌 저작집의 일부, 결코 무시할 수 없는 일부라고 할 수 있다."[17]

참고할 만한 전례가 없었으므로 포고령 초안을 작성할 때는 즉흥성이 중요한 구실을 했다. 레닌의 창조적 상상력은 입법 활동에 꼭 필요한 요소였다. 레닌은 이 엄청난 과제를 지극히 어려운 조건 속에서 해냈다. 새 국가의 창건자는 가장 흔한 업무 시설조차 갖춰지지 않은 곳에서 일을 했다. 스몰니(소비에트 본부)에는 타자기조차 매우 드물었다. 속기사도 없었다. 인민위원들은 포고령과 선언문을 손으로 직접 써야 했다.

모든 사람이 경험이 없었다. 예컨대, 새로 국립은행 총재가 된 S S 페스토프스키는 자신의 임명 과정을 회고록에서 다음과 같이 묘사했다. 그는 볼셰비키가 아니라 사회혁명당 당원이었는데, 어느 날 스몰니를 방문해서 어떤 방으로 들어갔다.

> 그 방은 약간 컸다. 한쪽 구석에서는 인민위원회 서기인 N P 고르부노프 동지가 작은 책상에서 일하고 있었다. …… 더 멀리 떨어진 곳에서는 멘진스키 동지가 매우 피곤한 얼굴로 소파에 비스듬히 앉아 있었는데 …… 그 위에 '재무 인민위원'이라고 적힌 간판이 벽에 걸려 있었다.
>
> 나는 멘진스키 옆에 앉아서 얘기를 나누기 시작했다. 그는 별 뜻 없이 내 경력을 묻다가 내 전공이 궁금하다고 했다. 나는 …… 런던대학교에서 주로 금융을 공부했다고 말했다.
>
> 나를 뚫어져라 쳐다보던 멘진스키가 벌떡 일어서며 한 마디 했다. "당신이 국립은행 총재를 하면 되겠네."
>
> 깜짝 놀란 나는 …… 그 직책을 맡을 생각이 전혀 없다고 말했다. 그런 일을 해 본 경험이 전혀 없었기 때문이다. 멘진스키는 내 말에 대꾸도 하지 않은 채 나더러 기다리라는 말만 하고 방을 나갔다.
>
> 잠시 뒤에 돌아온 그는 일리치[레닌 — 지은이]의 서명이 적힌 종이쪽지를 내밀었다. 나를 국립은행 총재로 임명한다는 임명장이었다.
>
> 기가 막혀서 말도 못하던 나는 이윽고 임명장을 철회해 달라고 간청하기 시작했다. 그러나 멘진스키는 요지부동이었다.[18]

멘진스키 자신은 무슨 자격으로 재무 인민위원이 됐는가? "그가 전에 프랑스 은행에서 근무한 적이 있다"는 이유에서였다.[19]

인민위원회 서기도 자격이 의심스럽기는 마찬가지였다. 25세의 청년이었던 N P 고르부노프는 어느 날 레닌의 비서인 V D 본치-브루예비치에게 불려간 일을 다음과 같이 묘사했다.

그[본치-브루예비치]에게 갔더니 아무 설명도 하지 않은 채 내 손을 끌고 3층 구석의 작은 방으로 데려갔다. 그곳은 당시 블라디미르 일리치의 집무실이었다. …… 나를 반갑게 맞이한 블라디미르 일리치가 놀라운 말을 했다. "자네가 인민위원회 서기를 맡아 줘야겠네." 그때 나는 아무 지침도 받지 못했다. 나는 해야 할 일의 구체적 내용이나 일반적 서기 업무에 대해서 아는 바가 하나도 없었다. 어디선가 타자기를 구해 온 나는 꽤 오랫동안 독수리 타법으로 문서를 작성할 수밖에 없었다. 아무리 찾아봐도 타자수를 구할 수 없었기 때문이다.

사무실의 가구는 책상 하나뿐이었다. 레닌은 고르부노프를 첫 각료회의에 불러 의사록을 작성하게 했다. 고르부노프가 속기법도 모르고 철자도 자주 틀렸지만 말이다.[20]

포고령과 선언문 등을 서둘러 발표하다 보니 형식성 따위는 무시할 수밖에 없었다. 체이카의 일원이자 인민위원회 입법국장이었던 Iu 라린은 다음과 같이 회상했다.

법령집 1권에 수록된 첫 포고령 15개 가운데 인민위원회가 제대로 검토하고 나서 공포한 것은 오직 두 개뿐이었다. …… 레닌이 자신의 서명이 딸린 포고령 12호를 처음 보고 무척 놀라워하던 것이 기억난다. 그 포고령은 인민위원회에 입법권도 부여한다는 내용을 담고 있었다(그러나 소비에트 대회는 인민위원회에 집행권만을 부여했을 뿐이다).[21]

평화 포고령

레닌이 초안을 작성한 첫 포고령은 봉기 이튿날 새 정부가 공포한 평화에 관

한 포고령이었다. [포고령에 따르면] 새로 수립된 노동자, 농민의 정부는

모든 교전국 국민과 정부에 공정한 민주적 평화 협상을 즉시 시작하자고 호
소한다.
　…… 우리가 말하는 평화는 합병(외국의 영토를 점령하거나 외국 국민들을
강제로 통합하는 것)과 배상이 없는 즉각적 평화다. ……
　우리는 강력하고 부유한 국가들이 약소민족을 정복해서 자기들끼리 어떻
게 분할할 것인지를 둘러싸고 벌이는 이 전쟁을 계속하는 것이야말로 인류에
게 저지르는 가장 큰 범죄라고 생각한다. 우리는 앞서 말했듯이 모든 민족에
게 예외 없이 공정한 조건에 따라 이 전쟁을 종결하는 평화협정에 즉시 서명
할 준비가 돼 있다고 엄숙히 선언한다. ……
　우리는 비밀외교를 폐지하고, 모든 협상을 전 국민이 알 수 있도록 공개할
것이다. 우리의 이러한 의지는 확고하다.
　우리는 1917년 2월부터 10월 25일까지 지주, 자본가의 정부가 승인하거
나 체결한 비밀조약들을 즉시 전면 공개할 것이다. 러시아 지주와 자본가의
이익과 특권을 보호하고 대러시아 제국의 영토 합병을 유지하거나 확대할
목적으로 체결된 조약은 무조건 즉시 폐기할 것이다.[22]

토지 포고령

세계사적으로 중요한 또 다른 포고령은 토지 포고령이었다. 이 포고령도 평
화 포고령을 공포한 바로 그날 발표됐다. 토지 포고령의 초안도 레닌이 작성
했다.

토지의 사적 소유는 영원히 폐지한다. 따라서 토지를 사거나 팔거나 임대하거

나 저당잡거나 그 밖의 방법으로 양도하는 것은 모두 금지된다.

모든 토지는 국유지든 왕실 소유지든 수도원이나 교회나 공장의 소유지든 상속받은 땅이든 사유지든 공유지든 농민의 땅이든 그 밖의 어떤 토지든 간에 보상 없이 몰수돼서 전 국민의 재산이 될 것이고 토지를 직접 경작하는 사람들에게 넘겨질 것이다. ……

고도의 과학적 영농 기법이 실시되는 토지 — 과수원, 대농장, 묘상苗床 [꽃, 나무, 채소 따위의 모종을 키우는 자리], 묘목장, 온실 등 — 는 분할되지 않은 채 모범 농장으로 전환될 것이다. 그리고 그 규모와 중요도에 따라서 국가나 공동체가 배타적으로 사용하게 될 것이다. …… 토지 사용권은 러시아 국가의 시민으로서 가족의 도움을 받거나 다른 사람들과 협력해서 직접 토지를 경작하고자 하는 사람들(남녀 구분 없이)에게 부여될 것이다. 단, 그들은 토지를 경작할 수 있어야 한다. 노동자를 고용해 토지를 경작하는 것은 금지한다. ……

토지 보유 기간은 균등하게 배정될 것이다. 즉, 토지는 각 지방의 조건에 적합한 노동 기준이나 생계 기준에 따라 노동 대중에게 분배될 것이다.[23]

레닌의 탁월한 전술적 유연성은 토지 개혁 포고령에서 잘 드러난다. 그는 사회혁명당 강령을 아무 거리낌 없이 채택했다.

[레닌은 다음과 같이 썼다 — 지은이] 사회혁명당원들은 "볼셰비키가 우리 강령을 도둑질했다"며 바락바락 악을 쓰고 화를 내며 항의했다. 그래 봐야 그들 스스로 웃음거리가 될 뿐이다. 사실, 노동 대중에게 이롭고 혁명적인 자신의 강령이 온전히 실행되도록 하기 위해 훌륭한 정당이 스스로 패배를 당하고 정부에서 쫓겨났으니 말이다![24]

소수민족의 자결권

볼셰비키의 오래된 강령 가운데 하나가 피억압 민족의 자결권이었다. 11월 2일(15일) 인민위원회는 다음과 같은 원칙이 포함된 포고령을 공포했다.

1. 러시아 여러 민족의 평등과 주권 [보장].
2. 분리와 독립국가 건설을 포함하는 민족자결권.
3. 모든 민족적 · 민족종교적 특권과 제약 폐지.
4. 러시아에 거주하는 다양한 소수민족과 인종 집단의 자유로운 발전.[25]

노동자 통제 포고령

11월 14일(27일) 인민위원회는 레닌이 초안을 작성한 노동자 통제 포고령을 공포했다.

국민경제를 계획적으로 조절하기 위해, 노동자를 고용하거나 가내 수공업에 하청을 주는 모든 공장, 상사商社, 은행, 농장, 협동조합과 그 밖의 기업체가 원료와 생산물을 제조, 판매, 구매, 보관하는 업무와 재정 업무에 노동자 통제 조처를 도입한다.

노동자 통제는 해당 기업체의 모든 노동자가 직접 선출한 기구, 예컨대 공장위원회나 직장위원평의회 등을 통해 실시된다. 사무직과 기술직 인력의 대표들도 그런 기구에 포함된다.

모든 도시와 주州, 공업 지구에 지역별 노동자 통제 평의회를 설립한다. 이 평의회는 노동자 · 병사 · 농민 대표 소비에트의 산하 기관으로서 노동조합, 공장 · 사무실의 노동자위원회, 노동자 협동조합의 대표들로 구성된다. ……

노동자 통제 기구가 내린 결정은 기업주에게 구속력이 있고, 그 결정을 철회할 수 있는 기관은 상급 노동자 통제 기구뿐이다. 전 러시아 노동자 통제 평의회는 노동자 통제에 관한 전반적 계획을 수립하고, 지침과 명령을 공포하고, 지구 노동자 통제 평의회 간의 관계를 조정하고, 노동자 통제와 관련된 모든 문제의 최고 재판소 구실을 한다.[26]

그 밖의 많은 포고령

11월 21일(12월 4일) 인민위원회는, 역시 레닌이 초안을 작성한 소환권에 관한 포고령을 공포했다.

선거로 구성된 기관이나 대의 기구에서 유권자들의 소환권이 보장되고 실행되지 않는다면 그런 기관이나 기구는 진정으로 민중의 의지를 대변하는 민주적 기구라고 할 수 없다. 이 진정한 민주주의 근본 원칙은 모든 대의 기구에 예외 없이 적용돼야 한다.[27]

11월 22일(12월 5일) 인민위원회는 사법부에 관한 포고령을 공포했다. 옛 법관들은 직위 해제되고, 소비에트나 민중이 투표로 선출한 새 법관으로 교체돼야 한다. 과거의 법령은 "혁명으로 폐지되지 않았거나 혁명적 의식이나 혁명적 권리 의식과 어긋나지 않는 한에서만" 유효하다. 이 규정을 보완하는 조항으로, 소비에트 정부의 포고령이나 볼셰비키, 사회혁명당의 최소 강령과 충돌하는 법률은 모두 무효로 간주한다는 내용도 있었다.

12월 16일(29일)과 18일(31일) 공포된 포고령은 결혼과 이혼에 관한 기존 법령들을 일소했다. 이 포고령에 따라, 국가는 종교의식을 따르지 않는 세속적 결혼만을 승인했다. 서자에게도 적자와 똑같은 권리가 보장됐다. 이혼은 배우자 어느 한쪽의 요구만으로도 가능해졌다. 새로 제정된 법령은 완전한

남녀평등을 강조했다.[28]

1918년 2월 2일 공포된 법률은 교회와 국가, 교회와 학교의 완전한 분리를 규정했다. 이 법률에 따라 모든 소비에트 시민은 자유롭게 종교를 선택하거나 아예 종교를 갖지 않을 수 있게 됐다. 국가 행사에서는 종교의식을 거행할 수 없게 됐다. 학교에서 종교 교육이 금지됐다. 교회와 종교 단체가 재산을 소유할 수 있는 권리도 없어졌다.[29]

레닌은 매우 중요한 문제에 관한 포고령뿐 아니라 지방정부의 자질구레한 일에 영향을 미치는 수많은 법령도 다뤄야 했다. 예컨대, 보고로드스크시와 인근 지역 일부를 통합하는 문제, 홍수로 고통을 겪고 있던 우크라이나의 크레멘추크 군민들을 도와주기 위해 45만 루블(당시로는 상당한 금액이었다)을 배정하는 문제, 관리 개인을 임명하거나 해임하는 문제 등도 처리해야했다.[30]

레닌은 아주 사소한 일에도 직접 관여했다. 1918년 3월 그는 모스크바 우체국 직원들이 장시간 노동을 하는 이유를 물어 보았다.[31] 또, 재산 징발이 멋대로 이뤄지고 있다고 계속 불평했다. 1918년 7월 러시아 동부 지방에 전쟁의 먹구름이 몰려들고 있을 때 레닌은 카잔과 우랄산맥 사이의 한 마을에 사는 이바노프라는 사람에게 다음과 같은 편지를 써 보냈다. "듣자 하니 당신이 역장 소유의 책상을 포함해서 많은 사무기기를 징발했다더군요. 당장 돌려주십시오. 그리고 당신의 해명을 전보로 보내 주십시오."

불행히도 그 역장의 책상이 어찌 됐는지, 그리고 즐로빈[벨로루시의 도시]에 있는 약국 소유 자전거가 어찌 됐는지를 기록한 역사적 자료는 없다(레닌은 그 자전거를 염려하는 편지를 두 통이나 보냈다).[32] 당시 레닌이 그나마 마음대로 이용할 수 있었던 사무 보조 시스템은 아주 초보적인 것이었다. 통신 시스템도 원시적이기는 마찬가지여서 그는 전화가 고장 났다고 끊임없이 불평했다.

생존을 위해 투쟁하는 소비에트 정부

일련의 입법 활동은 새 정권이 살아남기 위한 절박한 투쟁의 산물이었다. 평화나 토지에 관한 포고령 덕분에 새 정부가 대중 사이에서 인기가 높았다는 것은 분명하다. 그러나 입법가의 펜은 병사의 칼로 뒷받침돼야 했다. 그리고 며칠, 몇 주, 몇 달, 심지어 몇 년 동안 새 정권은 계속 불안정한 상태를 벗어나지 못했다.

권력을 장악한 다음 주에 볼셰비키는 사관생도들이 페트로그라드 군사학교에서 일으킨 봉기에 직면했고, 케렌스키의 사주를 받아 페트로그라드로 진격해 오는 군대에 맞서 수도를 방어해야 했다. 당시는 제2차 소비에트 대회가 여전히 진행 중일 때였다.

10월 26일(11월 8일) 제3기병군단(참담한 실패로 끝난 코르닐로프 쿠데타에 가담했던) 사령관인 P N 크라스노프가 케렌스키의 명령에 따라 페트로그라드를 향해 진군하기 시작했다. 이튿날 크라스노프의 군대는 페트로그라드에서 약 43킬로미터 떨어진 가치나를 점령했다. 그 다음 날 아침 일찍 크라스노프는 수도에서 약 24킬로미터 떨어진 차르스코예셀로 근처까지 진군했다.

10월 30일(11월 12일) 크라스노프의 코사크 부대는 차르스코예셀로 시市 경계선 바로 외곽의 풀코보 언덕에서 볼셰비키가 이끄는 수병 부대의 강력한 저항에 부딪혔다. 볼셰비키는 내전에서 처음으로 군사적 승리를 거뒀고, 크라스노프는 가치나로 후퇴할 수밖에 없었다.

11월 2일(15일) 볼셰비키 군대가 가치나를 공격했다. 크라스노프는 체포돼서 스몰니로 호송됐다. 그때까지도 혁명은 아직 온순했다. 크라스노프는 다시는 정부에 맞서 무기를 들지 않겠다고 서약한 뒤 곧 풀려났다(그는 약속을 어기고 돈 강 지역으로 도망가 이듬해 봄 코사크 백군의 지도자가 됐다).

그러나 페트로그라드에서 군사적 승리를 거뒀지만 볼셰비키의 지배력은 여전히 러시아의 극히 일부 지역에 국한돼 있었다. 모스크바에서 권력을 장악하기는 훨씬 더 어려웠다. 10월 25일 페트로그라드에서 승리한 볼셰비키가 모스크바에서도 승리하기까지는 꼬박 8일이 더 걸렸고 매우 유혈 낭자한 전투를 치렀다. 10월에 볼셰비키가 페트로그라드보다 모스크바를 장악하기가 더 어려웠던 데는 여러 이유가 있다. 모스크바는 전선에서 더 멀리 떨어져 있었고, 페트로그라드와 달리 반란을 일으킨 병사들과 수병들이 없었고, 식량 부족으로 말미암은 고통도 훨씬 덜했다. 페트로그라드 프롤레타리아가 대규모 공장들에 집중돼 있었던 반면, 모스크바 프롤레타리아는 상대적으로 소규모 공장들에 분산돼 있었다.[33] 볼셰비키가 대중적 노동자 정당으로 성장하던 시기(1912~1914년)에 모스크바는 페트로그라드보다 한참 뒤처져 있었다. 1917년 10월까지도 모스크바에서는 사회혁명당이 노동자들의 상당한 지지를 받고 있었지만 페트로그라드에서는 사회혁명당의 영향력이 거의 없었다.

레닌과 트로츠키를 포함해서 볼셰비키의 가장 뛰어난 지도자들은 모두 페트로그라드에 있었다. 모스크바의 볼셰비키 지도부는 분열해 있었다(이 점은 페트로그라드 지도부도 마찬가지였다). 부하린은 레닌, 트로츠키와 같은 노선을 취한 반면, 노긴과 리코프는 주저하고 동요했다. 모스크바에서는 10월 25일(11월 7일)에야 군사혁명위원회가 수립됐다. 게다가 처음에는 볼셰비키 4명, 멘셰비키 2명, 국제주의 통합파 1명으로 구성됐다. 멘셰비키는 군사혁명위원회의 활동을 방해하기 위해 군사혁명위원회에 참여했다고 공공연히 떠들어 댔다(그들은 곧 군사혁명위원회에서 탈퇴했다). 수비대 대표자 회의도 10월 26일(11월 8일)에야 소집됐다. 모스크바 프롤레타리아는 주저하고 미적거리다가 값비싼 대가를 치렀다. 페트로그라드에서는 봉기 당시 사망자가 5명뿐이었는데, 유서 깊은 수도 모스크바에서는 투쟁 과정에서 목숨을 잃은 병사와 노동자가 수백 명이나 됐다.

러시아 중부와 북부에서 볼셰비키가 권력을 장악할 때 끈질긴 저항에 부딪힌 곳은 모스크바뿐이었다. 다른 곳에서는 소비에트로 권력이 넘어오는 과정이 지역 주민 대비 공업 노동자 비율, 지역 수비대의 분위기, 볼셰비키당 지역 조직의 능력 등에 따라 차이가 있었다.

중부의 공업 지대와 우랄산맥 지역에서 볼셰비키는 10월 봉기 직후에 손쉽게 권력을 장악했다. 그래서 '러시아의 맨체스터'인 이바노보보즈네센스크에서 볼셰비키는 "총 한 방 쏘지 않고, 피 한 방울 흘리지 않고 …… 아주 순조롭게" 목표를 달성했다. 페트로그라드 봉기 소식이 지방자치단체 회의에서 열광적 반응을 불러일으켰고, 그래서 혁명적 평의회가 수립됐다.[34]

첼랴빈스크와 예카테린부르크를 비롯한 여러 도시에서 볼셰비키는 거의 저항에 부딪히지 않고 권력을 장악했다.[35] 시베리아 횡단철도가 지나는 도시들(크라스노야르스크, 이르쿠츠크)뿐 아니라 니즈니노브고로드, 사마라, 사라토프 같은 볼가 강 중하류의 도시에서도 "10월 사태는 …… 순간적인 충돌 형태로 전개됐다."[36] 북서부의 백白러시아[벨로루시]에서는 군대가 볼셰비키를 확고하게 지지했고, 권력 이양 과정도 매우 순탄했다.

펜자와 심비르스크 같은 비非공업 지역의 중심지에서는 볼셰비키 색채가 분명한 정권이 수립되기까지 꽤 시간이 걸려서 12월에야 완수됐다.

러시아인들이 무척 많아서 우크라이나 민족주의가 거의 뿌리를 내리지 못한 우크라이나 동부와 남동부의 공업 지대에서 볼셰비키는 아주 쉽게 권력을 장악했다. 11월 31일(12월 7일) 우크라이나 동부에서 가장 큰 도시인 하리코프의 소비에트는 전소 우크라이나 소비에트 대회가 권력의 보고寶庫가 돼야 한다는 결의안을 통과시켰다. 우크라이나의 수도인 키예프가 있고, 공업 노동계급과 볼셰비키 조직이 비교적 취약하지만 [우크라이나] 민족주의가 강력한 서부에서는 권력이 여전히 우크라이나 라다[평의회라는 뜻]의 프티부르주아지 수중에 있었다.

1918년 1월 8일(21일)부터 18일(31일)까지 열린 제3차 소비에트 대회에서 볼셰비키가 러시아 연방 소비에트 공화국RSFSR 수립을 선포했을 때 그들이 실제로 통치하는 지역은 옛 러시아 제국의 극히 일부에 지나지 않았다(비록 상당히 큰 일부였지만 말이다). 양대 수도, 유럽 러시아의 중부와 북부, 더 불안정했지만 시베리아와 중앙아시아의 일부 도시들이 볼셰비키가 통제하는 지역이었다.

서부에서는 동맹국들[독일, 오스트리아-헝가리, 터키, 불가리아 등]의 군대가 드네스트르 강에서 리가 만 너머에 이르는 광대한 지역을 점령하고 있었다. 더 북쪽인 핀란드에서는 부르주아 정부가 볼셰비키의 지원을 받는 사회민주당의 반란을 진압하면서 유혈 낭자한 내전을 벌이고 있었다. 남부에서는 캅카스와 트란스볼가 지역에서 새로 수립된 부르주아 민족주의 정부가 볼셰비키 권력의 확장에 맞서 싸우며 상당한 성과를 올리고 있었다. 남동부에서는 최초의 백군白軍이 코르닐로프, 칼레딘, 알렉세예프, 데니킨의 지휘 하에 돈 강 지역에서 행동을 개시했다. 그리고 오렌부르크에서는 아타만 두토프가 이끄는 코사크가 봉기했다.

사보타주에 맞선 투쟁

볼셰비키는 페트로그라드 외부에서 진군해 오는 크라스노프의 위협에 대처해야 했을 뿐 아니라 그에 못지않게 위험한 또 다른 적, 즉 수도 내부의 사보타주[고의적인 파괴·방해 활동] 행위자들과도 맞서 싸워야 했다. 10월 27일(11월 9일) 페트로그라드에서는 모든 국가 공무원의 총파업을 촉구하는 선동이 있었고, 이에 따라 거의 모든 공공 기관 직원과 공무원이 일손을 놓았다.

농업부, 노동부, 체신부, 식량부, 재무부, 외무부의 공무원들이 파업에 들어갔다. 교사들도 파업을 벌였다. 12월 15일(28일)에는 페트로그라드 교사 3만 명 이상이 파업을 벌였다. 이런 파업으로 새 지배자들은 심각한 곤경에 빠졌다.

전신·전화 기사들도 일손을 놓았다. 엄청나게 광대한 러시아에서 신속하게 연락을 주고받을 수 있는 유일한 통신수단이 전신이었다. 전신·전화 노동자들은 대부분 멘셰비키와 사회혁명당의 영향을 받고 있었다. 대다수 전신 기사들이 볼셰비키 '침입자들'을 위해 일하기를 거부했으므로, 크론시타트 수병들이 달려와서 전신 기기와 씨름하며 레닌의 평화·토지 포고령 등을 전국에 알리려고 애를 썼다. 그러나 그들은 곧 자신들이 그 일을 해낼 수 없다는 것을 깨달았다. 일부 기기와 전류 공급 장치가 파괴돼 있었기 때문이다.

볼셰비키는 사정을 설명하고 도움을 요청하는 대형 현수막을 전신국 건물 벽에 내걸었다. 마침내 여러 공장에서 분노한 볼셰비키 지지자들이 달려와서 전신 기사들을 위협한 뒤에야 일부 기사들이 자기 자리로 돌아가서 일을 하기 시작했다.[37]

비슷한 어려움은 전화국에서도 있었다. 존 리드는 다음과 같이 썼다. "스몰니는 [전화가] 끊겼지만, 두마와 [조국과 혁명] 구제위원회는 차르스코예에 있는 케렌스키나 모든 사관학교와 끊임없이 연락을 주고받았다."[38] 볼셰비키는 전화 시스템을 가동하기가 매우 어렵다는 것을 깨달았다.

숙련된 교환원은 6명뿐이었다. 수병·병사·노동자 100여 명이 교환원으로 자원했다. 여성 교환원 6명이 그들을 가르치고 도와주고 꾸짖으며 바삐 움직였다. …… 마침내, 불안정하고 자주 끊기긴 했지만 어쨌든 전화가 다시 가동됐고, 전화선들이 신호를 받아 윙윙거리기 시작했다. 먼저 스몰니와 병영들, 스몰니와 공장들 사이를 연결한 뒤에 두마와 사관학교 사이의 전화를 끊어버렸다.[39]

볼셰비키의 지배를 사보타주하겠다고 위협한 또 다른 노동자들은 100만 명의 철도 노동자들이었다. 철도 노동자들의 사회적 구성은 복잡했고 위계적이었다. 그 위계 구조의 맨 꼭대기에는 철도망 관리본부의 공무원들과 민간 기업 소유자들과 관리자들이 있었다. 그 밑에는 기사들, 설계사들, 통계 전문 가들, 그리고 다소 덜 중요한 사무직원들이 있었다. 이 두 집단이 철도 직원 의 16~17퍼센트를 차지했다.[40]

철도노조는 빅젤이 통제하고 있었다. 빅젤은 고위 관리직 12명, 기사와 기술자 10명, 변호사 3명, 의사 2명, 사무직원 3명, 기관차 승무원 2명, 서기 나 사무직 노동자 8명으로 구성돼 있었다.

그래서 빅젤은 주로 중상층 철도 노동자들의 지지를 받았고, 이들은 양대 온건파 사회주의 정당인 사회혁명당과 멘셰비키의 영향을 받았다. 빅젤에서 볼셰비키는 극소수였다. 빅젤의 위원들은 볼셰비키가 2명, 사회혁명당이 14 명, 멘셰비키가 7명, 사회주의-민중당[1906년 1차 두마에 대한 태도 문제를 둘 러싸고 사회혁명당에서 분열해 나온 농민 정당 트루도비키]이 3명, 그리고 대부 분 카데츠를 지지하는 무정파가 11명이었다.[41]*

코르닐로프 쿠데타를 분쇄하는 데서 결정적 구실을 한 철도 노동자들이 10월 봉기 뒤에는 볼셰비키에 최후통첩을 보냈다. 볼셰비키가 사회혁명당, 멘셰비키와 연립정부를 구성하지 않으면 빅젤이 총파업을 벌이겠다는 것이 었다. 그 결과는 (뒤에서 보겠지만) 정말 심각할 터였다.

페트로그라드의 공무원 파업은 78일을 끌다가 1918년 1월 13일(26일)에야 끝났다. 모스크바의 지방자치단체 노동자 1만 6000명이 참가한 파업은 4개월 동안 계속됐다.

---

* 볼셰비키를 지지한 철도 노동자들은 주로 철도의 작업장과 정거장에서 일하는 노동 자들(전체 철도 노동자 가운데 35퍼센트를 차지했다)이었지만, 이들은 더 급진적인 금속노조나 소목[나무로 가구나 문방구 따위를 짜는 노동재노조에 가입한 채 철도노 조에서 사실상 손을 떼고 있었다.[42]

적색테러의 시작

10월 26일(11월 8일) 다시는 볼셰비키에 적대적 행위를 하지 않겠다고 약속하고 동궁에서 풀려난 군 장교들이 이틀 만에 약속을 어기고 봉기를 일으켰다. 마찬가지로 관대한 처분을 받은 크라스노프도 반역으로 보답했다.

11월 5일(18일) 레닌은 다음과 같이 썼다.

사람들은 우리가 테러에 의존한다고 비난하지만, 우리는 무장하지 않은 사람들을 단두대에서 처형한 프랑스 혁명가들과 달리 테러에 의존하지 않았다. 그리고 나는 우리가 그러지 않기를 바란다. 왜냐하면 우리에게 힘이 있기 때문이다. 우리는 누구든지 체포했을 때, 사보타주에 가담하지 않겠다는 서면 약속만 하면 풀어주겠다고 말했다. 우리는 그런 서약서들을 갖고 있다.[43]

빅토르 세르주는 ≪러시아 혁명의 첫 1년Year One of the Russian Revolution≫* 에서 모스크바의 상황을 다음과 같이 서술했다.

백위대白衛隊는 11월 2일(15일) 오후 4시에 항복했다. "공안위원회는 해체한다. 백위대는 무기를 넘겨주고 해산한다. 장교들은 자신의 계급을 나타내는 권총이나 총검 등의 무기를 계속 휴대할 수 있다. 육군 사관학교에는 실습에 필요한 무기만을 보관한다. …… 군사혁명위원회는 [투항한] 모든 사람의·자유를 보장하고 침해하지 않는다." 이것이 적위대赤衛隊와 백위대가 서명한 휴전 협정의 주요 조항들이었다. 반혁명의 전사들, 크렘린의 도살자들, 자신들이 승리했다면 적위대에 눈곱만큼도 자비를 베풀지 않았을 자들(그들은 실제로 그랬다)이 풀려났다.

....

* 국역 : ≪러시아 혁명의 진실≫(빅또르 세르쥬, 풀무질).

세르주는 다음과 같이 논평했다.

정말 어리석은 자비였다! 바로 이 사관생도들, 장교들, 학생들, 반反혁명적 사회주의자들이 러시아 전국 방방곡곡으로 흩어져서 내전을 조직했다. 야로슬라블에서, 돈 강 유역에서, 카잔에서, 크림 반도에서, 시베리아에서, 그리고 집 근처의 모든 음모에서 혁명은 그들을 다시 만나게 된다.[44]

이것을 보면 혁명 초기에 볼셰비키가 얼마나 순진했는지를 알 수 있다. 그러나 레닌은 평화주의자가 아니었다. 10월 봉기 이튿날 아침에 레닌이 자리에 없을 때 카메네프의 발의로 사형제가 폐지됐다. 이 최초의 입법 작품을 알게 된 레닌은 격노했다. "총살 부대도 없이 어떻게 혁명을 성공할 수 있겠나? 자네는 무기를 땅에 내려놓은 채 적들을 모두 처치할 수 있을 거라고 생각하나? 자네가 가진 다른 억압 수단은 뭔가? 투옥? 양편이 서로 승리하기만을 원하는 내전에서 이것[투옥]이 중요하다고 생각하는 사람은 아무도 없을걸세."

레닌은 계속해서 다음과 같이 말했다. "그것은 오류이고, 용납할 수 없는 약점이고, 평화주의적 환상이야. 자네는 우리가 혁명적 테러 없이도 승리할 수 있을 거라고 정말로 생각하나?"[45]

제5차 소비에트 대회(1918년 7월)에서 레닌은 같은 주장을 되풀이했다. "위선자가 되고 싶지 않은 혁명가라면 사형을 포기할 수 없습니다. 지금까지 총살 없는 혁명이나 내전은 한 번도 없었습니다."[46]

반혁명에 맞선 투쟁을 조직하려고 1917년 12월 7일(20일) 인민위원회는 체카, 즉 '반혁명과 사보타주에 맞서 투쟁하는 전 러시아 비상위원회'를 설치했다. 처음에 체카의 인원은 소수였고 자원도 빈약했다. 체카가 내린 몇 건의 사형선고도 평범한 범죄자들을 대상으로 한 것이었다. 1918년에 체카 요원이

었던 M I 라치스는 체카가 출범 후 6개월 동안 총살한 사람이 22명이었다고 말했다.[47]

러시아의 혁명적 테러는 프랑스 대혁명 때의 테러와 마찬가지로 외국의 침략과 엄청난 반혁명 위협에 대응한 것이었다. 1793년 9월 2일 파리에서 일어난 테러는 브라운슈바이크 공작이 외국 군대를 이끌고 프랑스를 침략해서 혁명을 무자비하게 진압하겠다고 위협한 뒤에 벌어진 사건이었다.

소비에트 공화국을 가장 크게 위협한 것은 1918년 6월 체코슬로바키아 군단이 적군赤軍을 굴복시키면서 시작된 외국군의 침략이었다. 6월 20일에는 볼셰비키의 인기 웅변가인 볼로다르스키가 반혁명 세력에게 암살당했다. 8월 30일에는 레닌을 살해하려는 시도가 있었다. 중상을 입은 레닌은 며칠 동안 사경을 헤맸다. 또 다른 볼셰비키 지도자이자 페트로그라드 체카 책임자인 우리츠키도 살해됐다. 이에 대한 보복으로 적색테러가 시작됐다. 9월 2일 페트로그라드에서 인질 500명이 총살당했다. 1917년 12월부터 1918년 6월까지 체카가 처형한 사람이 22명인 반면, 1918년 하반기에는 6000명 이상을 처형했다.[48] E H 카는 다음과 같이 썼다. 1918년 9월은 "그때까지 산발적이었을 뿐 조직적이지 않았던 테러가 계획적인 정책 수단으로 바뀐 전환점이었다."[49]

그러나 백색 테러와 비교하면 적색테러는 부드러운 편이었다. 1918년 4월에 핀란드에서만 노동자 1만~2만 명이 반혁명 세력에게 학살당했다.[50] 1919년 12월 5일 제7차 소비에트 대회에서 레닌이 다음과 같이 말한 것은 완전히 정당하다.

[적색] 테러는 연합국의 테러, 강력한 세계 자본주의의 테러가 우리에게 강요한 것입니다. 세계 자본주의는 노동자들과 농민들을 질식시키고 있고, 노동자·농민이 자기 나라의 자유를 위해 싸우고 있다는 이유로 그들을 굶겨 죽이고 있습니다.[51]

내전 당시 체카와 적색테러의 효과를 부풀려서는 안 된다. 이 점은 다음의 사건에서 잘 드러난다. 1919년 1월 19일 레닌은 누이 마리아와 함께 자동차를 타고 가고 있었다. 이 이야기를 들려준 레닌의 운전사 S K 길Gil이 차를 몰고 있었다. 차가 눈을 헤치며 천천히 움직이고 있을 때 어디선가 "정지!" 하고 외치는 소리가 들렸다. 길은 차를 더 빨리 몰았다. 몇 블록 더 갔을 때, 손에 권총을 든 남자들이 도로 가운데 서서 "멈춰라!" 하고 외쳤다. 차를 검문하려는 것이 아님을 알아챈 길은 그들을 향해 곧장 차를 몰았다. 남자 한 명이 "정지하지 않으면 총을 쏘겠다" 하고 소리쳤다. 길은 속도를 높여서 빨리 지나치려 했지만 레닌이 차를 세우게 했다.

"멈춰! 차를 세워라!" 남자들이 명령했다.

레닌이 차 문을 열고 물었다. "무슨 일이오?"

"내려서 손들어!" 하는 대답이 돌아왔다.

한 남자가 레닌의 소매를 잡아끌고 차에서 내리게 했다. 레닌이 자신의 사진과 이름이 적힌 통행증을 보여 주며 말했다. "동지들, 무슨 일이오? 여러분은 누구시죠?"

무장한 사람들 중 한 명이 레닌의 주머니를 뒤져서 지갑과 소형 브라우닝 권총 한 자루를 꺼냈다. 마리아가 소리쳤다. "당신들, 무슨 권리로 그를 뒤지는 거예요? 왜 그래요? 그 사람은 레닌 동지예요. 당신들 신분증을 보여 주세요!"

"우리는 신분증이 필요 없다." 누군가가 대꾸했다. "우리는 무슨 짓이든 할 수 있다."

길은 여전히 운전대를 잡고 있었다. 그의 리볼버 권총은 금방이라도 발사할 수 있는 상태였지만, 그는 감히 권총을 사용할 수 없었다.

노상강도들은 길에게 차에서 내리라고 말했다. 길이 차에서 내리자 그들은 모두 차를 타고 떠나 버렸다.

근처에 소콜니키 소비에트 건물이 있었다. 레닌 일행은 크렘린에 전화를 걸어 차를 보내 달라고 부탁하려고 그 건물까지 걸어갔다. 그러나 경비가 그들을 들여보내려 하지 않았다. 그는 레닌에게 통행증을 보여 달라고 했다.

레닌이 말했다. "저는 레닌입니다만 증명할 수가 없네요. 방금 강도를 만나서 통행증을 빼앗겼거든요."

경비의 얼굴에는 의심하는 빛이 역력했다. 길이 자신의 신분증을 보여 준 뒤에야 그들은 모두 건물로 들어갈 수 있었다. 그러나 건물 안에는 아무도 안 보였다. 그들은 작은 방에서 자고 있던 전화 교환원을 깨워서 크렘린에 전화를 걸게 했다. 이윽고 차가 도착했다.[52]

대중의 주도력에 의존하기

레닌과 볼셰비키 지도자들이 반혁명에 맞서 혁명을 지키는 절박한 과제와 엄청난 입법 활동을 결합시키고 총체적 혼란의 와중에도 효율적인 군대와 혁명적 테러 기구를 창조할 수 있었던 것은 그들이 자신들의 행동과 새로운 역사적 시대를 창조하는 대중의 행동이 완전히 일치한다는 점을 잘 알고 있었기 때문이다.

레닌은 "프롤레타리아의 조직화라는 기적은 반드시 이뤄져야 한다"고 강조했고, 레닌의 이런 생각이 정부, 당, 프롤레타리아의 행동에서 결정적으로 중요했다. 대중의 주도력이 가장 중요한 요인이었다. 레닌은 다음과 같이 썼다.

오늘날 가장 중요하지는 않을지라도 매우 중요한 과제들 중 하나는 노동자들이, 일반적으로는 모든 피착취 노동 대중이 독자적 주도력을 발전시키는 것이다. 창조적인 조직 활동에서 그런 주도력을 최대한 광범위하게 발전시켜야 한다. …… 사람들에게는 엄청난 재능이 있다. 단지 그런 재능이 억눌려 있을 뿐이다. 사람들이 자신의 재능을 펼쳐 보일 수 있는 기회가 보장돼야 한다. 그것이, 그리고 그것만이 민중의 지지를 얻어 러시아를 구하고 사회주의의 대의를 구할 수 있는 방법이다.[53]

"경험이 우리의 지침이 돼야 합니다. 우리는 대중이 창조적 능력을 자유롭게 발휘할 수 있도록 철저히 보장해야 합니다." 레닌은 10월 혁명 이튿날 제2차 소비에트 대회에서 그렇게 선언했다.[54] "기층의 창조적 활동이 새로운 공적 생활의 기본 요인이다. …… 생동하는 창조적 사회주의는 대중 자신의 산물이다."[55] 실수를 두려워해서는 안 된다. 대중의 실수 자체가 창조적인 것이다. "실수를 하게 놔두자. 그런 실수는 새로운 삶의 방식을 창조하는 새로운 계급의 실수일 것이다. …… 경제생활을 조직하는 명확한 계획은 있지도 않고 있을 수도 없다. 아무도 그런 계획을 제시할 수 없을 것이다. 그러나 대중이 아래로부터 자신의 경험을 통해서는 그렇게 할 수 있을 것이다."[56] 1918년 1월 11일(24일) 제3차 소비에트 대회에서 레닌은 다음과 같이 선언했다. 새로운 사회의 건설에는

많은 어려움, 희생, 실수가 따를 것입니다. 그것은 역사적으로 전례가 없는 뭔가 새로운 일이고 책에서는 결코 배울 수 없는 것입니다. 이것이 역사상 가장 위대하고 가장 어려운 변화라는 것은 말할 나위도 없습니다.[57]

…… 사회주의는 …… 정말로 광범하게 정말로 대규모로 그것[경쟁]을 이용할 수 있는 기회를 처음으로 만들어 내고 있습니다. 실제로 노동 대중의 다수를 노동의 영역으로 끌어들여 그들 자신의 능력을 펼쳐 보이고 역량을 발전시키고 재능을 드러낼 수 있게 하는 그런 기회를 말입니다. 자본주의는 사람들의 풍부한 재능과 능력과 역량을 수도 없이 짓밟고 억누르고 질식시켰습니다.[58]

무엇보다 레닌은 노동자 국가의 힘이 프롤레타리아의 힘에서 비롯한다는 점을 분명히 했다. "사람들이 정치적으로 의식적일 때 국가가 강력합니다. 사람들이 모든 것을 알고, 모든 것에 대한 견해를 형성할 수 있고, 모든 것을 의식적으로 해 나갈 때 국가는 강력합니다." 레닌은 제2차 소비에트 대회에서 평화 포고령을 놓고 벌어진 논쟁을 정리하면서 그렇게 말했다.

지도자들과 노동자 대중의 긴밀한 관계

대중과 지도부의 긴밀한 관계는 존 리드가 묘사한 장면에서 잘 드러난다. 페트로그라드 소비에트에서 트로츠키가 무장봉기 상황을 보고하고 있었다.

> "순양함 올레그 호, 아브로라 호, 레스푸블리카 호가 네바 강에 닻을 내리고 페트로그라드 진입로를 향해 총포를 겨냥하고 있습니다. ……"
>
> 이때 누군가가 거친 목소리로 외쳤다. "왜 당신은 적위대와 함께 그곳으로 가지 않습니까?"
>
> 트로츠키는 "지금 가려던 참입니다!" 하고 대답하고는 연단을 내려왔다.[59]

또 다른 장면은 지도자들이 대중의 정서를 어떻게 수용해야 하는지 보여 준다. 1917년 10월 28일(11월 10일) 전쟁·해군부 공동 인민위원인 V A 안토노프-오프세옌코는 혁명 전선을 시찰하러 가기 위해 자동차가 필요했다.

> 안토노프는 거리 한가운데 서 있다가 지나가는 차를 불러 세웠다. 차의 운전사는 병사였다.
>
> "이 차가 필요하네." 안토노프가 말했다.
>
> "내줄 수 없습니다." 병사가 대답했다.

"내가 누군지 아나?" 안토노프는 러시아 공화국 육군 총사령관 신분증을 꺼내들었다. 신분증에는 누구든지 총사령관의 명령에 절대 복종해야 한다고 적혀 있었다.

"당신이 악마라고 해도 어쩔 수 없습니다." 병사가 화를 내며 말했다. "이 차는 제1기관총 연대 소속이고, 지금 우리는 탄약을 운반하는 중이므로 절대 차를 내줄 수 없습니다."[60]

02 | 권력의 강화

10월 29일(11월 11일) 소비에트 대회에서 전 러시아 철도노조 집행위원회(빅젤)의 대표는 볼셰비키의 권력 장악에 반대한다고 선언했다(빅젤의 다수는 멘셰비키와 사회혁명당이었다). 그 대표는 모든 사회주의 정당이 참여하는 연립정부 구성을 요구하고, 빅젤은 계속 철도를 통제할 작정이라면서 만약 연립정부가 구성되지 않으면 빅젤이 전국적 총파업을 호소하겠다고 위협했다.

이 중요한 순간에 레닌 자신의 당에서는 지도자들이 볼셰비키가 모든 사회주의 정당의 연립정부에 권력을 넘겨줘야 한다면서 레닌의 주장에 반대했다. 10월 봉기 전에 볼셰비키 우파 지도자들(지노비예프, 카메네프, 리코프, 노긴, 루나차르스키)은 아직 때가 아니라며 봉기하면 패배할 것이라고 주장했었다. 그런데 이제 봉기가 승리하자 그들은 볼셰비키가 멘셰비키나 사회혁명당과 연립정부를 구성하지 않으면 권력을 유지할 수 없을 것이라고 주장했다.

우파 볼셰비키의 고집스런 주장에 따라 봉기 직후 다른 정당들과 협상이 시작됐다. 10월 봉기로 거꾸러진 당들은 자신들이 연립정부에서 다수파가 돼야 한다고 주장하면서, 레닌과 트로츠키가 10월의 '모험'에 책임이 있으므로 두 사람을 연립정부에서 제외할 것을 요구했다. 이런 요구 조건은 볼셰비키더러 10월 혁명을 무효로 선언하고, 봉기를 고무하고 조직한 사람들을 제명하라고 요구하는 것과 마찬가지였다. 우파 볼셰비키 지도자들은 이런 요구를 받아들일 태세가 돼 있었다.

레닌은 볼셰비키가 확실한 다수파의 지위를 차지하고 멘셰비키나 사회혁명당이 소비에트 국가, 평화 포고령, 토지 포고령 등을 인정한다면 그들과의 협상에 반대하지 않겠다고 주장했다. 그는 협상이 아무 성과 없이 끝날 것이라고 확신했다. 그리고 연립정부라는 온건한 방안에 환상을 가진 사람들에게 협상이 중요한 교훈을 줄 수 있을 것이라고 생각했다.

레닌과 트로츠키가 참석하지 않은 볼셰비키 중앙위원회 회의에서 "정부의 기반이 확대돼야 하고 정부 구성을 약간 변화시킬 수 있다"는 결의안이 만장일치로 통과됐다.

레닌과 트로츠키를 정부에서 제외할 것도 포함하는 빅젤의 최후통첩을 받아들일지 말지가 표결에 부쳐졌다. 찬성이 4표(카메네프, 밀류틴, 리코프, 소콜니코프), 반대가 7표(이오페, 제르진스키, 빈테르, 콜론타이, 스베르들로프, 부브노프, 우리츠키)였다.[1] 그리고 중앙위원회는 빅젤이 소집한 [협상] 회의에 참석할 대표단을 선출했다. 의미심장하게도 이 대표단은 우파 볼셰비키 3명(카메네프, 소콜니코프, 랴자노프)으로 구성됐다.

11월 1일(14일) 볼셰비키 협상단은 당 중앙위원회, 페트로그라드 위원회, 군사기구와 노동조합의 대표자들이 참석한 회의에서 협상 진행 경과를 보고했다. 카메네프가 멘셰비키·사회혁명당·빅젤의 요구 조건, 즉 소비에트 중앙집행위원회(체이카)를 확대해서 부르주아지의 대표들(페트로그라드·모스크바의 지방의회, 즉 두마)도 참여시켜야 한다는 요구를 보고했다. 그것은 소비에트 정권이라는 새 정권의 성격 자체를 문제 삼는 요구였다. 다른 요구 조건은, 앞서 말했듯이, 레닌과 트로츠키를 제외해야 한다는 것이었다.

중앙위원회는 둘로 갈라졌다. 트로츠키는 다음과 같이 주장했다.

보고에서 한 가지 사실은 분명해졌습니다. 그것은 봉기에 참가하지 않은 당들이 그들을 전복한 민중에게서 권력을 빼앗으려 한다는 것입니다. 우리가 다수를 차지하지 못한다면 봉기를 조직한 것이 헛수고였다는 말이 됩니다. 다른 당들이 우리에게 다수파의 지위를 허용하려 하지 않는 것은 분명히 그들이 우리의 강령을 원하지 않기 때문입니다. 우리는 75퍼센트의 지분을 가져야 합니다. 분명한 것은 우리가 레닌의 [인민위원회] 의장직을 양보할 수 없듯이 우리의 거부권도 포기할 수 없다는 것입니다. 그런 양보는 결코 받아들일 수 없습니다.

제르진스키는 "대표단이 중앙위원회의 지시를 따르지 않았습니다" 하고 주장했다. "중앙위원회는 정부가 체이카에 책임을 져야 한다고 분명히 결정했습니다. …… 우리는 또 레닌과 트로츠키를 반대하는 것도 용납할 수 없다고 분명히 말했습니다. 이 중에 어느 것도 실행되지 않았으므로 저는 대표단에 불신을 표명하면서 그들을 소환하고 다른 대표단을 보낼 것을 제안합니다." 우리츠키도 똑같이 강경 노선을 취했다. 그는 "중앙위원회는 '모든 권력을 소비에트로!'라는 방침에 단호한 태도를 취했습니다. 그것이 뜻한 바는 [부르주아 대표들을] 참여시킬 수 없다는 것이었습니다." 우리츠키는 "두마의 대표들을 받아들이는 것"에 반대하며 다음과 같이 말했다.

볼셰비키는 체이카에서 반드시 다수파가 돼야 합니다. 이 규칙은 확고해야 합니다. 각료직도 마찬가지입니다. 내각에서도 우리가 확실한 다수파여야 합니다. …… 분명히 우리는 레닌이나 트로츠키 어느 누구도 양보해서는 안 됩니다. 그런 양보는 어떤 의미에서 우리의 강령을 포기한다는 것과 마찬가지입니다. 우리가 다른 당들에 계속 매달릴 필요는 없습니다.

레닌은 다음과 같이 말했다.

이제 동요를 끝낼 때가 됐습니다. 빅젤이 칼레딘이나 코르닐로프 따위와 같은 편이라는 것은 분명합니다. 더는 동요해서는 안 됩니다. 노동자, 농민, 병사의 다수는 우리를 지지합니다. 오늘 여기서 기층 대중이 우리를 반대한다는 점을 입증한 사람은 아무도 없습니다. 칼레딘의 첩자들이냐 아니면 기층 대중이냐를 선택하십시오. 우리는 대중에 의존해야 하고 농촌으로 선동가들을 보내야 합니다.

그러나 중앙위원회의 우파들은 연립정부를 위한 투쟁을 포기하지 않았다. 리코프는 다음과 같이 선언했다. "…… 우리 사이에 [견해] 차이가 있습니다. …… 우리가 [협상을] 중단하면 지금 우리를 지지하는 세력들을 잃을 것이고, 우리는 권력을 유지할 수 없게 될 것입니다. 카메네프가 추진한 협상 방식은 완전히 옳았습니다."

밀류틴은 "우리가 계속 권력을 독점할지 말지"를 제기하며 "우리가 정신 나가지 않았다면 …… 장기간의 내전에서 버틸 수 없을 것이라는 사실을 분명히 알 수 있을 것입니다" 하고 말했다. 랴자노프도 다음과 같이 말했다.

저는 우리가 본의 아니게 처한 상황에서 벗어날 방편으로 이 협상에 참여했습니다. 심지어 페테르[부르크]에서도 권력은 우리가 아니라 소비에트가 장악하고 있습니다. 이 점을 직시해야 합니다. 우리가 이 길[협상]을 포기하면 우리는 완전히 고립되고 전혀 가망이 없을 것입니다. 우리가 정부를 주도하고 [각료] 명단을 고집한 것은 실수였습니다. 우리가 그렇게 하지 않았다면 중간

층 관료들이 우리를 지지했을 것입니다. …… 우리가 오늘 타협을 거부하면 좌파 사회혁명당을 잃을 것이고 우리 곁에는 아무도 남지 않을 것입니다. …… 타협은 피할 수 없습니다.

열띤 논쟁 끝에 협상을 중단할지 말지가 표결에 부쳐졌다. 결과는 협상 중단 찬성이 4표, 반대가 10표였다. 비타협적인 레닌, 트로츠키, 스베르들로 프는 자신들이 소수파라는 것을 깨달았고,[2] 볼셰비키 대표단은 연립정부를 구성하려고 계속 노력했다.

이 논쟁이 확대 중앙위원회 회의에서 벌어진 바로 그날 페테르부르크 위원회에서도 똑같은 논쟁이 벌어졌다. 여기서도 레닌은 단도직입적으로 이야기했다.

지금 우리가 권력을 쥐고 있는 이 중요한 순간에 우리는 분열해 있습니다. 지노비예프와 카메네프는 우리가 [전국에서 — 지은이] 권력을 장악하지 못할 것이라고 말합니다. 저는 이런 말을 도저히 참을 수 없습니다. 이것은 반역입니다. …… 지노비예프는 우리가 소비에트 권력이 아니라고 말합니다. [그는] 사회혁명당과 멘셰비키가 떠난 후 우리만 남아서 고립됐다는 둥 어쩐다는 둥 말합니다. 그러나 그것은 우리 책임이 아닙니다. 우리는 소비에트 대회에서 선출됐습니다. ……

타협으로 말하자면, 저는 그것을 진지하게 거론할 수조차 없습니다. 오래 전에 트로츠키는 통합이 불가능하다고 말했습니다. 트로츠키는 그 점을 이해했고, 그때 이후 트로츠키보다 뛰어난 볼셰비키는 아무도 없었습니다.

그들[지노비예프, 카메네프 등 — 지은이]은 우리 혼자서는 권력을 유지할 수 없을 것이라는 둥 어쩐다는 둥 말합니다. 그러나 우리는 혼자가 아닙니다. 유럽 전체가 우리 앞에 있습니다. 우리가 먼저 시작해야 합니다.

레닌은 계속해서 "지금 우리의 구호는 타협 반대, 즉 볼셰비키 단일 정부 찬성이어야 합니다" 하고 말했다. 그는 "수병들에게 호소하겠다"는 위협도 서슴지 않았다. 레닌의 말은 진지했다. "여러분이 다수파가 된다면 [소비에트] 중앙집행위원회에서 권력을 장악하고 유지하십시오. 그러나 우리는 수병들에게 가겠습니다."

레닌의 견해에 반대하며 루나차르스키는 연립정부가 필요하다고 주장했다. 그는 기술자들의 사보타주야말로 볼셰비키가 연립정부에 참여해야 한다는 사실을 입증하는 근거라고 말했다. "우리 자신의 힘만으로는 버틸 수 없습니다. 기근이 닥칠 것입니다."

노긴도 비슷한 주장을 했다. "혁명 후 사회혁명당이 소비에트에서 떠났습니다. 멘셰비키도 그랬습니다. 따라서 소비에트는 해체될 것입니다. 그런 상황에서 나라가 완전히 혼란에 빠지면 우리 당은 순식간에 파산할 것입니다."

트로츠키는 레닌의 견해를 강력하게 지지하고 나섰다. 즉, 타협에 반대하고 멘셰비키, 사회혁명당과의 연립정부에 반대했다.

봉기 전에 우리 당내에는 약간 심각한 차이들이 있었습니다. 당내의 다양한 서클뿐 아니라 중앙위원회 안에도 차이가 있었습니다. 봉기는 가망 없는 짓이라며 반대하던 그때와 마찬가지로 지금도 똑같은 말, 똑같은 표현들이 사용되고 있습니다. 봉기가 승리로 끝난 지금도 과거의 주장들이 반복되고 있습니다. 이번에는 연립정부에 찬성한다는 점이 다를 뿐입니다. 명심하십시오, [혁명을 사보타주하는 옛 국가 관료들의] 전문적 [국가] 기구는 없어질 것입니다. 여러분은 프롤레타리아가 자신들이 거둔 승리를 이용하지 못하도록 방해하고 위협하려고 호들갑을 떨면서 침소봉대하고 있습니다. ……

부르주아지는 자신들의 계급 이익 때문에 우리를 반대하고 있습니다. 그런 상황에서 우리가 빅젤과 타협하는 길로 나아갔을 때 무엇을 얻을 수 있겠습니까? …… 우리가 지금 맞서 싸우는 무장 폭력은 우리 자신의 폭력 수단으로만 극복할 수 있습니다. ……

체르노프 같은 자들이 우리의 활동에 기여할 수 있는 것이 있다면 한마디로 '동요'입니다. 그러나 우리가 적에 맞서 투쟁할 때 동요하면 대중에 대한 우리의 권위가 무너질 것입니다. 체르노프와의 타협은 무엇을 의미합니까? …… 체르노프와 같은 편에 선다는 뜻입니다. 그것은 반역입니다.[3]

우파 볼셰비키 지도자들은 레닌과 자신들의 차이를 외부로 드러냈다. 소비에트 중앙집행위원회 회의에서 의장인 카메네프는 인민위원들의 사퇴와 인민위원회를 연립정부로 대체할 것을 제안했다. 지노비예프뿐 아니라 볼셰비키 중앙위원이자 상공 인민위원인 노긴, 역시 볼셰비키 중앙위원이자 내무 인민위원인 리코프, 볼셰비키 중앙위원이자 농업 인민위원인 밀류틴, 식량 인민위원인 테오도로비치도 카메네프를 지지했다. 타협파 볼셰비키는 체이카의 비非볼셰비키 집행위원들과 함께 자기 당의 방침에 반대표를 던졌다. 이로 말미암아 정부와 당은 심각한 위기에 빠졌다. 공직에 있는 당원들은 당의 지침을 따라야 한다는 규율이 공공연히 무시당했기 때문이다.

분노한 레닌은 이튿날인 11월 2일(15일) 중앙위원회에서 연립정부 구성 요구를 단호하게 비난하는 결의안을 제출했다. 그는 장시간의 격렬한 논쟁 끝에 겨우 다수의 지지를 얻었다. 그의 결의안은 여러 차례 표결에 부쳐졌다. 첫 표결에서는 레닌의 결의안에 대한 찬성이 6표, 반대가 6표였다. 두 번째 표결에서는 찬성 7표, 반대 7표였다. 세 번째 표결에서 레닌은 찬성 8표, 반대 7표로 승리했다.[4]

이튿날 레닌은 우파에게 최후통첩을 보내는 문제를 둘러싸고 중앙위원회에서 다수의 지지를 받았다. "우리는 당 규율에 복종할 것을 서약하는 문제에 대해 소수파가 분명한 답변을 서면으로 제출할 것을 요구한다. …… 이 문제에 대한 답변이 부정적이거나 모호하다면 우리는 모스크바 위원회, 체이카의 볼셰비키 그룹, 페트로그라드 시협의회, 그리고 특별 당대회에 직접 호소할 것이다."

반대파가 다수결에 따를 생각이 없다면 그들은 당을 떠나야 한다고 레닌은 주장했다. "물론 분열은 매우 유감스런 일이다. 그러나 지금은 내부에서 사보타주하고 우리 자신의 결정을 봉쇄하고 복지부동하면서 혼란을 일으키는 것보다는 정직한 공개적 분열이 비할 바 없이 더 낫다."

완고한 반대파는 자신들의 주장을 되풀이하면서, 중앙위원회에서 사퇴하기로 결정했다. 11월 4일(17일) 카메네프, 리코프, 지노비예프, 노긴은 다음과 같은 성명서를 발표했다.

> 우리는 더한층 심각해질 유혈 사태와 임박한 기근을 막기 위해, 그리고 칼레딘의 군대가 혁명을 파괴하는 것을 막기 위해 [모든 사회주의 정당이 참여하는 — 지은이] 정부가 수립돼야 한다고 생각한다. …… 우리는 중앙위원회가 프롤레타리아와 병사 다수의 뜻, 즉 서로 다른 민주주의 세력들 간의 유혈 사태를 하루빨리 종식하라는 요구를 거슬러서 추진하는 치명적 정책을 책임질 수 없다.
>
> 그런 이유로, 우리의 견해를 노동자·병사 대중에게 밝히고 우리의 요구를 지지해 달라고 호소할 수 있는 권리를 확보하기 위해 우리는 중앙위원직을 사임한다.[5]

같은 날 인민위원 4명(노긴, 리코프, 밀류틴, 테오도로비치)이 정부에서 사퇴했고, 실랴프니코프는 노동 인민위원직을 사임하지는 않았지만 그들과의 정치적 연대를 선언했다.

그러나 레닌과 그 동료들이 꿈쩍도 안 할 것임이 분명해지자 반대파가 봉괴했다. 11월 7일(20일) 지노비예프가 먼저 투항하면서 당 중앙위원으로 복귀하게 해 달라고 요청했다. 그는 미래의 더 비극적인 굴복을 예고하는 듯한 말투로 동료들에게 다음과 같이 호소했다.

우리는 여전히 당과 함께 활동하고 있습니다. 이 결정적이고 역사적인 순간에 우리는 수수방관하기보다는 수많은 노동자, 병사와 함께 실수하고 그들과 함께 죽기를 원합니다.[6]

3주 뒤인 11월 30일(12월 12일) 리코프, 카메네프, 밀류틴, 노긴도 비슷한 성명서들을 발표했다. 그래서 볼셰비키당은 역사의 결정적 순간에 매우 위험한 분열을 피할 수 있었다.

계급투쟁의 논리는 너무 강력해서 우파 볼셰비키의 타협주의 태도로도 막을 수 없었다. 우파 볼셰비키는 먼저 레닌의 반대에 부딪혔다. 더욱이, 멘셰비키·사회혁명당 지도자들도 패배자가 아니라 승리자에게나 어울릴 법한 요구들을 내놓으면서, 우파 볼셰비키의 발밑에 있는 카펫을 잡아당겨 버렸다. 10월 29일(11월 11일)에

사회혁명당과 멘셰비키는 다음과 같이 요구하면서 더 강경한 태도를 취했다. (1) 노동자 적위대를 해산할 것, (2) 수비대를 시의회의 지휘·통제 아래 둘 것, (3) 케렌스키의 군대가 도시에 입성할 때 발포하거나 수색·체포하지 않겠다는 약속을 받아낼 테니 [볼셰비키 정부도] 휴전을 선언할 것. 그러면 사회주의 정부가 수립되겠지만, 그 정부에 볼셰비키는 참여할 수 없다는 것이 그들의 요구 조건이었다.[7]

11월 1일(14일) 빅젤 협의회에서

멘셰비키는 볼셰비키에게는 총으로 대꾸해야 한다고 말했다. …… 그리고 사
회혁명당 중앙위원회는 볼셰비키와 협정을 맺기를 거부했다.[8]

협상의 긍정적 결과 한 가지는 멘셰비키와 우파 사회혁명당의 태도에 분
개한 좌파 사회혁명당이 레닌의 당과 함께 정부를 구성하기로 결정했다는 것
이었다.

03 제헌의회 해산

멘셰비키, 사회혁명당과 연립정부를 구성하는 문제를 둘러싼 지도부 내의 위기를 해결한 뒤 볼셰비키 정권은 새로운 문제에 부딪혔다. 제헌의회 선거를 허용할지 말지를 결정해야 했던 것이다. 만약 선거 결과로 등장한 제헌의회의 구성이 소비에트의 구성과 근본적으로 다르면 어찌할 것인가?

제헌의회 소집은 러시아 사회민주노동당이 창립 때부터 내건 주된 요구였다. 1905년 이후 레닌은 제헌의회 소집 요구를 "볼셰비즘의 세 기둥 가운데 하나"라고 거듭거듭 말했다(나머지 둘은 토지국유화와 8시간 노동제였다). 제헌의회 요구는 2월 혁명부터 10월 혁명 사이에 훨씬 더 긴급하고 절박하게 제기됐다. 볼셰비키는 끊임없이 제헌의회 소집을 요구했고, 볼셰비키가 임시정부를 비난한 여러 이유 가운데 하나가 바로 제헌의회 선거를 자꾸 늦춘다는 것이었다. 4월부터 10월까지 레닌은 볼셰비키가, 오직 볼셰비키만이 지체 없이 제헌의회를 소집할 수 있다고 거듭거듭 주장했다. 볼셰비키는 소비에트 권력을 위한 투쟁과 제헌의회 소집을 위한 투쟁을 동시에 전개했다. 그들은 소비에트가 권력을 장악하지 못하면 제헌의회도 소집되지 않을 것이라고 단언했다.

1917년 4월 초에 레닌은 제헌의회 소집 문제를 다루는 볼셰비키의 태도를 다음과 같이 설명했다. "제헌의회는 최대한 빨리 소집돼야 한다. 그러나 제헌의회 소집을 보장할 수 있는 방법은 단 하나뿐이다. 그것은 소비에트의 수와 힘을 증대시키고 노동계급 대중을 조직하고 무장시키는 것이다. 그래야만 제헌의회는 소집될 수 있다."[1]

9월 12~14일(25~27일) 레닌은 다음과 같이 썼다. "우리 당만이 권력을 장악하자마자 제헌의회를 확실히 소집할 수 있다. 그런 다음에 다른 당들이 제헌의회 소집을 지연시킨 것을 비난할 것이고, 그 비난이 옳았음을 입증할 수 있을 것이다."[2]

9월 24일(10월 7일) 볼셰비키 일간지 〈라보치 푸트〉는 카데츠가 "제헌의회 선거를 몰래 연기하고 사보타주한다"고 비난했다.[3]

여러 달 동안 볼셰비키는 소비에트냐 아니면 제헌의회냐 하고 문제를 제기하지 않고 소비에트와 제헌의회 둘 다 필요하다고 주장했다. 10월 7일(20일) 케렌스키가 소집한 국가평의회State Council에서 볼셰비키 대표단을 이끌고 참가한 트로츠키는 격렬한 연설을 끝마치면서 다음과 같이 외쳤다. "즉각적이고 정직한 민주적 강화 만세, 모든 권력을 소비에트로, 모든 토지를 민중에게, 제헌의회 만세!"[4]

11월 29일(12월 12일) [중앙위원회 회의에서] 부하린은 영국과 프랑스의 역사적 경험을 예로 들며, 제헌의회가 일단 소집되면 카데츠를 제헌의회에서 축출해야 하고 제헌의회가 자신을 혁명 공회revolutionary convention로 선포해야 한다고 주장했다. 그는 제헌의회에서 볼셰비키와 좌파 사회혁명당이 압도 다수를 차지할 것이고, 그리 되면 [카데츠가 떨어져나가] 축소된 제헌의회가 정당성을 얻을 것이라고 기대했다. 트로츠키는 부하린의 방안을 지지했다. 스탈린은 부하린의 전술이 효과가 없을 것이라고 주장했다. 제헌의회를 해산해야 한다고 주장한 사람은 아무도 없었다.

사실, 볼셰비키는 제헌의회 소집을 강력하게 요구하는 운동을 펼치면서, 제헌의회와 소비에트의 충돌에 전혀 대비하지 않았다. 그러나 볼셰비키는 프롤레타리아와 농민의 혁명적 기구인 소비에트가 미래 러시아의 주인이 될 것이라는 점도 분명히 못 박았다. 볼셰비키가 소비에트와 제헌의회의 충돌 가능성을 고려하지 않은 것은 임시정부가 소비에트와 제헌의회를 모두 반대했기 때문이다.

10월 봉기 직후 레닌은 제헌의회 선거 결과가 [볼셰비키에] 유리하지 않을 것이 뻔하다는 우려에서, 선거를 연기하고 투표 연령을 18세로 낮추고 선거인 명부를 다시 작성하고 카데츠와 코르닐로프 추종자들을 불법화하기를 원했다. 다른 지도자들은 볼셰비키가 바로 그 혐의로 임시정부를 자주 비난했기 때문에 선거 연기는 결코 용납될 수 없다고 주장했다.

"터무니없는 소리요!" 하고 레닌은 반박했다. "말이 아니라 행동이 중요합니다. 임시정부와 관련해서는 제헌의회가 진보였지만 소비에트 체제와 관련해서는, 그리고 현재의 선거인 명부에 따라 선출된 제헌의회는 퇴보일 수밖에 없습니다. 선거를 연기하는 것이 왜 문제입니까? 제헌의회가 결국 카데츠, 사회혁명당, 멘셰비키의 동맹으로 구축돼야 좋겠습니까? ……"

그 누구보다도 지방과 접촉이 잦았기에 지방 사정을 훤히 꿰뚫고 있었던 스베르들로프는 선거 연기에 격렬하게 반대했다.

레닌은 고립됐다. 그는 계속 고개를 가로 저으며 불만에 찬 투로 같은 말을 되풀이했다.

"여러분이 틀렸소. 그것은 틀림없이 실수이고, 아주 값비싼 대가를 치르게 될 것이오. 그 때문에 혁명이 망하지나 않기를 바랍시다."[5]

결국 볼셰비키는 제헌의회 선거를 실시했다.

선거 결과

제헌의회 선거는 몇 주 동안 치러졌다. 선거 결과는 다음과 같았다.

정당별 전국 득표

사회혁명당	15,848,004
우크라이나 사회혁명당	1,286,157
멘셰비키	1,364,826
카데츠	1,986,601
볼셰비키	9,844,637
기타	11,356,651
총계	41,686,876[6]

10월 혁명 관련 문서보관소 자료를 보면, 제헌의회 의석(707석)의 분포는 다음과 같았다.

사회혁명당	370
좌파 사회혁명당	40
볼셰비키	175
멘셰비키	16
사회주의-민중당[트루도비키]	2
카데츠	17
민족 집단들	86
알 수 없음	1[7]

득표수로 보나 의석수로 보나 사회혁명당이 명백한 다수였다. 볼셰비키의 득표수는 총 투표수의 약 4분의 1이었지만, 일부 핵심 지역에서는 압도적 득

표를 하기도 했다. 양대 수도에서 볼셰비키의 득표는 사회혁명당보다 네 배나 많았고 멘셰비키보다는 거의 16배나 많았다.

군대에서는 어땠는가?

대도시에서 멀리 떨어져 있고, 특히 페트로그라드 소비에트와 볼셰비키당 지역 조직의 영향력이 거의 미치지 못하는 지역의 군부대에서는 사회혁명당이 승리했고 대도시와 거리가 멀수록 사회혁명당의 승리도 더 컸다. 그러나 북부 전선과 서부 전선에서는 사회혁명당의 전통적인 농업 공약이 즉각적인 평화와 즉각적인 토지 점거를 주장하는 [볼셰비키의] 집중적 선전에 밀렸다. 그래서 이런 지역에서는 사회혁명당이 완패하고 레닌의 당이 큰 승리를 거뒀다. 다음 표는 그런 차이를 분명히 보여 준다.

	서부 전선	루마니아 전선
볼셰비키	653,430	167,000
사회혁명당	180,582	679,471
멘셰비키	8,000	33,858
우크라이나 사회주의 블록	85,062	180,576
카데츠	16,750	21,438
기타	32,176	46,257
총계	976,000	1,128,600[8]

북부 전선과 서부 전선에서는 볼셰비키가 100만 표 넘게 득표한 반면 사회혁명당은 42만 표를 득표하는 데 그쳤다. 그러나 대도시의 영향력이 약해질수록 볼셰비키의 영향력도 감소했다. 사회혁명당뿐 아니라 멘셰비키도 원거리 효과의 혜택을 보았다. 그래서 제헌의회 선거가 실시될 때쯤 서부 전선

에서는 멘셰비키가 사실상 존재하지 않았던 반면 루마니아 전선에서는 비록 많지는 않았지만 여전히 멘셰비키 지지자들이 있었다.[9]*

사회혁명당의 역사가인 라드키는 "시간만 있었다면 더 멀리 떨어진 전선들에서도 페테르부르크 수비대에서 일어난 일과 비슷한 일들이 벌어졌을 것이라는 결론을 내릴 수밖에 없다"고 썼다.[10]

라드키는 러시아 전역의 일반적 상황을 요약하면서 다음과 같이 썼다.

볼셰비키는 대도시, 공업 도시, 후방의 수비대 등 러시아의 중추를 장악하고 있었다. 그들은 모스크바나 페트로그라드와 관련해서 전략적으로 가장 중요한 지역에 있는 해군들을 통제했다. 볼셰비키는 심지어 러시아 중부, 백러시아, 북서부 지역의 농민들 사이에서도 강력한 지지를 받았다. 사회혁명당은 흑토 지대, 볼가 강 유역, 시베리아 등지에서 강력했다. 대체로 그들은 여전히 농민의 정당이었다. 비록 지지 기반이 심각하게 무너지고 있긴 했지만 말이다. 우크라이나, 발트 해 연안, 볼가 강과 우랄산맥 사이, 트란스캅카스 지역에서는 지역주의 운동이나 분리주의 운동이 강력했다. 이런 운동 가운데 가장 강력한 것이 우크라이나 민족주의 운동이었다. 멘셰비키는 트란스캅카스를 제외하면 모든 곳에서 힘을 잃었다. 트란스캅카스에서 멘셰비키는 민족주의 운동에 깊이 관여했다.[11]

볼셰비키가 제헌의회 해산을 결정하다

그래서 볼셰비키의 기대와는 반대로 우파 사회혁명당이 제헌의회를 지배하

---

* 해군에서도 사정은 마찬가지였다. 발트 해 함대에서는 볼셰비키가 사회혁명당을 3 대 1로 압도했지만 흑해 함대에서는 2 대 1로 뒤졌다.

게 됐다. 레닌은 그 이유를 여러 가지로 설명했다. 첫째, 선거법이 낡아서 사회혁명당 후보들 중에서도 우파에 지나치게 유리했다.

잘 알려져 있다시피, 5월부터 10월까지 대중, 특히 농민의 지지를 가장 많이 받았던 정당(사회혁명당)이 1917년 10월 중순에 제헌의회 선거 후보자 명단을 제출한 뒤 11월에 분열했다. 그때는 제헌의회 선거가 실시된 뒤였지만 아직 제헌의회가 소집되기는 전이었다.
따라서 유권자 대중의 의지와 제헌의회의 구성이 형식적으로도 일치하지 않았고 일치할 수도 없었다.[12]

결코 볼셰비키 당원이 아니었던 라드키조차 레닌의 이런 평가에 동의한다.[13]
그러나 제헌의회와 소비에트가 충돌한 주된 이유는 더 근본적인 것이었다. 소비에트보다 제헌의회의 포괄 범위가 훨씬 더 넓었다. 제2차 소비에트 대회는 약 2000만 명을 대표한 반면, 제헌의회 선거의 투표자 수는 4000만 명을 넘었다. 볼셰비키는 좌파 사회혁명당과 함께 도시 프롤레타리아, 공업 중심지 인근의 농민들, 북부와 북서부 전선 군대의 압도 다수를 대표했다. 이들은 대중 가운데 가장 활력 있고 정치적으로 각성된 사람들이었고, 혁명의 생존은 그들의 능동적 지지에 달려 있었다. 제헌의회를 지배한 사회혁명당은 정치적으로 혼란스럽고 우유부단한 도시의 프티부르주아지나 수도와 공업 중심지에서 비교적 멀리 떨어진 지역의 수많은 농민을 대표했다.
제헌의회를 계급투쟁과 따로 떼어놓고 생각할 수 없다. 혁명의 이익이 제헌의회의 형식적 권리보다 중요했다. 이미 러시아 사회민주노동당 2차 당대회에서 플레하노프는 권력을 장악한 프롤레타리아가 민주적 권리들을 억압하는 것이 정당한지를 묻고 나서 이 물음에 긍정적으로 대답한 바 있었다.[14]

제헌의회는 1918년 1월 5일(18일) 개최했다. 체이카를 대표해서 스베르들로프가 레닌이 작성한 "피착취 노동 대중의 권리 선언"을 낭독했다. 그것은 소비에트 정부의 주요 포고령들, 즉 모든 권력을 소비에트로, 토지 포고령, 평화 포고령, 노동자들의 생산 통제 등을 요약한 것이었다. 이 선언을 승인해야 한다는 스베르들로프의 동의안이 표결에 부쳐져서 찬성 136표 대 반대 237표로 부결됐다. 이로써 제헌의회의 운명은 끝났다. 하루 만에 해산된 것이다.

연립정부 문제에서 볼셰비키 지도부의 견해가 갈렸던 것과 달리 제헌의회 해산 결정은 당내에서 의견 충돌이 거의 없었다. 그러나 약간의 어려움은 있었다.

12월 13일(26일) 〈프라우다〉는 레닌이 쓴 "제헌의회에 대한 테제"를 실었는데, 이것이 볼셰비키의 최종 전술 방침이 됐다. 레닌은 "1917년 혁명 초기부터 혁명적 사회민주주의자들은 제헌의회가 있는 보통의 부르주아 공화국보다 소비에트 공화국이 더 고차원의 민주주의 형태라는 사실을 거듭거듭 강조했다"는 원칙으로 시작해, 선거 결과도 민중의 실제 의지와 일치하지 않는다고 주장했다. 10월 혁명 이후 대중은 더 좌경화했지만 이런 변화가 제헌의회 선거에는 반영되지 않았다는 것이다. 당시 시작되고 있던 내전으로 말미암아 "마침내 계급투쟁이 절정에 이르고, 역사가 러시아 민중에게 제기한 첨예한 문제들을 형식적 민주주의 방식으로 해결할 가능성이 모조리 파괴됐다." 따라서 제헌의회가 "소비에트 권력, 소비에트 혁명, 평화·토지·노동자 통제 등에 관한 소비에트의 정책을 무조건 승인한다"고 선언하지 않는다면 "제헌의회와 관련된 위기는 오직 혁명적 방식으로만, 소비에트 권력의 가장 강력하고 신속하고 확고하고 단호한 혁명적 조처로만 해결될 수 있을 것이다."[15]

레닌이 제헌의회 해산을 정당화한 논거는 두 가지였다. 근본적인 것은 제헌의회가 부르주아 의회이고 반혁명 세력들의 집결지가 됐다는 것이었다. 둘째는 다양한 부차적 이유들(사회혁명당의 분열, 선거 시기 등) 때문에 제헌의회의 구성이 러시아의 실제 세력 균형을 제대로 반영하지 못했다는 것이다.

투표와 총탄

우리 시대에는 투표로 결정될 수 있는 쟁점이 단 하나도 없다. 결정적 계급 전투들은 총탄으로 판가름 날 것이다. 자본가들은 자신의 수중에 기관총, 총검, 수류탄이 얼마나 많은지 헤아릴 것이고, 그 점은 프롤레타리아도 마찬가지다. 레닌은 "제헌의회 선거와 프롤레타리아 독재"라는 글에서 이 점을 매우 분명하게 밝혔다. 투표권의 관점에서 보면 농촌이 도시를 압도했지만 진정한 사회·정치 권력의 관점에서 보면 도시가 훨씬 우월했다. "이 시대의 역사적 조건에서 농촌은 도시와 대등할 수 없다. 도시가 농촌을 이끌 수밖에 없고, 농촌은 도시를 따를 수밖에 없다." 양대 수도를 통제한 덕분에 볼셰비키는 강력한 "공격력"을 확보할 수 있었다.

> 결정적 순간에 결정적 지점에서 압도적인 힘의 우위를 확보하는 것, 군사적 성공을 보증하는 이 '법칙'은 정치적 성공의 비결이기도 하다. 특히 이른바 혁명이라는 격렬하고 험난한 계급 전쟁에서는 더욱 그렇다. 수도나 대규모 상공업 중심지(여기 러시아에서는 이 둘이 일치했지만 어디서나 그런 것은 아니다)가 한 나라의 정치적 운명을 상당히 좌우한다. 물론 그런 중심지가 지방과 농촌 세력들의 충분한 지지를 받아야 한다. 비록 그들이 당장 지지하지는 않더라도 말이다.[16]

볼셰비키는 "(1) 프롤레타리아의 압도 다수 (2) 군대의 거의 절반 (3) 결정적 순간에 결정적 지점, 즉 페트로그라드와 모스크바에서 그리고 중심지 부근의 전선에서 압도적 힘의 우위"를 확보할 수 있었다.

프롤레타리아 독재를 수립할 때 선거가 무력을 대체할 수 없을 뿐 아니라이 프롤레타리아 독재 자체가 "대중을 부르주아 정당이나 프티부르주아 정당들과 분리시키는 도구"가 돼야 한다.[17]

레닌은 개혁주의 지도자들을 비웃으며 다음과 같이 주장했다.

[개혁주의 지도자들은] 프롤레타리아는 먼저 보통선거권이라는 수단을 이용해다수파가 된 다음에 그 다수의 표로써 국가권력을 획득해야 하고 오직 그뒤에야 '일관된'(또는 '순수한') 민주주의를 바탕으로 사회를 조직해야 한다고주장한다. 그러나 우리는 마르크스의 가르침과 러시아 혁명의 경험을 바탕으로 다음과 같이 주장한다.

프롤레타리아는 먼저 부르주아지를 타도하고 스스로 국가권력을 쟁취해야 한다. 그런 다음 이 국가권력, 즉 프롤레타리아 독재를 자기 계급의 도구로 이용해서 노동 대중 다수의 지지를 얻어야 한다.[18]

프티부르주아 민주주의자들은 …… 자본주의 사회에서 노동 대중이 특정계급이나 특정 정당을 따르기로 결정하거나 미리 결정할 수 있게 해 줄 높은수준의 계급의식, 확고한 기질과 인식, 광범한 정치적 견해를 오랜 투쟁 경험없이 단지 투표만으로 얻을 수 있을 것이라는 환상에 빠져 있다. ……

자본주의가 한편으로 대중을 짓밟고 분쇄하고 끔찍한 상태로 내몰고 분열(농촌에서!)과 무지를 강요하지 않았다면, 그리고 다른 한편으로 (자본주의가)노동자·농민 대중을 속이고 그들을 바보로 만드는 거대한 허위·기만 도구를부르주아지의 손에 쥐어 주지 않았다면 그것은 자본주의가 아니었을 것이다.[19]

제헌의회에서 내전으로

반동 세력들은 제헌의회 깃발 아래로 모여들었다. 오래 전에 엥겔스는 베벨에게 보낸 편지(1884년 12월 11일치)에서 '순수한 민주주의'의 구실을 다음과 같이 설명했다.

> 혁명의 순간이 오면 …… 순수한 민주주의가 …… 모든 부르주아 경제와 심지어 봉건 경제의 마지막 버팀목으로서 …… 일시적으로 중요해집니다. 그래서 1848년 3월부터 9월 사이에 모든 봉건관료 집단들이 혁명적 대중을 저지하려고 자유주의자들을 강화시켰던 것입니다. …… 어쨌든 위기의 순간과 그 직후에 우리의 유일한 적은 순수한 민주주의를 중심으로 뭉친 반동 세력 전체가 될 것입니다. 그리고 저는 우리가 이 점을 명심해야 한다고 생각합니다.[20]

그리고 마르크스는 이런 주장을 다음과 같이 더 정교하게 다듬었다. "승리의 순간과 그 직후부터 노동자들은 정복당한 반동적 세력이 아니라 과거의 동맹이었던 프티부르주아 민주주의자들, 즉 공동의 승리를 오직 자신들에게만 유리하게 이용하려는 자들을 믿지 말아야 합니다."[21]

러시아 내전 기간 내내(1918~1920년) 제헌의회 구호는 지주들과 자본가들의 독재를 은폐하는 구실을 했다. 콜차크 제독의 깃발이 제헌의회였고 사회혁명당이 그를 위해 제헌의회 깃발을 높이 치켜들었다(콜차크가 사회혁명당을 탄압하기 전까지 말이다). 압도적으로 사회혁명당이 다수였던 제헌의회 남동부위원회 위원들은 데니킨이나 알렉세예프 같은 장군들이 이끄는 자원병 부대에 입대하라고 대중에게 호소했다. 아르항겔스크에서, 시베리아에서, 볼가 강 유역에서 사회혁명당 지도자들은 제헌의회 깃발을 치켜들었고 그 깃발 아래로 백군을 모집하고 동원했다.

04 브레스트리토프스크 강화조약

볼셰비키 정부가 초기에 부딪힌 문제 중 하나는 독일과 계속 전쟁을 지속할 것인가 아니면 강화조약을 체결할 것인가 하는 것이었다. 여러 해 동안 레닌은 러시아 프롤레타리아가 권력을 장악하면 제국주의 열강들을 상대로 혁명전쟁을 시작해야 할 것이라고 주장했다. 그래서 1915년 10월 13일(26일)치 신문 기사에서 그는 다음과 같이 썼다. 러시아에서 혁명이 일어나 프롤레타리아가 집권하면 즉시 모든 교전국에 강화를 제안할 것이다. 강화의 조건은 모든 피억압 민족의 해방이다. 물론 이런 조건을 받아들일 자본주의 정부는 하나도 없을 것이다. "따라서 우리는 혁명전쟁을 준비하고 시작해야 할 것이다." 그리고 "우리는 유럽의 사회주의 프롤레타리아가 자국 정부에 맞서 봉기하도록 고무할 것이다. …… 러시아 프롤레타리아의 승리는 틀림없이 아시아와 유럽 전역에서 혁명의 발전에 엄청나게 유리한 조건을 만들어 낼 것이다."¹ 2월 혁명 후에도 레닌은 이와 비슷한 주장을 여러 번 되풀이했다.

1917년 12월 3일(16일) 독일, 오스트리아-헝가리 제국의 대표들과 러시아 대표단 사이에 정전협상이 시작됐고 곧 협정이 체결됐다. 12월 9일(22일) 브레스트리토프스크에서 강화 협상이 시작됐다. 볼셰비키 대표단의 지도자는 트로츠키였다. 트로츠키는 협상장에 카를 라데크를 데려갔다. [독일에서 돌아와] 방금 러시아에 도착한 라데크는 독일군 참호에 뿌릴 독일어 신문 〈디 파켈〉(횃불)의 편집자였다. 브레스트리토프스크에 도착하자마자 라데크는 소비에트 대표단을 환영하러 승강장에 나와 있던 [독일군] 장교들과 외교관들이 보는 앞에서 독일군 병사들에게 혁명적 소책자를 나눠 주기 시작했다.

12월 14~15일(27~28일) 독일 측 협상 대표가 가혹한 합병 조건을 내건 강화조약 초안을 낭독했다. 트로츠키는 협상을 결렬시키고 페트로그라드로 돌아왔다.

레닌은 결정적으로 중요한 상황에서 자신의 견해를 테제 형식으로 압축해서 내놓는 버릇이 있었다. 이제 상황이 완전히 바뀌었으니 전략을 급격히 바꿔야 한다고 생각한 레닌은 또다시 테제를 작성했다. 1918년 1월 7일(20일) 그는 "단독·합병 강화조약을 즉시 체결하는 문제에 대한 테제"를 발표했다.

유럽에서 사회주의 혁명이 일어나야 하고 일어날 것이라는 점은 의심할 여지가 없다. 사회주의의 최종 승리에 거는 우리의 기대는 모두 이런 확신과 과학적 진단을 바탕으로 하고 있다. 일반으로는 우리의 선전 활동, 구체적으로는 [교전국 병사들 간의] 친교를 조직하는 활동은 더 강화되고 확대돼야 한다. 그러나 유럽, 특히 독일에서 앞으로 6개월 안에(또는 그와 비슷한 단기간에) 사회주의 혁명이 일어날 것인지 아닌지를 결정하려는 노력을 바탕으로 러시아 사회주의 정부의 전술을 수립하는 것은 오류일 것이다. 단기간에 유럽에서 사회주의 혁명이 일어날지 어떨지를 결정하는 것은 불가능하므로 그런 노력은 모두 객관적으로 말해서 맹목적 도박일 뿐이다.

군대 없이는 전쟁을 할 수 없다. 그런데 당시 러시아에는 군대라고 할 만한 것이 없었다. "지금 우리 군대가 독일군의 공세에 맞서 반격할 수 있는 상태가 전혀 아니라는 점은 분명하다."

러시아의 사회주의 정부는 지금 한시도 늦출 수 없는 문제에 직면해 있다. 그것은 합병을 인정하는 이 강화를 지금 받아들일 것인가 아니면 즉시 혁명전쟁을 벌일 것인가 하는 문제다. 사실, 그 중간의 타협책은 결코 있을 수 없다.

필요한 전술을 일반적 원칙에서 곧장 끌어내서는 안 된다. 일부 사람들은 "그런 강화는 프롤레타리아 국제주의의 근본 원칙을 완전히 내팽개치는 것"이라고 주장한다.

그러나 이런 주장은 분명히 틀렸다. 파업에 패배한 노동자들이 자신들에게 불리하고 자본가에게 유리한 작업 재개 조건에 서명했다고 해서 그 노동자들이 사회주의를 배신한 것은 아니다.

레닌은 강화 정책이 독일 혁명에 해로울 것인가 하고 물은 뒤 다음과 같이 대답했다.

우리가 단독 강화조약을 체결하더라도 객관적 조건만 보면 독일 혁명의 성공이 더 힘들어지는 것은 아니다. ……
러시아 사회주의 소비에트 공화국은 모든 나라 국민들에게 생생한 사례로 받아들여질 것이고, 이 사례의 선전 효과와 혁명적 영향은 엄청날 것이다.

레닌은 프롤레타리아가 직면한 사느냐 죽느냐 하는 문제를 '영웅적'으로 해결하려는 태도를 경멸하며 거부했다.

즉시 혁명전쟁을 벌여야 한다는 주장을 평가하면서 우리가 내려야 하는 결론은 그런 정책이 아름답고 극적이고 인상적인 것을 갈망하는 인간적 염원에 부응할지는 몰라도 지금 진행 중인 사회주의 혁명의 현 단계의 객관적 계급 세력 관계와 물질적 요인들을 완전히 무시한다는 것이다.[2]

불행히도 레닌은 당내에서 매우 강력한 반발에 부딪혔다. 10월에 그를 지지했던 사람들이 대부분 레닌의 태도에 경악했다. 대체로 10월에 레닌의 무장 봉기 주장에 반대했던 사람들이 이제는 그를 지지하고 나섰다. 즉시 강화조약을 체결해야 한다고 가장 열렬히 주장한 사람이 지노비예프였고, 10월 혁명 때 레닌을 지지했던 당내 좌파들은 사실상 만장일치로 강화 정책을 반대했다.

1월 8일(21일) 중앙위원회 회의에서 레닌의 테제를 처음으로 공식 논의했다. 그 회의에는 당내에서 비교적 덜 중요한 지도자들도 참석했다.

페테르부르크 위원회와 모스크바 지역국의 대다수를 비롯해서 많은 사람들이 혁명전쟁을 지지했다. 모스크바 지역국 국원인 오신스키(오볼렌스키)의 말은 많은 기층 당원들의 견해를 압축적으로 보여 주었다. "저는 레닌의 과거 견해를 지지합니다." 심지어 트로츠키도 레닌을 지지하지 않았다.

이 회의에서 트로츠키는 브레스트리토프스크에 파견된 대표단의 활동을 보고하면서 자신의 결론은 "전쟁도 아니고 강화도 아니다"는 것이라고 말했다. 레닌은 독일의 요구 조건을 받아들여야 한다고 주장했다. 부하린은 "혁명전쟁"을 주장했다. 표결 결과는 부하린의 압도적 승리였다. 레닌의 동의안은 겨우 15표를 얻는 데 그쳤다. 트로츠키도 16표를 얻은 반면, 부하린의 주장을 지지한 사람은 무려 32명이었다.[3]

회의 직후에 레닌은 다음과 같이 썼다.

지금 당내 사정을 보면, 1907년 여름의 상황과 아주 비슷하다는 생각이 든다.

그때 볼셰비키의 압도 다수는 제3차 두마 선거를 보이콧해야 한다고 주장한 반면, 단멘셰비키 지도재과 함께 선거 참여를 지지했던 나는 기회주의라는 격렬한 비판을 받았다. 객관적으로 보면, 지금의 문제도 완전히 비슷하다. 그때와 마찬가지로 지금도 당 간부들 다수가 가장 훌륭한 혁명적 동기에서 그리고 가장 훌륭한 당 전통에 따라 스스로 '현란한' 구호에 현혹돼 새로운 사회 · 경제 · 정치 상황을 파악하지 못한 채 신속하고 급격한 전술 변화가 필요한 상황 변화를 고려하지 않고 있다.[4]

다음 중앙위원회 회의는 1월 11일(24일) 열렸다. 제르진스키는 레닌이 소심해져서 혁명의 강령을 송두리째 포기했다고 비난했다. "레닌은 지노비예프와 카메네프가 10월에 했던 짓을 위장된 형태로 하고 있습니다."

부하린은 카이제[독일 황제]의 요구를 받아들이는 것은 독일과 오스트리아 프롤레타리아의 등에 비수를 꽂는 것과 마찬가지라고 주장했다. 우리츠키는 레닌이 "국제적 관점이 아니라 러시아의 시각에서" 문제를 다루고 있다고 비판했다. 로모프는 "강화조약 체결은 우리가 독일 제국주의에 굴복하는 것"이라고 주장했다. 코시오르는 페트로그라드 조직을 대표해서 발언하면서 레닌의 견해를 혹독하게 비판했다.

가장 단호하게 강화를 주장한 사람은 지노비예프, 카메네프, 스베르들로프, 스탈린, 소콜니코프였다. 스탈린은 다음과 같이 말했다. "서유럽에는 혁명운동이 없습니다. 전혀 없습니다. 오직 가능성만이 있을 뿐입니다. 우리는 가능성에 의존할 수 없습니다." 10월에도 그랬듯이 지노비예프는 서유럽의 혁명을 기대할 근거가 전혀 없다고 주장했다. 그는 강화조약으로 서유럽의 혁명운동이 약해질 것인지 아닌지는 중요하지 않다고 말했다. "물론 …… 강화조약이 체결되면 독일에서 국수주의가 득세할 것이고, 한동안 서유럽 도처에서 [혁명]운동이 약해질 것입니다."

레닌은 이 어설픈 지지자 두 사람의 주장을 재빨리 반박했다. 레닌은 스탈린의 주장을 듣고는 "의존할 수 없다고요?" 하고 외쳤다. 서유럽에서 아직 혁명이 시작되지 않았다는 것은 사실이다. 그러나 "그 때문에 우리가 전술을 바꾼다면 그것은 국제 사회주의를 배신하는 것입니다." 지노비예프의 주장을 비판하면서 레닌은 "강화조약 체결로 서유럽의 운동이 한동안 약해질 것"이라는 말은 틀렸다고 주장했다.

강화 협상이 결렬되면 독일의 운동이 즉시 발전할 거라고 생각한다면 우리는 스스로 희생해야 할 것입니다. 왜냐하면 독일 혁명의 영향력이 우리의 혁명보다 훨씬 더 클 것이기 때문입니다.[5]

레닌은 서유럽 혁명의 가능성을 단 한 순간도 잊지 않았다.

혁명전쟁을 옹호하는 사람들은 혁명전쟁이 일어나면 우리가 독일 제국주의와 내전을 벌이게 될 것이고 그렇게 해서 독일에서 혁명을 불러일으킬 수 있을 것이라고 주장합니다. 그러나 독일은 이제 겨우 혁명을 잉태했을 뿐이지만 우리는 이미 완전히 건강한 아이를 낳았습니다. 만약 우리가 [혁명]전쟁을 시작한다면 사회주의 공화국이라는 신생아를 우리 손으로 죽이는 것과 마찬가지입니다.[6]

그러나 레닌은 트로츠키가 시간을 벌려고 애쓰는 것을 반대하지 않았다. 중앙위원회는 "강화조약 체결을 질질 끌기 위해 할 수 있는 모든 일을 다해야 한다"고 결정했고 이 결정에 반대한 사람은 지노비예프뿐이었다.[7]

1월 2일(15일) 일부 중앙위원들과 인민위원들이 성명을 발표해서 즉시 당 협의회를 소집할 것을 요구했다. "협의회가 소집되지 않은 채 …… 강화조약이 체결되면, 아래 서명한 사람들은 당과 정부 기구에서 맡고 있는 직책을 사임할 것이다."서명자들은 "RSDLP 중앙위원 G 오포코프(A 로모프), 인민 위원 V 오볼렌스키(오신스키), V 야코블레바, 셰베르딘, N 크레스틴스키, V 스미르노프, M 바실레프, M 사벨레프, 국립은행 지도위원 퍄타코프, RSDLP 중앙위원 겸 〈프라우다〉 편집자 N 부하린, 우랄 지역위원회와 체이카의 집행위원 프레오브라젠스키"등이었다.

같은 날 페테르부르크 위원회 집행위원회는 레닌의 강화 정책을 다음과 같이 비난하는 성명서를 발표했다.

[레닌의 정책은] 다가오는 국제 혁명을 충분히 내다볼 수 있는 곳에 있는 우리 진지를 포기하는 것이고 혁명의 전위인 우리 당을 확실히 죽이는 것과 같다. ...... 강화 정책이 지속되면 당이 분열할 위험이 있다. 이런 점을 모두 고려해서 페테르부르크 집행위원회는 즉시 특별 협의회를 소집할 것을 요구한다.[8]

1월 11일(24일) 모스크바 위원회는 레닌의 강화 정책을 격렬하게 비난하는 결의안을 만장일치로 통과시켰다.

독일 제국주의자들의 요구 조건을 받아들이는 것은 우리의 혁명적 사회주의 정책과 정면으로 배치되는 것이고, 국내외 정책에서 일관된 국제 사회주의 노선을 객관적으로 거부하는 것이며, 최악의 기회주의로 귀결될 수 있다.[9]

볼셰비키 당내에서는 6주 동안 격렬한 논쟁이 벌어졌고, 과거의 위기 때와 마찬가지로 이번에도 당이 거의 쪼개질 뻔했다. 1월 21일(2월 3일) 특별 협의회가 열렸다. 그러나 협의회에서도 분명한 결론은 나지 않았다. "독일의 최후통첩을 받으면 강화조약을 체결해야 하는가"하는 결정적 문제에서 대의

원들이 대부분 기권했기 때문이다.[10]

당 지도부는 혼란에 빠졌고 트로츠키는 지연 정책을 계속 추진했다. 1월 29일(2월 10일) 그는 러시아는 합병을 인정하는 강화조약 체결을 거부한다고 선언하면서 협상을 결렬시켰다. 그와 동시에 전쟁 종결도 선언했다.

2월 13일 트로츠키는 중앙위원회 회의에서 브레스트의 협상 결과를 자세히 설명하고 자신이 지연 정책을 편 이유를 해명했다. 그는 다음과 같은 결론으로 말을 맺었다.

독일군이 우리를 향해 진격하는 것이 불가능하다는 말은 아닙니다. 독일 제국주의 도당의 힘을 생각하면 그런 말은 너무 무모하다고 할 수 있습니다. 그러나 저는 그동안 이 문제를 다룬 우리의 태도 덕분에 독일 군국주의자들을 매우 난처하게 만드는 성과를 거뒀다고 생각합니다.

스베르들로프가 "브레스트리토프스크에 파견된 대표단의 활동"을 승인하는 결의안을 제출했고, 그 결의안은 만장일치로 통과됐다.[11]

2월 18일 독일이 군사 공격을 재개했다. 다시 중앙위원회 회의가 열렸다. 이 회의에서 레닌은 즉시 강화를 제안하자는 동의안을 냈지만 찬성 6표, 반대 7표로 부결됐다. 트로츠키는 반대표를 던졌다.[12] 그 날 밤에 다시 중앙위원회 회의가 열렸다. 이제 분위기가 바뀌었다. 독일군이 민스크를 함락하고 우크라이나로 진격하는 중인데 아무 저항도 받지 않았다는 소식이 전해졌다. 중앙위원회는 "즉시 독일 정부에 강화조약 체결을 제안한다"는 결의안을 통과시켰다. 찬성이 7명(레닌, 스밀가, 스탈린, 스베르들로프, 소콜니코프, 지노비에프, 트로츠키), 반대가 5명(우리츠키, 이오페, 로모프, 부하린, 크레스틴스키), 기권이 1명(스타소바)이었다.[13]

새로운 변수가 나타나 지도부의 혼란을 가중시켰다. 2월 22일 트로츠키는 러시아가 다시 독일과 전쟁을 시작하면 군사 원조를 제공하겠다는 프랑스와 영국의 제안이 있었다고 중앙위원회에 보고했다. '좌파 공산주의자들'의 다수는 제국주의 열강의 지원을 받는 것을 원칙적으로 반대했다. 트로츠키는 지원 제공자가 누구든 간에 지원을 받는 것에 찬성한다고 주장했다. "'좌파 공산주의자들'의 주장은 비판을 면할 수 없습니다. 당이라면 하지 않을 일도 국가는 할 수밖에 없습니다. 물론 제국주의자들은 우리를 이용하려 하고, 우리가 약하다면 그들의 뜻대로 될 것입니다. 그러나 우리가 강하다면 그렇게 되도록 내버려두지 않을 것입니다."

권력을 장악하고 있고 독일과 전쟁을 벌이고 있는 사회주의 프롤레타리아의 정당으로서 우리는 국가기구를 이용해 모든 수단을 동원해서 우리의 혁명적 군대를 무장시키고 필요한 자원을 최대한 보급하고 있습니다. 그리고 이를 위해 우리는 할 수만 있다면 어디서든 그런 자원을 확보하고 있습니다. 따라서 다른 나라 자본주의 정부의 지원도 받아야 합니다. 그런 지원을 받을 때 RSDLP는 외교 정책의 완전한 독립성을 유지하고, 자본주의 정부에 정치적 약속을 일절 하지 않고, 그들의 제안을 각각 따로따로 검토해서 적절한지 아닌지를 판단해야 합니다.

중앙위원회 회의에 참석하지 않았던 레닌은 다음과 같은 말을 의사록에 덧붙였다. "나는 영국과 프랑스 제국주의 강도들한테서 감자와 무기를 [지원] 받는다는 데 찬성표를 던지겠소."[14]

권력을 장악한 프롤레타리아의 이익을 위해 제국주의 열강들 사이의 갈등을 적극 이용하는 방안을 설명하고자 레닌은 2월 22일 "옴"[옴벌레가 일으키는 피부병]이라는 제목의 글을 썼다.

괴물 같은 폭군을 죽이려고 흉악무도한 악당, 깡패, 강도한테 빵과 돈과 보드카를 주고 권총을 얻은 칼랴예프*의 사례를 보자.

흉기를 얻으려고 '강도와 거래'했다는 이유로 칼랴예프를 비난할 수 있을까? 분별 있는 사람이라면 누구든지 '아니'라고 대답할 것이다. 칼랴예프가 권총을 구할 수 있는 다른 방법이 없었다면, 그리고 그의 의도가 정말로 고귀한 것(남의 재산을 강탈하기 위한 살인이 아니라 폭군을 살해하는 것)이었다면 그는 권총을 그렇게 구했다는 이유로 비난받기는커녕 오히려 칭찬을 받아야 한다. 그러나 강도가 사람을 죽이고 약탈하려고 다른 강도에게 돈과 빵과 보드카를 주고 그 대가로 권총을 얻었다면, 그런 '거래'를 (인정하는 것은 말할 것도 없고) 칼랴예프의 거래와 비교나 할 수 있을까?[15]

이 글에 덧붙인 후기에서 레닌은 다음과 같이 썼다.

미국인들은 18세기 말에 영국에서 독립하려고 전쟁을 벌일 때 스페인과 프랑스의 도움을 받았다. 스페인과 프랑스는 영국과 경쟁 관계였고 영국과 꼭 마찬가지로 식민지를 지배하는 강도들이었다. '좌파 볼셰비키'는 이 미국인들의 '더러운 거래'를 파헤치는 '학술 서적'을 집필하려 하는 셈이다.[16]

그러나 군사 원조를 제안했던 영국과 프랑스가 실제로 지원한 것은 전혀 없었다.

2월 22일 러시아의 강화 제안에 대한 독일의 답변이 왔다. 그러자 볼셰비키 당내에서 반란이 일어났다. 독일의 가혹한 요구 조건이 알려지자 페테르

---

* 많은 테러에 가담한 사회혁명당 전투 조직의 일원. 1905년 2월 4일(17일) 모스크바 총독 S A 로마노프 대공 ― 니콜라이 2세의 숙부 ― 을 암살하고, 5월 10일(23일) 슐뤼셀부르크에서 처형당했다.

부르크 위원회와 모스크바 지역국이 한목소리로 레닌의 강화 정책에 반대하고 나선 것이다. 그들은 그동안 반대했던 것보다 훨씬 더 극렬하게 반대했다. 같은 날 부하린은 중앙위원과 〈프라우다〉 편집자 직책을 모두 사임하겠다고 발표했다. 로모프·우리츠키·부하린·부브노프(이상 중앙위원들), 스미르노프·야코블레바·퍄타코프·스투코프·포크로프스키(이상 모스크바 지역국), 페트로그라드의 스푼데 등이 "당 안팎에서 자유롭게 선동"할 수 있는 권리를 확보하기 위해 모든 직책을 사임하겠다고 발표했다. 이들은 사퇴 선언문에서 레닌의 정책을 혹독하게 비판했다.

국제 프롤레타리아의 선봉대가 국제 부르주아지에게 투항했다. 러시아의 프롤레타리아 독재는 자신의 약점을 전 세계에 드러내며 국제 프롤레타리아의 대의를 손상시켰다. ……

해외의 프롤레타리아 진지를 포기하게 되면 불가피하게 국내에서도 [프롤레타리아 진지를] 포기하게 될 것이다.[17]

2월 21일 레닌은 〈프라우다〉에 "혁명적 문구"라는 글을 발표해 자신의 강화 정책을 공개적으로 옹호했다. 그는 좌파 공산주의자들을 가차 없이 비판했다.

혁명전쟁을 요구하는 혁명적 문구가 우리 혁명을 파멸시킬 수 있다. 여기서 말하는 혁명적 문구 늘어놓기는 사태의 흐름이나 객관적 상황과 무관하게 혁명적 구호를 반복하는 것이다.

볼셰비키는 "옛 군대가 더는 존재하지 않고 새로운 군대는 이제야 건설되기 시작했다"는 사실을 직시해야 한다고 레닌은 주장했다.[18]

러시아의 소비에트 권력을 희생해서라도 독일 혁명을 도와주자는 주장은 공허한 말장난일 뿐이다.

독일 혁명이 무르익고 있음을 확신하는 것, 독일 혁명의 발전을 위해 자신이 할 수 있는 일을 나름대로 하는 것, **노동ㆍ선동ㆍ친교** 등 무엇이든 하고 싶은 일을, 그러나 혁명의 발전에 도움이 되는 일을 해서 독일 혁명에 최대한 기여하는 것은 중요하다. 그것이 바로 혁명적인 프롤레타리아 국제주의가 뜻하는 바다.

그러나 독일 혁명이 이미 **무르익었다**고(분명히 그렇지 않다) 직접 또는 간접으로, 공개적으로 또는 은밀하게 선언하는 것, 그리고 이를 바탕으로 우리의 전술을 수립하는 것은 전혀 다른 문제다.[19]

우리는 혁명적 문구에 맞서 싸워야 한다. 단호하게 맞서 싸워야 한다. 그래서 미래의 어느 날 사람들이 우리를 두고 "혁명전쟁 운운하는 혁명적 문구가 혁명을 파멸시켰다"고 쓰라린 진실을 말하는 일이 없게 해야 한다.[20]

레닌은 보편과 특수를 동일하게 여겨서는 안 되고 구체적인 것과 추상적인 것은 다르다는 마르크스주의의 기본 원칙을 거듭거듭 강조해야 했다. 그는 〈프라우다〉 2월 25일치에 실린 "고통스럽지만 꼭 필요한 교훈"이라는 글에서 다음과 같이 썼다.

"모든 파업에는 사회혁명의 히드라가 숨어 있다"는 것은 명백하다. 그러나 우리가 파업에서 혁명으로 곧장 나아갈 수 있다는 것은 터무니없는 생각이다. 앞으로 몇 주 안에, 독일군이 페트로그라드나 모스크바나 키예프에 도달하기 전에, 그들이 우리의 철도 수송망을 '절단'내기 전에, 유럽에서 혁명이 일어나 확실히 승리할 것이라고 사람들에게 장담한다는 의미에서 우리가 "유럽에서 사회주의의 승리를 기대하고 있다"면 우리는 진지한 국제주의 혁명가가 아니라 모험가로서 행동하는 것이다.[21]

2월 16일 독일은 2월 18일 정오부터는 러시아를 교전 상대로 여기겠다고 선언했다. 실제로 2월 18일 정오가 되자 독일군은 모든 전선에서 공세를 시작했고, 독일군에 대한 저항은 전혀 없었다.

2월 23일 볼셰비키당 중앙위원회는 독일의 새로운 요구 조건을 논의했다. 이 조건에 따르면, 소비에트 러시아는 발트 해 연안 지역 전체, 벨로루시 지역의 일부를 잃을 터였다. 또, 마르스, 바투미, 아르다간 같은 도시들도 터키에 넘겨줘야 했다. 독일의 최후통첩은 러시아가 즉시 군대를 완전히 해산할 것과 핀란드와 우크라이나에서 군대를 철수할 것과 우크라이나 인민공화국, 즉 부르주아 민족주의적인 중앙 라다와 강화조약을 체결할 것을 요구했다. 독일 정부는 그런 요구 조건을 48시간 내에 수용할 것과 [러시아가] 즉시 전권 대사를 브레스트리토프스크에 파견할 것과 3일 내에 강화조약에 서명할 것을 요구했다.

레닌은 독일의 요구를 받아들여야 한다고 주장하고, 자신의 주장을 관철하기 위해 정부와 당의 모든 직책을 사임하겠다고 위협했다. 중앙위원들의 반응은 다양했다. 로모프는 동요하지 않았다. "레닌이 사퇴하겠다고 위협해도 놀랄 이유가 없습니다. 우리는 ＶＩ [레닌 ― 지은이] 없이 권력을 유지해야 합니다. 우리는 전선으로 가서 우리가 할 수 있는 모든 일을 다해야 합니다." 그러나 다른 중앙위원들, 특히 트로츠키는 레닌의 압력에 굴복했다. 트로츠키는 비록 레닌의 주장을 수긍하지는 않았지만 레닌의 정책에 더는 반대할 수 없다고 선언했다.

당이 분열해 있는 상황에서 우리가 혁명전쟁을 벌일 수는 없습니다. ＶＩ [레닌 — 지은이]의 주장은 설득력이 없습니다. 우리가 모두 한마음, 한뜻이었다면 우리는 방위를 조직하는 일을 시작할 수 있었을 것이고 실제로 그 일을 해낼 수 있었을 것입니다. 설사 우리가 페테르[부르크]와 모스크바를 포기할 수밖에 없었다고 하더라도 우리는 나쁘지 않은 구실을 했을 것입니다. 우리는 전 세계를 긴장하게 만들었을 것입니다. 만약 우리가 오늘 독일의 최후통첩을 받아들인다면 내일은 또 다른 최후통첩을 받게 될 것입니다. 그러면 또 다른 최후통첩이 잇따를 수 있습니다. 우리는 강화조약에 서명할 수 있습니다. 그러나 그러면 우리는 선진 노동자들의 지지를 받지 못할 것이고 어쨌든 그들의 사기를 떨어뜨릴 것입니다.

크레스틴스키, 이오페, 제르진스키도 트로츠키와 비슷하게 기권하는 태도를 취했다.*

그래서 레닌은 자신의 뜻을 관철시킬 수 있었다. 레닌을 지지하는 찬성표가 7표(레닌, 스타소바, 지노비예프, 스베르들로프, 스탈린, 소콜니코프, 스밀가), 반대표가 4표(부브노프, 우리츠키, 부하린, 로모프), 기권이 4표(트로츠키, 크레스틴스키, 제르진스키, 이오페)였다.

이 회의 직후 부하린, 우리츠키, 로모프, 부브노프, 야코블레바, 퍄타코프, 스미르노프는 "당과 소비에트의 직책을 모두 사임하고, 우리가 옳다고 생각하는 견해를 당 안팎에서 널리 선전·선동할 수 있는 자유를 완전히 보유할 것"

---

* 중앙위원회의 강화 찬성파들이 동요에서 자유롭지 않았다는 것은 흥미롭다. 예컨대, 스탈린은 "조약에 서명하지 않은 채 강화 협상을 시작할 수도 있습니다" 하고 말했다. 그래서 레닌은 자기 지지자들의 동요를 진정시키기 위해 그들을 날카롭게 비판했다. "조약에 서명하지 않을 수 있다는 스탈린의 말은 틀렸습니다. 이 요구 조건들은 반드시 받아들여야 합니다. 조약에 서명하지 않으면 3주 뒤에 소비에트 권력은 사망 선고를 받게 될 것입니다."

이라고 선언했다. 스탈린은 "직책을 사임하는 것은 사실상 당을 떠난다는 뜻이 아니냐고 문제"를 제기했다. 레닌은 서둘러 '유혈 사태'를 방지하고 나섰다. 그는 "중앙위원 사퇴가 곧 당을 떠난다는 뜻은 아니"라고 지적했다.[22]

2월 24일 모스크바 지역국은 중앙위원회 불신임 결의안을 만장일치로 통과시켰다. 그 결의안은 다음과 같이 주장했다.

> 모스크바 지역국은 아주 가까운 장래에 당이 거의 분열할 수밖에 없다고 생각한다. 그리고 단독 강화조약 체결 옹호자들과 당내의 온건한 기회주의자들을 모두 반대하는 일관된 혁명적 공산주의자들이 모두 단결할 수 있도록 돕는 것을 모스크바 지역국의 목표로 삼는다. 세계 혁명을 위해서라면 우리는 소비에트 권력을 잃을 가능성을 받아들이는 것도 적절하다고 생각한다. 왜냐하면 권력 상실 가능성은 이제 순전히 형식적인 문제가 되고 있기 때문이다.

> 모스크바 지역국은 중앙위원회가 요구하는 규율을 지키지 않겠다는 뜻을 분명히 했다.

레닌은 매우 참을성 있게, 너그럽게 반응했다. 당은 여전히 매우 민주적이었다.

> 이 모든 것은 전혀 끔찍하지도 않고 이상하지도 않다. 단독 강화 문제를 놓고 중앙위원회와 견해가 사뭇 다른 동지들이 중앙위원회를 날카롭게 비판하고 분열이 불가피하다는 확신을 표명하는 것은 완전히 자연스러운 일이다. 이 모든 것은 당원들의 합법적 권리이고, 이것은 얼마든지 이해할 수 있는 일이다.[23]

2월 24일 강화조약을 체결하기 위한 소비에트 대표단이 브레스트리토프스크를 향해 출발했다. 3월 1일 강화 협상이 다시 시작됐고 3월 3일 마침내

조약이 체결됐다. 소비에트 대표단은 강압에 못 이겨 조약을 체결한다는 것을 분명히 밝혔다. 그래서 조약에 서명하기 전에 러시아 대표단은 다음과 같은 성명서를 발표했다.

지금 상황에서 러시아는 선택할 자유가 전혀 없다. …… 독일 프롤레타리아는 아직 [독일 제국주의의 - 지은이] 공격을 저지할 만큼 충분히 강력하지 못하다. 우리는 국제 프롤레타리아 혁명에 맞선 제국주의와 군국주의의 승리가 일시적이고 순간적인 것으로 판명날 것임을 믿어 의심치 않는다. 한편, 독일 제국주의의 군사적 공세에 저항할 수 없는 …… 소비에트 정부는 혁명 러시아를 구하기 위해 어쩔 수 없이 강화 조건을 받아들인다.[24]

강화조약의 가혹한 조건

이 조약으로 러시아는 대략 영토 126만 7000제곱마일과 인구 6200만 명 이상을 잃은 것으로 추산된다. 이는 러시아 영토의 4분의 1과 인구의 44퍼센트에 해당한다. 그래서 러시아 곡물 생산량의 3분의 1과 국세 수입의 27퍼센트, 설탕 공장의 80퍼센트와 철 생산량의 73퍼센트, 석탄 생산량의 75퍼센트를 잃게 됐다. 러시아 전체의 공장 1만 6000개 가운데 9000개가 잃어버린 영토에 있었다.[25]

레닌의 강화 정책에 반대하는 정서가 대중 사이에 확산됐다. 2월에 200개의 소비에트에서 강화 정책을 놓고 찬반 투표가 실시됐다. 절반이 넘는 105개의 소비에트가 독일과 전쟁을 벌이는 데 찬성했다. 공업 도시의 소비에트에서는 압도 다수가 전쟁을 지지했다. 대규모 소비에트 중에서는 오직 두 군데(페트로그라드와 세바스토폴)만이 강화에 찬성했다. 반면에 몇몇 대도시(모스크바, 크론시타트, 예카테린부르크, 하리코프, 예카테리노슬라프, 이바노보보즈네센스크

등)에서는 압도 다수가 레닌의 강화 정책에 반대했다. 42개 주도州都의 소비에
트 중에서는 6개가 강화를 지지했고 20개가 전쟁을 지지했다. 군, 읍, 면에서
는 8개가 강화를 지지한 반면, 85개는 전쟁을 지지했다.[26]

그러나 당내 논쟁은 3월 6~8일 열린 7차 특별 당대회에서 끝났다. 당대회
개막 전날 'RSDLP 상트페테르부르크 위원회와 상트페테르부르크 지역 위원
회의 기관지'인 일간지 〈코무니스타〉가 새로 발행되기 시작했다. 〈코무니스
타〉의 편집자는 부하린, 라데크, 우리츠키였고 그들은 저명한 당 지도자들(부
브노프, 로모프, 포크로프스키, 프레오브라젠스키, 퍄타코프, 콜론타이, 이네사 아
르망 등)의 지원을 받았다. 이 이름들만으로도 〈코무니스타〉가 얼마나 강력
하고 우수한지 어느 정도 가늠할 수 있다.

7차 당대회는 격렬한 논쟁 끝에 찬성 30표, 반대 12표, 기권 4표로 레닌의
정책을 지지하기로 결정했다. 지역의 당 조직들도 즉시 또는 약간의 시차를
두고 이 선례를 따랐다.

3월 7일 볼셰비키당 페트로그라드 협의회는 좌파 공산주의자들을 비난
하고 "독자적 조직 활동"을 중단할 것을 요구하는 결의안을 채택했다. 그래
서 〈코무니스타〉는 페트로그라드에서 발행을 중단할 수밖에 없었고 모스크
바로 옮겨가서 4월에 모스크바 지역국의 후원을 받아 다시 발행되기 시작했
다. 5월 15일 레닌은 좌파 공산주의자들의 아성인 모스크바 지역에서 승리
했다. 모스크바 협의회에서 로모프와 논쟁 끝에 레닌의 노선이 찬성 42표
대 반대 9표로 채택된 것이다.

일부 지역에서는 좌파 공산주의자들이 여전히 우세했다. 그래서 이바노보
보즈네센스크에서는 5월 10일 열린 볼셰비키당 지역 협의회가 부하린의 보
고를 들은 뒤 찬성 12표, 반대 9표, 기권 4표로 부하린의 정책을 채택했다.[27]

조약의 최종 비준은 1918년 3월 15일 열린 제4차 소비에트 대회에서 이루
어졌다. 찬성 748표, 반대 261표, 기권 115표였는데, 기권한 사람들 가운데

64명이 좌파 공산주의자였다.

그때부터 좌파 공산주의자들은 전쟁 문제와 관련해서는 침묵했다(나중에 보겠지만, 다른 영역 ― 경제 문제 ― 에서는 계속 레닌의 정책을 반대했지만 말이다). 그러나 좌파 사회혁명당은 훨씬 더 극렬하게 강화 정책을 반대하기 시작했다. 강화조약 비준 직후 그들은 인민위원회에서 철수했다.

트로츠키의 태도

스탈린주의 역사책들은 브레스트리토프스크 협상과 관련해서 레닌과 트로츠키의 차이를 터무니없이 과장한다. 그래서 트로츠키의 태도를 좀 더 자세히 살펴볼 필요가 있다.

브레스트리토프스크 협상을 둘러싼 논쟁 내내 레닌과 트로츠키는 혁명전쟁이 불가능하다는 점을 두고는 이견이 전혀 없었다. 그래서 예컨대 1월 8일 (21일) 연설에서 트로츠키는 "만약 우리가 혁명전쟁을 시작한다면 [소비에트 체제가] 뒤집히고 말 것이라는 점은 불을 보듯 뻔합니다" 하고 말했다.[28] 당시 트로츠키는 자신의 태도를 다음과 같이 설명했다.

전쟁을 지속할 수 없다는 것은 명백했다. 이 점을 놓고는 나와 레닌 사이에 견해 차이가 전혀 없었다. 우리는 둘 다 부하린을 비롯한 '혁명전쟁'의 사도들을 보며 똑같이 당혹스러워했다. 그러나 아직 이에 못지않게 중요한 문제가 있었다. 그것은 호엔촐레른 왕가의 독일 정부가 우리를 상대로 한 전쟁을 얼마나 멀리까지 밀고 나아갈 수 있을 것인가 하는 문제였다. …… 호엔촐레른 왕가는 평화를 원하는 [독일] 혁명가들의 반대를 무릅쓰고 군대를 보낼 수 있을까? 2월 혁명과 그 후의 10월 혁명은 독일군에 어떤 영향을 주었을까? 그 효과는 얼마나 빨리 나타날까? 이런 문제들의 답을 아직 알 수 없었다. 우리는 그 답을 협상 과정에서 찾아내려 애썼다. 그래서 협상을 최대한 지연시켜야 했다. 유럽의 노동자들이 소비에트 혁명이라는 사실 자체, 특히 그 평화 정책을 충분히 이해하고 받아들일 수 있도록 그들에게 시간을 줄 필요가 있었다.[29]

실천에서는 레닌이 주장한 강화 협상 전술이 옳았던 것으로 판명됐다. 그러나 그렇다고 해서 트로츠키의 태도가 반드시 틀렸다고 말할 수만은 없다. 트로츠키가 주장한 '전쟁도 아니고 평화도 아니다'는 전술도 아마 효과가 있었을 것이다. 루덴도르프의 회고록과 브레스트리토프스크 협상에 참가한 독일 대표들의 다양한 진술을 살펴보면, 오스트리아와 독일의 지도자들이 러시아에 군사 공세를 시작하기 전에 머뭇거렸다는 것을 분명히 알 수 있다.

특히 오스트리아 왕정은 강화조약에 거의 필사적으로 매달렸다. 1월 4일(17일) 오스트리아 외무장관 체르닌은 오스트리아 황제한테서 다음과 같은 전갈을 받았다.

[오스트리아] 왕정과 왕조의 운명 전체가 브레스트리토프스크에서 강화조약이 최대한 빨리 체결되는 것에 달렸음을 다시 한 번 명심하라. …… 브레스트에서 강화조약이 체결되지 않으면 [오스트리아에서] 혁명이 일어날 것이다.[30]

트로츠키가 브레스트리토프스크로 가고 있을 때인 1월 15일(28일) 파업과 폭동 물결이 독일과 오스트리아를 휩쓸었다. 베를린과 빈에서는 소비에트가 건설됐다. 함부르크, 브레멘, 라이프치히, 에센, 뮌헨에서는 대중 시위가 벌어졌다. 베를린 광역시의 거리에서는 "모든 권력을 소비에트로!"라는 구호가 들렸고, 노동자 50만 명이 일손을 놓았다. 그들이 내건 요구 사항의 핵심은 브레스트리토프스크에서 러시아 인민위원들이 정식화한 원칙에 따라 민족자결을 바탕으로 합병이나 배상 없는 강화조약을 신속히 체결하라는 것과 모든

나라 노동자 대표들이 강화 협상에 참가해야 한다는 것이었다.[31]

무조건 강화조약을 체결하려는 오스트리아의 노력은 불가리아와 터키의 지지를 받았고, 훨씬 더 중요하게는 독일 외무장관인 폰 퀼만 남작과 총리인 폰 헤르틀링도 강화조약 체결을 지지했다.

루덴도르프와 퀼만의 회고록을 보면, 독일군 참모본부(힌덴부르크, 루덴도르프, 호프만)가 이끄는 전쟁파와 폰 퀼만과 폰 헤르틀링이 이끄는 강화파 사이에 며칠 동안 팽팽한 신경전이 있었음을 알 수 있다. 강화파는 국내 상황 때문에 러시아를 공격해서는 안 된다고 거듭거듭 주장했다. 그러나 독일군 최고사령부는 요지부동이었고, 결국 카이저의 지지를 받은 덕분에 강화파에 승리할 수 있었다.

따라서 브레스트 협상 당시 트로츠키의 태도는 단지 이상주의만이 아니라 상당한 현실주의를 바탕으로 한 것이기도 했다. 레닌이 옳았음이 입증됐을 때 트로츠키는 이를 흔쾌히 인정했다. 1918년 10월 3일 중앙집행위원회 회의에서 트로츠키는 다음과 같이 말했다.

저는 이 권위 있는 기구의 회의에서 다음과 같은 사실을 말씀드리는 것이 제 의무라고 생각합니다. 즉, 우리 중에 많은 사람들이 브레스트리토프스크 강화조약에 서명하는 것이 과연 용납될 수 있는지 아닌지 의심하고 있을 때 오직 레닌 동지만이 놀라운 통찰력으로 그리고 우리의 반대를 무릅쓰고 우리가 강화조약에 서명해야 한다고, 세계 프롤레타리아 혁명 때까지 우리가 위기에서 벗어나야 한다고 완강하게 주장했다는 것입니다.[32]

현실주의와 원칙 있는 정치

전쟁이냐 강화냐 하는 결정적 시기에 드러난 레닌의 강점은 엄격하게 비타협적으로 원칙을 고수하면서도 객관적 상황 변화에 맞게 전술을 변경했다는 것이다.

제국주의의 압력에 직면해서 후퇴할 필요성을 절감한 레닌은 러시아의 운명을 포함해서 모든 것을 세계 혁명의 필요에 종속시키는 국제주의 원칙을 고수해야 한다고 강조했다. 7차 당대회에서 그는 강화조약을 즉시 비준해야 한다고 주장하면서도 국제 혁명을 단 한 순간도 시야에서 놓치지 않았다.

세계사의 관점에서 볼 때 명백한 사실은 다른 나라들에서 혁명운동이 일어나지 않아 우리 혁명이 고립된다면 혁명의 최종 승리는 불가능하다는 것입니다. 볼셰비키당이 혼자서 과감하게 혁명에 뛰어든 것은 모든 나라에서 혁명이 무르익고 있다는 것을 굳게 확신했기 때문입니다.[33]

절대적 진리는 독일 혁명이 없다면 우리가 파멸할 수밖에 없다는 것입니다.[34]

가혹한 조처들을 취해야 했지만 레닌은 단 한 순간도 노동자들을 속이려 하지 않았다. 오히려 진실이 아무리 노동자들의 입맛에 맞지 않더라도 그들에게 진실을 말했다. 레닌은 항상 현실의 투쟁을 대체하려는 책략은 모두 대중의 혁명적 사기를 떨어뜨릴 수 있다고 강조했다. 혁명 지도자들은 방향 전환을 강요받을 때 결코 진실을 노동자들에게 숨겨서는 안 된다. 트로츠키는 다음과 같이 썼다.

문제의 핵심은 레닌이 브레스트리토프스크의 투항을 다룰 때 보여 준 그 지칠 줄 모르는 에너지가 10월에 당을 승리로 이끈 바로 그 혁명적 에너지였다는 것이다. 10월과 브레스트리토프스크의 결합, 과감한 돌격과 심사숙고의 결합, 대담함과 신중함의 결합, [레닌에게] 고유한 이런 결합, 아주 유기적인 듯한

이런 결합이야말로 레닌의 방법과 그의 능력을 가늠하게 해 주는 척도다.[35]

브레스트 사태 때 레닌의 행동에서 드러난 결정적 특징은 냉철한 현실주의와 원칙 있는 정치의 결합이었다. 그는 논쟁을 통해 엄청난 도덕적 신뢰를 쌓을 수 있었다. 소신껏 행동할 수 있는 용기가 있었기에 그는 당내의 압도적 분위기를 거스를 수 있었다. 놀라운 설득력 덕분에 그는 마침내 당의 견해를 바꿀 수 있었다.

05 | 자본주의에서 사회주의로의 이행

레닌은 브레스트리토프스크 강화조약 체결 후 잠시 숨 돌릴 틈을 얻을 수 있기를 바랐다. 1918년 4월 13일 모스크바 소비에트에서 레닌은 다음과 같이 연설했다.

> 대체로 내전은 거의 끝났다고 자신 있게 말할 수 있습니다. 물론 혁명의 성과, 즉 소비에트 체제를 파괴하려는 반동 세력들의 산발적인 노력 때문에 작은 충돌들이 있을 것이고 일부 도시에서는 시가전도 벌어질 것입니다. 그러나 국내 전선에서 반동 세력들은 민중의 저항에 부딪혀 철저하게 분쇄된 것이 분명합니다.[1]

이 시기에 레닌이 쓴 저작들을 보면 그가 혁명의 파괴적 국면이 대체로 끝났고 이제는 산업을 가동하고 경제를 재건하는 것이 주된 과제라고 생각했음을 알 수 있다. 그러나 혁명은 숨 돌릴 만한 여유를 얻지 못했다. 브레스트 강화조약 체결 후 3개월이 채 안 돼 격렬한 내전이 시작됐다.

마르크스주의의 유산

레닌은 항상 자신의 앞길을 모색할 때 스승인 마르크스와 엥겔스에 의지했다. 그래서 1848~1871년과 이후의 국제 노동자 혁명운동에 대한 마르크스와 엥겔스의 분석을 바탕으로 1905년과 1917년을 준비했다. 권력 장악 후 자본주의에서 사회주의로 이행하는 문제와 관련해서 레닌이 스승들에게 배운 것은 무엇이었는가?

≪프랑스 내전≫에서 마르크스는 [파리코뮌에 참가한] 노동자들에게는 "기성의 유토피아" 따위는 없었다고 설명했다. 그들은 "어떤 이상을 실현하려 한 것이 아니라 낡아서 무너지는 부르주아 사회 자체가 잉태한 새 사회의 요소들을 해방시키려 했다." 노동자들은 "오랜 투쟁, 일련의 역사적 과정을 거쳐야 환경과 인간을 변화시킬 수 있다"는 사실을 잘 알고 있었다.[2]

마르크스는 프롤레타리아의 경험과 무관한 계획을 프롤레타리아에게 강요하는 것을 경멸했다. 경험을 통해 미래의 경제 질서가 어느 정도 드러나기도 전에 그런 경제 질서를 이론적으로 분석하려 하는 것은 백일몽일 뿐이다. 레닌은 ≪국가와 혁명≫에서 "마르크스가 유토피아를 건설하려 했다거나 공허하게 미지의 것을 추측하려 했다는 흔적은 전혀 없다"고 말했다.

그러나 마르크스와 엥겔스가 ≪자본론≫, ≪독일 이데올로기≫, ≪고타 강령 비판≫과 이런저런 편지에서 언뜻언뜻 진술한 일반적 주장 몇몇을 러시아 혁명에 곧장 적용할 수는 없는 노릇이었다. 마르크스와 엥겔스는 교육 수준이 높은 노동계급이 대규모로 존재하고 공업이 발전한 자본주의 선진국들에서 먼저 자본주의 전복이 시작될 것이라고, 그것도 몇몇 주요국에서 거의 동시에 진행될 것이라고 생각했다. 그런데 [러시아] 혁명은 오직 한 나라에서, 그것도 매우 후진적인 나라에서 일어났다. 그런 상황에서 사회주의를 건설하는 과제는 전前 사회주의 과제에 압도될 수밖에 없었고, 두 과제를 모두 실행하는 일은 러시아를 포위한 제국주의의 압력과 간섭 때문에 복잡해질 수밖에 없었다.

레닌은 새 사회의 건설을 위한 지침을 찾으려고 애를 썼다. 사회주의를 건설하는 데 필요한 교훈을 자본주의의 발전 과정에서 찾을 수 있을까? 불행히도, 자본주의 발전 과정과 사회주의의 성장 과정은 근본적으로 다르다.

첫째, 사회주의에서는 정치 혁명, 즉 프롤레타리아의 권력 장악이 경제적·문화적 발전보다 선행하지만 자본주의 체제에서는 경제적·문화적 발전이 부르주아 혁명보다 선행했다.

자본주의는 봉건 경제의 틈바구니에서 성장한 단순 상품 생산에서 발전해 나왔다. 자본주의의 중요한 요소들은 낡은 사회의 태내에서 만들어졌다. 자본주의는 수백 년 동안 성장한 뒤에야 지배적인 경제 형태가 됐고 사회 전체에 자신을 각인시켰고 일반적 발전 추세를 드러냈다.

[부하린은 다음과 같이 썼다 — 지은이] 그들[부르주아지 — 지은이]이 자본주의를 건설하지 않았다. 자본주의는 스스로 건설됐다. 프롤레타리아는 조직적·집단적 주체로서 사회주의를 조직적으로 건설할 것이다. 자본주의의 탄생 과정은 자연발생적이었지만 공산주의를 건설하는 과정은 상당히 의식적인, 즉 조직적인 과정일 것이다.[3]

≪공산당 선언≫은 프롤레타리아의 권력 장악 행위가 혁명적 행위라고 분명히 밝혔다. 그러나 프롤레타리아가 일단 권력을 장악하면 그들의 행동 강령은 이행기 강령이 될 것이고, 이 이행기 강령을 통해 프롤레타리아는 **점진적으로** 사회주의에 이르게 될 것이다. 사회·정치 혁명은 장기간의 개혁 과정으로 나아가는 문을 열 것이고, 그 개혁의 최종 결과로 사회주의(또는 공산주의)가 활짝 꽃필 것이다. 혁명 전에 공산주의자들은 개혁을 이용해 프롤레타리아의 자신감, 의식, 조직을 발전시켜서 프롤레타리아가 혁명 — 자본주의의 정치·경제·사회적 권력 구조를 분쇄하는 것 — 을 준비할 수 있게 한

다. 혁명 후에는 새로운 계급 지배의 토대 위에서 사회주의 개혁 조처들이 필요하다.

먼저 프롤레타리아 독재를 수립해야 경제 변혁 강령을 실행할 수 있다.

프롤레타리아는 자신의 정치적 지배권을 이용해서 점차 부르주아지의 자본을 모두 빼앗고, 모든 생산수단을 국가(이때의 국가는 지배계급으로 조직된 프롤레타리아를 뜻한다)의 수중으로 집중시키고, 전체 생산력을 최대한 급속하게 증대시킬 것이다.

《공산당 선언》은 프롤레타리아가 정권을 장악하자마자 경제와 사회를 변혁하기 위해 실시해야 할 조처 열 가지를 제시했다. 이 조처들 가운데 자본주의를 당장 폐지하는 것은 하나도 없다. 각각의 조처는 국가가 자본주의 경제 메커니즘에 부분적으로 개입하는 것일 뿐이고, 그 조처들이 모두 합쳐져야만 그리고 한참 시간이 흐른 뒤에야 자본주의는 완전히 무너질 것이다. 예컨대, '고율의 누진 소득세'는 프롤레타리아 독재 치하에서도 소득 격차가 여전히 클 것임을 보여 준다. 다시 말해, 자본가들의 재산이 한꺼번에 몰수당하지는 않을 것이라는 뜻이다. "혁명기에 과세 범위를 엄청나게 늘리는 것은 사유재산을 공격하는 데 도움이 될 수 있다. 그러나 그때조차도 과세는 새로운 혁명적 조처들로 나아가는 디딤돌이 돼야 한다. 그러지 않으면 낡은 부르주아 사회의 조건들이 되살아날 것이다."[4]

또, '상속권의 폐지'는 생산수단의 사적소유가 여전히 존재한다는 것을 뜻한다. 《공산당 선언》이 제시한 조처들을 보면, 마르크스와 엥겔스가 자본주의에서 사회주의로 이행하는 과정이 한 번에 끝나는 것이 아니라 다소 긴 역사적 시기 동안 지속되는 과정이라고 생각했음을 알 수 있다.

여기서 강조하고 싶은 것은, 마르크스와 엥겔스가 부분적 요구들을 제시하는 방식과 개혁주의자들이 그런 요구들을 제시하는 방식 사이에는 **근본적** 차이가 있다는 점이다. 노동자 정부가 실시하는 '소유권 침해'는 부르주아 정부의 개혁과 근본적으로 다르다. 노동자 정부가 추진하는 부분적 개혁들은 소유권을 더한층 침해하는 것으로 이어질 것이다. 부르주아 정부가 추진하는 부분적 개혁들은 단지 자본주의를 조절할 뿐이고 자본주의 체제 내에서 받아들여질 수 있는 것들이다. 따라서 마르크스와 엥겔스는 이행기 요구들이 각각 그 자체로는 근본적 구조 변화의 일부일 뿐이고 모두 합쳐져야 자본주의에서 사회주의로의 변혁을 이룬다고 생각했다.

'인간 본성'을 바꾸기

마르크스는 자본주의에서 사회주의로의 이행이 몇 년이 아니라 하나의 역사 시기 전체가 걸리는 과정이라고 생각했고 그 이행의 주체는 능동적이고 의식적인 노동계급이라고 보았다. 자본주의는 수백 년 동안 봉건 사회의 심장부에서 자생적으로 발전했지만 사회주의는 자본주의 안에서 성장하지 않는다. 그러나 사회주의를 건설할 수 있는 잠재 세력인 프롤레타리아는 자본주의 안에서 성장한다. 따라서 자본주의가 사회주의를 만들어 내지는 못하지만, 자본주의를 전복하려는 프롤레타리아의 혁명적 투쟁은 사회주의 사회를 건설할 의지와 능력을 가진 인간들을 만들어 낸다. 자본주의에 맞선 투쟁 과정에서 발전하는 그런 능력이야말로 새로운 사회의 유일한 기초다. 마르크스는 독일 공산주의자 동맹에서 자기 지지자들의 선전과 반대파 소수 그룹의 선전이 어떻게 다른지를 지적하면서 인적 요소가 중요하다고 강조했다.

우리는 노동자들에게 다음과 같이 말한다. "여러분은 15년, 20년, 50년에 걸친 내전과 국가적 투쟁을 벌이게 될 것입니다. 이런 투쟁을 통해 단지 사회만

변하는 것이 아니라 여러분 자신도 변할 것이고 여러분 스스로 정치권력을 휘두르기에 적합하도록 준비될 것입니다." 그러나 당신들은 이와 반대로 말한다. "당장 권력을 장악하든지 그러지 못할 바에는 집에 가서 잠이나 자자." 우리는 독일 노동자들에게 독일 프롤레타리아의 발전이 얼마나 초보적인지를 고통스럽게 보여 주지만, 당신들은 독일 장인의 애국심과 계급적 편견에 호소하고 역겹게 아첨한다. 물론 그렇게 하는 것이 더 인기 있는 방법이라는 것은 사실이다.[5]

사회주의 사회를 건설하는 역사적 과제를 해결하려면 프롤레타리아는 사회관계뿐 아니라 자신도 반드시 변화시켜야 한다. 이 점을 강조하고자 마르크스는 다른 곳에서 "모든 죽은 세대의 전통이 산 자들의 뇌리를 악몽처럼 짓누른다"고 썼다. 노동계급은 자본주의에 꼭 필요한 집단이고 자본주의를 전복할 수 있는 잠재력이 있다. 그래서 ≪공산당 선언≫ 제1부는 다음과 같은 말로 끝난다. "그러므로 부르주아지는 무엇보다 자신의 무덤을 파는 사람들을 만들어 낸다. 부르주아지의 몰락과 프롤레타리아의 승리는 모두 불가피하다."

자본주의 사회에서 예속 계급이었던 프롤레타리아가 새 사회의 건설자로 변모하는 데서 결정적으로 중요한 것은 그들의 혁명적 능력이다. 이런 변모를 위해서는 사회적 인간관계의 변화가 반드시 필요한데, 이 둘을 변증법적으로 통일시켜 주는 것이 혁명적 실천이다. 마르크스는 "포이어바흐에 관한 테제"에서 다음과 같이 썼다.

인간은 환경과 교육의 산물이라는, 따라서 인간의 변화는 환경과 교육이 바뀐 결과라는 유물론적 가르침은 환경을 변화시키는 것이 인간이고 교육자도 교육받아야 한다는 사실을 잊고 있다. …… 환경의 변화와 인간 활동의 변화,

이 둘의 일치는 오직 **혁명적 실천**으로서만 파악될 수 있고 합리적으로 이해될 수 있다.

프롤레타리아 정부의 어려움은 소유의 영역이 아니라 생산의 영역에, 낡은 사회가 만들어 놓은 인간 본성을 극복하는 데 있을 것이다. 그런 어려움은 노동 규율 분야에서 가장 심각할 것이다. 노동자들은 굶어 죽지 않으려고, 또 해고 위협 때문에 노동을 한다. 물론 발전된 사회주의 사회에서는 노동시간이 합리적 수준까지 단축될 것이고 노동과정의 불쾌한 측면들은 제거될 것이고 작업장은 위생적이고 매력적인 곳이 될 것이고 노동의 단조로움은 대체로 사라질 것이고 물질적 유인은 풍족할 것이므로 노동자들은 습관의 효과로 그리고 다른 사람들의 필요에 봉사하려는 의욕에서 노동을 하게 될 것이다. 그러나 노동이 부담스런 일에서 즐거운 일로 바뀌려면 하나의 역사적 시기 전체가 필요할 것이다. 사회주의 혁명 직후 프롤레타리아가 자본주의의 관습을 여전히 떨쳐 버리지 못한 상황에서는 생산 지속에 필수적인 노동 규율을 어떻게 확립할 것인가?

10월 혁명 직전 레닌의 견해

마르크스, 엥겔스와 마찬가지로 레닌도 프롤레타리아의 국가권력 장악 후에는 오랫동안 일련의 개혁을 실시하는 시기가 뒤따를 것이라고 생각했다.

10월 혁명 직전에 레닌은 조만간 볼셰비키가 권력을 장악하면 실시해야 할 조처들을 꼼꼼하게 따져 보고, ≪임박한 파국에 어떻게 맞서 싸울 것인가≫에서 다음과 같이 썼다.

이 주요 조처들은 다음과 같다.

1. 모든 은행을 하나로 통합하고, 그 은행의 영업을 국가가 통제한다. 즉, 은행을 국유화한다.
2. 신디케이트, 즉 대규모 독점자본(설탕, 석유, 석탄, 철강 기타 신디케이트) 국유화.
3. 영업 비밀 폐지.
4. 기업인, 상인, 사용자의 신디케이트 결성을 강제한다(즉, 협회로 강제 통합한다).
5. 국민들이 의무적으로 소비자 단체를 조직하게 한다. 또는, 그런 조직화를 장려하고 소비자 단체에 대한 통제를 실시한다.[6]

이런 조처들은 자본주의적 소유 관계를 단박에 파괴하기 위한 것이 아니라 점차 붕괴시키는 다소 긴 과정을 시작하기 위한 것이다.

은행 국유화를 은행 몰수와 혼동해서는 안 된다.

은행 국유화는 …… 단 한 명의 '소유자'한테서 단 1코페이카도 빼앗지 않을 것이다. …… 사람들이 흔히 은행 국유화를 사유재산 몰수와 혼동한다면, 이 널리 퍼진 혼동은 모두 대중을 속이는 일에 열심인 부르주아 언론 탓이다.

은행의 예금 계좌에 15루블을 가진 사람은 은행 국유화 후에도 여전히 15루블을 갖고 있을 것이다. 1500만 루블을 가진 사람은 은행 국유화 후에도 주식, 채권, 어음, 상업증서 등의 형태로 여전히 1500만 루블을 소유할 것이다. ……

은행을 국유화해야만 국가는 천문학적인 자금이 언제, 어디서, 어떻게, 왜 흘러나오는지를 파악하는 위치에 설 수 있다. 그리고 자본주의 순환의 중심이자 주축이고 핵심 메커니즘인 은행을 통제해야만 전체 경제생활을, 주요 상품의 생산과 분배를 실제로 통제할 수 있을 것이고 '경제생활을 규

제'할 수 있을 것이다.[7]

은행 국유화는 자본주의 소유 관계를 심각하게 침해하는 것이므로 자본가들의 거센 저항에 부딪힐 것이다.

국가로 말하면, 국가는 먼저 주요 화폐 업무를 모두 **조사**해서 투명하게 공개할 수 있는 위치에 서게 될 것이고, 다음에는 이를 **통제**할 수 있는 위치에, 다음에는 경제생활을 **규제**할 수 있는 위치에, 마침내 자본가 신사 양반들의 '서비스'를 받는 대가로 그들에게 터무니없이 비싼 수수료를 지급하지 않고도 주요 국가사업에 필요한 막대한 돈을 **확보**할 수 있는 위치에 서게 될 것이다. 그 때문에, 오직 그 이유 때문에 모든 자본가가 …… 은행 국유화에 맞서 필사적으로 싸우려 하는 것이다.

신디케이트 국유화(레닌의 두 번째 강령)도 '경제활동 규제'에 도움이 될 것이다. 그러나 레닌이 제안한 것은 일괄 몰수가 아니라 국가의 조처를 사보타주하는 신디케이트에 벌금을 무겁게 매겨서 그들의 부富를 잠식해야 한다는 것 정도였다. "석유 업계 거물들과 주주들이 석유 산업 국유화를 지연시키고 소득이나 재산을 숨기고 생산을 사보타주하고 생산 증대 조처를 취하지 않는다면 그들에게 전쟁을 선포해야 하고, 그들의 재산을 몰수하고 그들을 투옥하는 포고령을 공포해야 한다."[8]

세 번째 강령, 즉 영업 비밀 폐지도 자본주의 소유 관계를 침해하는 또 다른 조처지만 자본주의 소유관계 자체를 폐지하는 것은 아니다. 영업 비밀 폐지가 뜻하는 바는

군수품 납품업자들과 상인들이 장부를 공개하도록 강요하고, 당국의 허가 없

이는 사업을 포기하지 못하게 하고, 재산을 은닉하고 사람들을 기만하면 재산 몰수와 총살형으로 처벌하고, 노동조합 등 피고용인 단체나 소비자 단체 등을 통해 민중이 스스로 민주적으로 **아래로부터** 통제하고 검증할 수 있도록 조직하는 것이다.

노동자 통제가 확립되면 부르주아 권력에 대항하는 프롤레타리아 권력도 강화하겠지만 그렇다고 해서 부르주아 계급이 한 순간에 청산되지는 않을 것이다.

사실, 모든 통제 문제는 결국 누가 누구를 통제하는가, 즉 어느 계급이 통제하고 어느 계급이 통제를 받는가 하는 것으로 귀결된다. …… 우리는 낡은 것과의 결별을 두려워하지 말고, 새로운 것을 과감하게 건설하기를 두려워하지 말고, 노동자 · 농민이 지주 · 자본가를 통제하는 방향으로 단호하게 나아가야 한다.

네 번째 강령, 즉 "기업인, 상인, 사용자의 신디케이트 결성 의무화(즉, 협회 가입 의무화)"도 자본주의 소유관계를 폐지하지 않는다. "이런 종류의 법률이 곧장, 즉 그 자체로 소유 관계에 영향을 미치는 것은 아니다. 그런 법률에 따라 단 1코페이카라도 빼앗기는 사람은 아무도 없을 것이다."[9]

≪임박한 파국에 어떻게 맞서 싸울 것인가≫에서 레닌이 정교하게 다듬은 이행기 강령의 정신은 ≪공산당 선언≫의 정신과 똑같다. 일단 노동자 권력이 수립되면 자본주의에서 사회주의로의 이행, '도약'은 다소 긴 진화 과정이 될 것이다. 수백 년 동안 성장한 자본주의가 사회주의로 대체되면 사회주의는 자본주의보다 훨씬 더 짧은 기간에 건설되겠지만 그렇다고 해서 사회주의가 한 순간에 건설되지는 않을 것이다.

길고 복잡한 이행기

1918년 1월 11일(24일) 연설에서 레닌은 다음과 같이 말했다.

우리는 사회주의에 대해 아는 바가 별로 없습니다. …… 우리는 사회주의를 묘사할 수 있는 처지에 있지 않습니다. …… 사회주의의 건설 재료가 될 벽돌들은 아직 만들어지지 않았습니다. 그 이상 우리가 할 말은 없습니다.[10]

사회주의는 자본주의 사회에서 성장한 사람들이 건설할 것이다. 레닌은 1918년 11월 27일 연설에서 다음과 같이 말했다.

만약 우리가 자본주의 사회에서 물려받은 사람들과 함께 사회주의를 건설해야 하는 것이 아니라면 사정은 그리 나쁘지 않을 것입니다. 그러나 우리가 사회주의를 건설할 때 부딪히는 문제의 핵심이 바로 그것입니다. 즉, 우리는 자본주의가 철저하게 망가뜨린 사람들과 함께 사회주의를 건설해야 합니다. 그것이 바로 이행기의 핵심 문제입니다.[11]

또, 1919년 1월 20일 제2차 노동조합 대회에서 연설할 때는 다음과 같이 말했다.

낡은 사회와 노동자들 사이에 만리장성이 있는 것이 아닙니다. 그리고 노동자들은 자본주의 사회의 인습적인 정신을 많이 간직하고 있습니다. 노동자들은 스스로 새로운 사람이 되거나 낡은 세계의 오물을 깨끗이 씻어낸 상태에서 새로운 사회를 건설하고 있는 것이 아닙니다. 그들은 여전히 그런 오물을 떨쳐버리지 못하고 있습니다. 그 오물을 깨끗이 씻어내는 것은 아직은 요원한 꿈일 뿐입니다. 그런 일이 당장 가능하다는 생각은 순전한 공상일 것입니

다. 그런 공상은 실제로는 사회주의를 먼 미래의 천년왕국쯤으로 여기는 것
과 마찬가지입니다.[12]

레닌은 1919년 4월 17일에도 다음과 같이 썼다.

과거의 공상적 사회주의자들은 새로운 종류의 인간들이 사회주의를 건설할
것이라고, 즉 자신들이 먼저 선량하고 순수하고 교양 있는 사람들을 길러내
면 그들이 사회주의를 건설할 것이라고 생각했다. 우리는 항상 그런 생각을
비웃으며, 그것은 허수아비 놀음이라고, 사회주의를 젊은 숙녀들의 노리개쯤
으로 취급하는 것이지 진지한 정치가 아니라고 말했다.

　우리는 자본주의 사회에서 성장하고 자본주의로 말미암아 부패하고 타락
한, 그러나 자본주의가 투쟁으로 단련시킨 남녀 인간들의 도움을 받아 사회
주의를 건설하기를 원한다. 프롤레타리아는 아주 굳건해서 여느 군대보다 천
배나 더 많은 곤경에도 끄떡없이 버틸 수 있다. 수많은 피억압 농민들은 여기
저기 흩어져 있고 무지하지만, 프롤레타리아가 노련하게 전술을 구사한다면
투쟁 속에서 프롤레타리아 주위로 단결할 수 있다.[13]

새 사회 건설을 주도하려면 프롤레타리아는 자신을 근본적으로 변화시켜
야 한다.

우리가 가진 과학은 기껏해야 선전가와 선동가의 과학, 즉 공장 노동자나 굶
주린 농민의 매우 가혹한 운명으로 단련된 사람의 과학, 투쟁 속에서 오랫동
안 참고 견디는 법을 가르쳐 주는 과학이다. 이 과학이 지금까지 우리를 구해
주었다. 이 모든 것은 필요하지만 그것만으로는 충분치 않다. 그것만으로는
우리가 승리할 수 없다. 우리가 완전히 최종적으로 승리하려면 자본주의에서

소중한 것들을 모두 흡수해야 하고 자본주의의 과학과 문화를 모두 받아들여야 한다.[14]

그 과정은 매우 험난할 것이다.

우리 자신이 경험을 통해 완벽하게 알고 있는 사실은 문제를 이론적으로 해결하는 것과 그 해결책을 실천하는 것은 다르다는 점이다. …… 꼬박 100년에 걸친 발전 덕분에 우리는 어느 계급에 의존해야 하는지 알고 있다. 그러나 우리는 그 계급의 실천적 경험이 지극히 불충분하다는 것도 알고 있다.[15]

우리는 결코 공상적 사회주의자들이 아니다. 우리는 순결한 공산주의 사회에서 태어나고 교육받은 순결한 공산주의자들의 순결한 손으로 공산주의 사회가 건설될 것이라고 생각하지 않는다. 그것은 동화 같은 이야기다. 우리는 자본주의의 잔해로 공산주의를 건설해야 한다. 자본주의에 반대하는 투쟁 속에서 단련된 계급만이 그렇게 할 수 있다. 잘 알다시피 프롤레타리아에게는 자본주의 사회의 결함과 약점이 남아 있다. 프롤레타리아는 사회주의를 위해 투쟁하지만, 그와 동시에 자신의 결함을 극복하기 위해서도 투쟁한다.[16]

비록 가혹한 현실에 직면했지만 레닌은 혁명적 낙관주의를 잃지 않았다. 그는 대중의 창조적 활동 속에서 구원의 가능성을 봤다.

인민 대중이 스스로 순결하고 소박하게 거칠고 단호하게 역사를 만들기 시작하면, '원칙과 이론'을 즉시 그리고 직접 실천하기 시작하면, 부르주아지는 겁에 질려 '지성이 땅에 떨어졌다'고 아우성친다. (오히려 그 반대가 진실 아닌가, 속물근성의 영웅님들? 그런 순간에 역사의 영역으로 침투하는 것은 개인의 지성이 아니라 대중의 지성 아닌가? 그럴 때 대중의 지성은 탁상공론이 아니라 강력하고 효과적인 힘으로 바뀌는 것 아닌가?)

1920년 10월 극심한 시련과 곤경에 시달릴 때 레닌은 일찍이 1906년 3월에 자신이 쓴 글을 인용했다.

사실, 속물적이고 개혁주의적인 카데츠식 진보의 시기보다는 혁명의 시기에 역사는 더 폭넓고, 더 풍부하고, 더 신중하고, 더 질서정연하고, 더 체계적이고, 더 용감하고, 더 생생해진다. 그러나 자유주의자들은 진실을 뒤집는다! 그들은 아주 하찮은 일을 역사적 위업이라고 속인다. 그들은 억압받고 천대받는 대중이 무기력한 것을 관료들과 부르주아지의 노력에 힘입은 '체제'의 승리로 여긴다. 그들은 비열한 관료들과 3류 작가 같은 자유주의 언론인들이 법령 초안을 난도질할 때는 입을 다물고 있다가 '평범한 사람들'이 모든 억압 도구를 분쇄하고 권력을 장악하고 온갖 강도들의 전유물로 여겨지던 것들을 빼앗기 위해 직접적 정치 행동에 선뜻 나서기 시작할 때, 요컨대 천대받던 수많은 사람들이 책을 읽을 뿐 아니라 역사를 만드는 행동, 즉 결정적 행동에 나설 만큼 지성과 이성이 깨어날 때, 지성과 이성의 소멸을 떠들어 댄다.[17]

늘 그랬듯이 레닌은 현실주의에 근거해서 앞날이 험난할 뿐 아니라 온갖 우여곡절이 많을 것이므로 끊임없는 적응과 속도 조절이 필요하다고 설명했다.

사회생활의 급격한 변화와 전환의 시기에 가장 어려운 과제는 각 이행기의 독특한 특징을 충분히 헤아리는 것이다. 자본주의 사회 안에서 사회주의자들이 어떻게 싸울 것인가 하는 문제는 어렵지도 않고 이미 오래 전에 해결됐다.

발전한 사회주의 사회의 모습을 그려보는 것도 어렵지 않다. 이 문제도 이미 해결됐다. 그러나 무엇보다 어려운 과제는 낡고 관습적이고 친숙한 자본주의에서 새로운 사회주의(아직 태어나지도 않았고 확고한 토대도 전혀 없는 사회)로 어떻게 이행할 것인가 하는 문제다. 이 이행은 잘 돼도 여러 해가 걸릴 것이고, 그 과정에서 우리의 정책은 수많은 단계별로 세분화할 것이다. 그리고 우리에게 제기될 수밖에 없는 과제의 어려움, 정치와 정치적 기예의 어려움은 모두 이 이행기의 특수한 과제들을 고려할 수 있느냐 없느냐에 달렸다.[18]

우리는 많은 실수를 할 수밖에 없다. 그게 뭐가 중요한가! 그것은 사회주의의 발전을 위해 치러야 할 대가다.

우리가 100번 실수를 할 때마다, 그리고 부르주아지와 그 하수인들(우리 나라의 멘셰비키와 우파 사회혁명당을 포함해서)이 우리의 실수를 전 세계에 떠들어 댈 때마다, 위대하고 영웅적인 업적이 1만 개씩 이뤄진다. 이런 업적이 훨씬 더 위대하고 영웅적인 이유는, 그것이 자신의 성공을 전 세계에 널리 알리는 데 익숙하지 않고(그럴 기회도 없는) 사람들이 공장 지대나 먼 시골의 일상생활에서 이뤄낸, 눈에 띄지 않는 소박한 성취이기 때문이다.

그러나 만약 그 반대가 진실이라 해도(나는 그런 가정이 틀렸다는 것을 알지만), 만약 우리가 정확한 일 처리를 100개 할 때마다 실수를 1만 번씩 한다고 해도 그때조차 우리의 혁명은 위대하고 천하무적일 것이다. 그리고 세계 역사에도 그렇게 기록될 것이다. 왜냐하면 처음으로 소수가 아니라, 부자들만이 아니라, 교육받은 사람들만이 아니라 진정한 민중, 압도 다수의 노동 대중이 스스로 새로운 삶을 건설하고 있고 그들 자신의 경험으로 사회주의를 조직하는 가장 어려운 과제를 해결해 나가고 있기 때문이다.

그렇게 노력하는 과정에서, 수많은 평범한 노동자, 농민이 가장 의식적으로 진지하게 자신의 생활을 완전히 재조직하는 이 과정에서 저지르는 실수 하나 하나가 소수 착취자들의 '완벽한' 성공 — 노동 대중을 속이고 사기 치는 데 성공하는 것 — 수백만 개보다 더 소중하다. 오직 그런 실수를 통해서만 노동자, 농민은 새로운 생활을 개척하는 법을 배우고 자본가들 없이도 일할 수 있는 법을 배울 것이다. 오직 그런 식으로만 노동자, 농민은 스스로 수많은 장애물을 극복하고 사회주의의 승리를 향해 나아갈 수 있을 것이다.[19]

레닌은 사회주의를 건설하기까지 정말로 오랜 시간이 걸릴 것이라는 데 전혀 환상을 품지 않았다. "우리는 지금 당장 사회주의 질서를 확립할 수 없다는 것을 알고 있다. 우리 나라에서 사회주의 질서가 수립되는 때는 우리 아들, 딸의 시대일 수도 있고 어쩌면 우리 손자, 손녀의 시대일 수도 있다."[20] 그러나 용기와 인내가 있으면 프롤레타리아는 반드시 승리할 것이다.

100번 실험하고 100번 바로잡을 수 있는, 그러나 무슨 일이 있어도 목표를 달성할 수 있는 끈기·인내·의지·결단·능력, 이런 것이야말로 10월 혁명 전의 10년, 15년, 20년 동안 프롤레타리아가 획득한 자질이다. 그리고 10월 혁명 이후 2년 동안 전례 없는 궁핍, 굶주림, 파괴, 빈곤의 시기에 프롤레타리아가 획득한 자질이기도 하다. 그런 자질 덕분에 프롤레타리아는 확실히 승리할 것이다.[21]

"우리는 국가 자본주의가 필요하다"

레닌은 브레스트리토프스크 강화조약 체결 후 평화가 찾아올 것이라고 잘못 예상하고, 그보다 6개월 전에 쓴 소책자 ≪임박한 파국에 어떻게 맞서 싸울 것인가≫에서 제시한 경제 전략을 계속 발전시키는 과제에 착수했다. 1918년 3~6월에 레닌은 산업 관리 방안을 모색하고 경제를 재건하는 일에 몰두했다.

혼란스런 경제 상황

당시 러시아는 모든 것이 혼란스러웠다. 1917년과 1918년에 러시아를 여행한 〈맨체스터 가디언〉 기자는 자신이 목격한 경제 붕괴 상황을 다음과 같이 생생하게 묘사했다.

11월, 12월, 1월의 대부분 기간에 러시아 북부의 산업들이 완전히 혼란에 빠져 있었다는 말은 결코 과장이 아니다. …… 전반적인 산업 계획 따위는 없었다. 상급 기관의 지침을 전달받지 못한 공장위원회들은 완전히 독자적으로 행동했고, 지역사회의 긴급 현안인 생산과 분배 문제를 해결하려고 애를 썼다. 때로는 원료를 구매하려고 기계를 팔아치우기도 했다. 공장은 아나키스트들의 코뮌처럼 변해 갔다. …… 아나코-생디칼리슴 경향이 득세하기 시작했다.[1]

전쟁의 참화로 산업은 계속 위축됐다. 자본가 랴부신스키가 혁명을 위협하며 내뱉은 말, 즉 "굶주려 뼈만 남은 손"이 1918년 봄에 모든 사람들의 목을 단단히 죄고 있었다. 1918년 5월 11일 레닌과 식량 인민위원인 츄루파가 각 지방 소비에트와 식량위원회에 타전한 전보를 보면 당시 상황이 얼마나 심각했는지 알 수 있다.

페트로그라드는 전례 없는 재앙적 상황임. 빵이 없음. 주민들은 남은 감자 가루와 빵 부스러기로 연명하고 있음. 기근 때문에 붉은 수도가 파멸하기 일보 직전임. 굶주린 대중이 소비에트 정부에 불만을 터뜨리도록 부추기며 반혁명 세력들이 고개를 쳐들고 있음. 나는 소비에트 공화국을 대신해서 여러분에게 즉시 페트로그라드를 지원해 달라고 요청함. 여러분이 취한 조처를 식량 인민위원부에 전보로 알려 주기 바람.[2]

러시아 전역에서 식량 폭동이 일어났다.

[빅토르 세르주는 다음과 같이 썼다 — 지은이] 기근이 너무 심각해서 페트로그라드에서 멀지 않은 차르스코예셀로에서도 식량 배급량이 하루 평균 100그램에 불과했다. 그래서 결국 폭동이 일어났다. (4월 6~7일에는) "제헌의회 만세!"라는 구호도 나왔고, 심지어 "니콜라이 2세 만세!" 하고 외치는 소리도 들렸다. 4월 19일에는 …… 스몰렌스크에서 '기아 폭동'이 일어났다. …… [한 노동자 투사는 다음과 같이 썼다 — 지은이] 당시 페트로그라드에서는 말을 한

마리도 찾아보기 힘들었다. 말은 죽었거나 잡아먹혔거나 징발됐거나 시골로 보내졌다. 개나 고양이도 더는 눈에 띄지 않았다. …… 사람들은 아마亞麻씨 기름으로 만든 감자부침과 차로 연명하고 있었다. 나는 [페트로그라드의 — 지은이] 비보르크 소비에트 집행위원이었으므로 노동자들이 몇 주 동안 빵이나 감자를 전혀 배급받지 못했다는 사실을 알고 있다. 노동자들이 받은 것이라곤 해바라기 씨와 약간의 견과류뿐이었다. …… 소비에트 권력은 절망적 상황에 빠진 듯했다.[3]

트로츠키는 모스크바의 대중 집회에서 연설할 때 각 지방에서 보낸 전보 뭉치를 보여 주었다. "니즈니노브고로드 주의 비크시 : 작업장은 텅 비었고, 생산 활동은 부진하고, 기아 때문에 노동자의 30퍼센트가 감소했음. 굶주림으로 쇠약해진 사람들은 자기 집에 누워 있음." 세르기예프포사다에서 온 전보 : "빵이 없으면 우리는 끝장이다!" 5월 30일 브랸스크에서 온 전보 : "끔찍한 사망률, 특히 말초프와 브랸스크의 공장 지대에서는 아동 사망률이 높음. 발진티푸스가 창궐하고 있음." 모스크바 인근의 클린에서 온 전보 : "2주 동안 빵 구경을 못했음." 파슬로프포사다에서 온 전보 : "사람들은 굶주리고 있고, 곡식 한 톨 구할 수 없음." 도로고부시에서 온 전보 : "기근, 전염병 ……"[4]

기근의 원인 하나는 수송망의 붕괴였다. 1917년 1월 1일에는 고장 난 기관차가 5100대였는데 1년 후에는 1만 대까지 늘어났다. 그래서 1918년 1월 무렵 전체 기관차의 48퍼센트가 무용지물이었다.[5]

산업은 완전히 붕괴한 상태였다. 공장 노동자들의 식량뿐 아니라 공장 가동에 필요한 원료나 연료도 없었다. 바쿠, 그로즈니, 엠바 등지의 유전들도 마비됐다. 석탄 지대의 상황도 마찬가지였다. 원료 생산도 사정은 비슷했다. 투르케스탄의 면화 재배량은 1917년 수준의 10~15퍼센트로 떨어졌다.

산업이 붕괴하자 노동자들의 일자리도 사라졌다. 페트로그라드에서는 트레우골니크 공장이 연료 부족으로 문을 닫자 노동자 1만 8000명이 실업자가 됐다. 페트로그라드의 파이프 제조업체들이 공장을 펜자로 옮기는 바람에 노동자 2만 명이 일자리를 잃었다. 지멘스와 할스케 공장의 노동자 수는 1200명에서 700명으로, 나중에는 300명으로 줄었다. 네프스키 조선소도 문을 닫아서 노동자 1만 명이 해고됐다. 석탄 부족으로 오부호프 공장도 문을 닫았고, 그래서 노동자 1만 4000명이 해고됐다. 푸틸로프 공장에서도 똑같은 일이 벌어져 3만 명 넘는 노동자들이 일자리를 잃었다.[6]

이런 산업 붕괴와 노동자 대량 해고는 다른 도시들도 마찬가지였다. 과감한 조처가 필요했다. 레닌은 아무리 내키지 않는 과제라 해도 책임을 회피하지 않았다.

"우리는 국가 자본주의가 필요하다"

레닌은 ≪임박한 파국에 맞서 어떻게 싸울 것인가≫에서 이행기의 개혁 강령들을 발전시키고 정교하게 다듬었다. 그런 강령들은 일찍이 마르크스와 엥겔스가 ≪공산당 선언≫에서 프롤레타리아가 권력 장악 후 실시해야 할 과제로 제시한 바 있었다. 그런데 1918년 3월과 4월에 레닌은 완전히 새로운 정식화를 내놓았다. 자본주의와 사회주의 사이에 '국가 자본주의'가 있어야 한다는 것이었다. 레닌이 말한 국가 자본주의는 민간 산업을 국가가 규제하는 것이었다. 당시 레닌이 주창한 경제 정책의 핵심이 국가 자본주의였다. 그가 의도한 것은 민간 소유 산업과 [노동자] 공동 경영이 병존하는 체제였다. 주로 국가-민간 합작 기업, 외국 자본 유치, 특허권 인허가 등을 통해, 즉 프롤레타리아 국가가 통제하고 지도하는 자본주의·반半자본주의 생산 형태들을 통해 경제 발전을 추진한다는 것이 레닌의 구상이었다. 그런 상황에서는 협동조합들이 국가 자본주의 산업의 생산물 분배에 참여할 것이고, 그래서 국가 자본주의 경제기구의 일부가 돼 공업과 농업을 연결시킬 것이다.*

물론 국가 자본주의는 우리의 목표가 아니[라고 레닌은 주장했다. "우리는 …… 노동자들에게 '그렇습니다. 그것은 일보 후퇴입니다. 그러나 우리는 스스로 해결책을 찾지 않으면 안 됩니다' 하고 말해야 합니다."[8]

레닌은 의도를 선언하는 데서 그치지 않았다. 그는 민간 자본과 국가의 협력을 달성하기 위한 조처들을 적극적으로 추진했다. 그래서 러시아의 유명한 철강업자로서 기관차·짐마차 제조업체들을 소유한 메셰르스키와 국가의 협상이 시작됐다. 1918년 3월 메셰르스키는 자신의 그룹과 국가가 지분을 절반씩 소유하는 야금 트러스트[독점 기업의 일종]를 새로 설립하고 그 트러스트의 경영을 자신의 그룹이 맡는 방안을 제안했다. 국가경제최고평의회VSNKh는 근소한 표차로 그 협상을 진행하기로 결정했다. 비슷한 시기에 또 다른 기업인인 스타하예프는 자신의 그룹이 200만 루블을 내고 국가도 200만 루블을 내고 익명의 미국인 자본가들이 100만 루블을 내서 우랄산맥에 철강 트러스트를 설립하자고 제안했다. 아니면, 국가가 자본을 전액 부담하고 스타하예프 그룹이 국가를 대신해서 트러스트의 경영권을 맡는 방안을 대안으로 제시했다.

또 다른 금융업자들은 러시아와 프랑스, 러시아와 미국, 러시아와 일본의 합작 기업 같은 국제무역 회사들을 설립해서 상품 거래 위주의 해외무역을

---

* 레닌은 나[7]를 포함한 후대의 마르크스주의자들이 스탈린 치하 러시아를 국가 자본주의로 설명한 것과 완전히 다른 맥락에서 '국가 자본주의'라는 용어를 사용했다. 레닌이 말한 국가 자본주의는 국가(자본주의 국가든 프롤레타리아 국가든)가 통제하는 사적 자본주의였다. 반면에, 스탈린 치하 러시아를 국가 자본주의라고 할 때는 국가가 생산수단의 저장고인 체제, 프롤레타리아가 정치·경제 권력을 모두 박탈당하고 관료들이 자본가의 기능(노동자들에게서 잉여가치를 착취해서 자본을 축적하는 것)을 하는 체제를 가리킨다.

발전시키는 계획을 제출했다. 비슷한 시기에 러시아와 미국의 통상 관계에 대한 양해 각서 체결이 추진됐다. 그 각서는 미국 자본이 시베리아와 러시아 북부의 어업, 광업, 건설업, 농업 자원 개발에 참여하도록 돼 있었다.[9]

레닌은 산업 전반에서 지배계급인 프롤레타리아와 재산 소유자인 자본가들의 실용적 타협을 끌어내려고 노력했다. 그래서 11월 14일(27일)의 노동자 통제 포고령은 공장위원회에 '경영진 감독권'과 '최소 생산량 결정권'과 [기업체의] 모든 통신·장부 열람권을 보장함과 동시에 부속 명령에서는 오직 기업주만이 경영 관련 사항에 대한 명령을 내릴 수 있게 하고 공장위원회가 기업주의 명령에 간섭하거나 명령을 철회하지 못하게 금지했다. 또, 포고령 9조는 상급 기관의 승인이 없으면 공장위원회가 '기업체를 소유하거나 경영하지' 못하도록 금지했다.

레닌은 프롤레타리아 독재와 자본가들 사이의 타협이 필요하다고 단호하게 주장했다.

지금의 과제를 단순하게 '자본을 계속 공격하는 것'이라고만 정식화할 수는 없다. 비록 우리가 자본을 확실히 끝장내지도 못했고 여전히 노동 대중의 적을 계속 공격해야 한다는 것도 분명하지만 그런 정식은 정확하지도 않고 구체적이지도 않다. 그것은 미래의 성공적 전진을 위해서는 지금 공세를 '보류해야' 하는 현재 상황의 특수성을 전혀 고려하지 못한 정식이기도 하다.

이 점은 자본에 맞서 싸우는 전쟁에서 우리가 취해야 하는 태도와 승리한 군대의 태도를 비교해 보면 알 수 있다. 예컨대, 적의 영토를 절반이나 3분의 2쯤 점령하고도 병력을 집결시키고 탄약을 보급하고 통신선을 수리·보강하고 창고를 새로 짓고 예비군을 더 증강하는 따위의 일을 하기 위해 진군을 중단할 수밖에 없는 군대의 상황 말이다. 그런 상황에서 승리한 군대가 공세를 중단하는 것은 적의 나머지 영토를 점령하는 데, 즉 완전한 승리를 쟁취하는 데 꼭 필요한 일이다. 현재의 객관적 사정 때문에 우리가 자본에 대한 공세를 '중단'할 수밖에 없다는 사실을 이해하지 못하는 사람은 지금의 정치 상황을 전혀 이해하지 못하는 사람이다.[10]

"부르주아 전문가들이 필요하다"

레닌은 부르주아 기술자들과 전문가들을 제대로 활용하지 못하면 경제의 붕괴를 막을 수 없다고 강조했다. "지금 당장 해야 할 과제는 부르주아 지식인들을 우리의 과업에 끌어들이는 것이다."[11]

다양한 지식, 기술, 경험의 분야에서 전문가들이 지도하지 않으면 사회주의로 이행할 수 없을 것이다. 사회주의를 건설하려면 자본주의와 비교해서 그리고 자본주의가 이룩한 바탕 위에서 노동생산성이 비약적으로 발전해야 하기 때문이다.

더 나아가 레닌은 문제의 실천적 측면도 논의했다.

러시아 소비에트 공화국에 최상급 과학자와 전문가 1000명이 필요하다고 하자. …… 그리고 우리가 이 '최고 스타들'에게 …… 1인당 연평균 2만 5000루블씩 지급해야 한다고 치자. 이들에게 지급해야 할 총액(2500만 루블)을 갑절로 늘려야(가장 중요한 조직적·기술적 과제들을 신속하게 특별히 성공적으로 해결한 대가로 이들에게 보너스를 지급해야) 하거나 심지어 네 배로 늘려야(더 많은 보수를 요구하는 외국인 전문가 수백 명을 채용해야) 한다고 하자. 문제는 소비에트 공화국이 현대의 과학·기술 정책을 바탕으로 사람들의 노동을 재조직하는 데 연간 5000만 루블이나 1억 루블을 지출하는 것이 지나치거나 너무 무거운 부담이 아닌가 하는 점이다. 물론 아닐 것이다. 계급의식적인 노동자·농민의 압도 다수는 이런 지출을 승인할 것이다. 왜냐하면 그들은 러시아의 후진성 때문에 우리가 수십 억 루블씩 잃고 있다는 사실을 실천적 경험으로 알고 있기 때문이다. …… 고액의 연봉이 소비에트 당국뿐 아니라 …… 노동자 대중에게도 악영향을 미친다는 것은 명백하다. 그러나 사려 깊고 정직한 노동자와 빈농이라면 누구든지 우리가 당장 자본주의의 해로운 유산을 떨쳐버릴 수 없다는 사실을 인정할 것이다.[12]

프롤레타리아에게는 다른 대안이 없다. 권력을 장악한 프롤레타리아는 자본주의 사회에서 얻은 경험에 의존할 수밖에 없다.

트러스트 조직자들한테서 배우지 못하면 사회주의를 건설하거나 도입할 수 없다는 사실을 이해하는 사람들만이 명실상부한 공산주의자들이다. 사회주의는 상상의 산물이 아니라 권력을 장악한 프롤레타리아의 전위가 트러스트의 성과를 흡수하고 적용하는 것이기 때문이다. 우리가, 즉 프롤레타리아의 당이 트러스트 방식으로 대규모 생산을 조직하는 능력을 기르는 방법은 자본주의의 최상급 전문가들한테서 그런 능력을 배우고 익히는 것뿐이다.

그러나 레닌은 가혹한 진실, 즉 전문가들에게 특권을 제공하는 것이 사실은 공산주의의 원칙을 위반하는 것이라는 점을 인정했다.

지금 우리는 과거의 부르주아 방식에 의존해야 하고 일류 부르주아 전문가들에게 '서비스' 대가로 고액의 보수를 지급해야 한다. …… 분명히 이런 조처는 타협이고, 파리 코뮌과 모든 프롤레타리아 권력의 원칙에서 벗어난 것이다. 파리 코뮌과 프롤레타리아 권력의 원칙은 모든 사람의 봉급을 보통 노동자의 임금 수준으로 낮출 것을 요구하고 출세주의에 맞서서 단지 말로만이 아니라 행동으로도 싸울 것을 촉구한다.

더욱이, 이런 조처는 특정 분야에서 특정한 정도로 자본에 대한 공세를 중단하는 것(왜냐하면 자본은 화폐 총액이 아니라 일정한 사회관계이기 때문이다)일 뿐 아니라 우리 사회주의 소비에트 국가권력으로서는 **일보 후퇴**이기도 하다. 우리는 처음부터 고액의 봉급을 보통 노동자 임금 수준으로 낮추는 정책을 선포하고 추진해 왔기 때문이다.

마르크스주의자들은 노동계급에게 진실을 숨기지 않는다. 고액의 봉급을 주고 부르주아 전문가들을 채용하는 것이 파리 코뮌의 원칙에서 후퇴하는 것이라는 사실을 숨기는 마르크스주의자들은 부르주아 정치인의 수준으로 전락한 사기꾼과 마찬가지다.[13]

1인 경영

레닌은 더 어려운 결정도 내려야 했다. 산업의 완전한 붕괴를 막으려면 1인 경영을 강제해야 한다고 주장한 것이다.

함께 노동하는 사람들의 이상적인 계급의식과 규율을 감안하면, 이런 복종(수천 명의 의지가 한 사람의 의지에 복종하는 것)은 오케스트라 지휘자의 온화한 지도에 복종하는 것과 비슷하다. 만약 이상적인 규율과 계급의식이 없다면 그런 복종은 노골적인 독재처럼 될 것이다. 그러나 어쨌든 간에 대규모 기계 산업을 본떠 조직된 공정들이 성공하려면 한 사람의 의지에 **무조건 복종**하는 것이 절대로 필요하다.[14]

그와 동시에 경영 전문가는 아래로부터의 압력, 즉 노동자들의 압력과 위로부터의 압력, 즉 노동자 정부와 노동자 조직들(소비에트와 노동조합)의 압력에 복종해야 한다.

대중은 책임 있는 지도자들을 스스로 선출할 수 있는 권리를 가져야 한다. 그리고 그 지도자들을 교체할 수 있는 권리, 그들의 가장 사소한 활동조차 낱낱이 파악하고 감독할 수 있는 권리도 가져야 한다.[15]

소비에트 권력은 '경영'을 자본가들의 손에 맡길 때 노동자 지도위원이나 노동자위원회를 임명한다. 그들은 경영자의 모든 조처를 감시하고, 그의 경영 경험에서 배우고, 그의 명령에 항의할 수 있는 권리를 가질 뿐 아니라 소비에트 권력 기구를 이용해 그를 직위 해제할 수도 있다. …… '경영'을 자본가에게 맡기더라도 오직 관리 기능만을 맡겨야 한다. 작업장의 노동조건은 소비에트 권력이 결정해야 한다. 소비에트 권력이 노동조건을 폐지하거나 수정할 수 있어야 한다.[16]

노동자 민주주의와 1인 경영을 결합시키는 법을 배워야 한다.

우리는 일하는 사람들의 '대중 집회' 민주주의 — 떠들썩하고, 격동적이고, 봄에 강둑을 넘쳐흐르는 홍수처럼 사람들이 북적대는 — 와 **강철** 같은 노동 규율, 소비에트 지도자 한 명의 의지에 **무조건** 복종하는 것을 결합시켜야 한다.

우리는 그것을 아직 배우지 못했다.

우리는 그것을 배워야 한다.[17]

민주주의, 소비에트 형태의 국가, 집단적 관리와 1인의 독재적 권위가 양립할 수 없다는 …… 견해가 널리 퍼져 있다는 것은 분명하다. 이보다 더 잘못된 견해도 없을 것이다.[18]

레닌은 또 다른 문제도 처리해야 했다. 공장에 엄격한 규율을 부과할 필요성에 관한 문제였다. 경영진이 강요한 규율을 분쇄하는 것은 10월 혁명 전의 몇 달, 몇 주 동안 프롤레타리아가 행동에 나선 핵심 동기였다. 그런데 이제 권력을 장악한 프롤레타리아는 새로운 규율, 프롤레타리아식 규율을 확립해야 했다. 먼저, 1918년 1월 13일(26일) 연설에서 레닌은 프롤레타리아의 집단적 의지를 바탕으로 한 노동 규율은 자본주의에서 강요되는 규율과 근본적으로 다르다고 강조했다. "사회주의 혁명이 진행 중인 지금 모든 것은 평등한 사람들 사이의 규율, 노동 대중 자신의 규율을 확립하는 것에 달렸습니다. 그런 규율이 자본주의의 병영식 규율을 대체해야 합니다."[19]

1918년 4월 23일 레닌은 이 주장을 되풀이했다.

우리의 혁명에서 가장 어렵고 가장 중대한 국면이 이제 시작됐습니다. …… 오직 강철 같은 인내와 노동 규율만이 아직 고립을 벗어나지 못한 채 혁명적 과업을 수행하는 러시아의 혁명적 프롤레타리아로 하여금 국제 프롤레타리아가 우리를 구해 주러 올 때까지 버틸 수 있게 해 줄 것입니다.[20]

1918년 7월 5일에도 레닌은 다음과 같이 말했다.

새로운 사회질서는 모두 인간과 인간 사이의 새로운 관계, 새로운 규율을 요구합니다. 봉건적 규율 없는 경제생활이 불가능하던 때가 있었습니다. 그때는 오직 한 가지 규율, 즉 채찍의 규율만이 있었습니다. 그리고 자본가들이 지배하던 때도 있었습니다. 그때는 굶주림이 규율을 강요했습니다. 그러나 소비에트 혁명, 사회주의 혁명이 시작된 지금은 완전히 새로운 원칙들 위에서 규율이 확립돼야 합니다. 그것은 노동자·빈농의 조직 능력을 확신하는 규율, 동지애의 규율, 최대한 서로 존중하는 규율, 투쟁에서 독자성과

주도력을 발휘하는 규율이어야 합니다.[21]

규율을 강제하기 위해 레닌은 자본주의적 방법도 적용할 것을 요구했다. 그는 노동자 착취를 강화하고 노동생산성을 높이기 위해 개발된 방법들도 무자비하게 요구했다.

우리는 성과급 문제를 제기하고 성과급을 실제로 적용하고 실험해야 한다. 우리는 테일러 시스템*의 과학적이고 진보적인 부분을 진지하게 적용하는 문제를 제기해야 한다. 우리는 임금이 제품 생산 총량이나 철도, 상하수도 분야 등에서 수행된 노동의 양에 상응하게 만들어야 한다. …… 소비에트 정부의 과제는 모든 분야에서 사람들이 일하는 법을 배우게 하는 것이다. 이 점에서 자본주의의 최신 제도인 테일러 시스템은 자본주의의 여느 진보적 성과와 마찬가지로 부르주아적 착취의 세련된 야만성과 위대한 과학적 성과를 결합시킨 것으로서, 작업 동작을 기계적으로 분석해서 불필요하고 거추장스런 동작을 제거하고 올바른 작업 방식을 정교하게 다듬고 최상의 회계·통제 시스템을 도입한 것이다. 소비에트 공화국은 이런 과학·기술의 성과 중에서 소중한 것들은 무슨 일이 있어도 받아들여야 한다. 사회주의를 건설할 수 있는 가능성은 우리가 소비에트 권력과 소비에트 행정 조직을 자본주의의 최신 성과들과 결합시키는 데 성공하느냐 못하느냐에 달렸다. 우리는 러시아에서 테일러 시스템을 탐구하고 교육하도록 조직해야 하고 그것을 우리 자신의 목적에 맞게 체계적으로 시도하고 적용하려고 노력해야 한다.[22]

레닌은 테일러 시스템의 본질이 노동강도 강화 수단이라는 사실을 숨기지

---

* 1911년에 《과학적 관리의 원칙》을 출판한 미국의 노사 관계 전문가인 F W 테일러는 산업 현장에서 스톱워치를 사용해 노동강도를 강화하는 방법을 개발했다.

않았다. 사실, 1914년에 레닌은 테일러 시스템을 "기계에 의한 인간의 노예화"로 묘사한 바 있었다.[23]

프티부르주아지의 위협

레닌은 국가 자본주의, 부르주아 전문가 채용, 1인 경영, 테일러 시스템 같은 자본주의적 조처들이 모두 꼭 필요하다고 주장했다. 그가 보기에 프롤레타리아 독재가 프티부르주아 농민 대중의 엄청난 위협에 직면해 있었기 때문이다. 프롤레타리아가 통제하는 산업의 섬이 후진적 농민이라는 망망대해 속으로 사라져버릴 수 있었다.

레닌은 러시아에 공존하는 사회·경제 요소들을 다음과 같이 구분했다.

1. 가부장제 농업, 즉 상당히 자연적인 농업.
2. 소상품 생산(자신의 곡물을 내다 파는 농민의 다수도 포함해서).
3. 민간 자본주의.
4. 국가 자본주의.
5. 사회주의.

러시아는 너무 방대하고 너무 다양해서 이렇게 서로 다른 형태의 사회·경제 구조들이 모두 뒤섞여 있다. 이것이 현재 상황의 특징이다.[24]

노동자 권력을 가장 크게 위협하는 요소는 맨 앞의 두 가지다. 자본주의에서 사회주의로 이행할 때 우리의 주된 적은 프티부르주아지, 그들의 관습과 관행, 그들의 경제적 태도다. 소자산가의 욕구는 …… 오직 하나, 즉 최대한 많이 차지하고 움켜쥐려는 욕구뿐이다.[25]

우리가 프티부르주아지를 우리의 통제와 회계에 복종시키지 못하면 …… 그들이 우리 노동자 권력을 전복할 것이다. 그것은 이 소자산가라는 토양에

서 성장한 나폴레옹, 카베냑 같은 자들이 혁명을 전복한 것처럼 명백하고 피할 수 없는 일이다.[26]

레닌은 프티부르주아적 생산·교환 체제보다 국가 자본주의가 장점이 더 많다고 주장했다.

국가 자본주의는 거대한 일보 전진일 것이다. …… 왜냐하면 지금 가장 중요한 일은 무질서, 경제적 파탄과 이완을 극복하는 것이기 때문이고, 소자산가들의 무계획성이 지속되는 것이야말로 가장 크고 가장 심각한 위험이며 (우리가 그것을 극복하지 못하면) 그것이 우리를 **확실히** 파멸시킬 것이기 때문이다. …… 국가 자본주의는 우리를 사회주의로 인도하는 가장 확실한 길이다. 노동계급이 소자산가들의 무계획성에 맞서서 국가 체제를 방어하는 법을 배울 때, 국가 자본주의 노선을 따라 국가 수준에서 대규모 생산을 조직하는 법을 배울 때, 노동계급은 말하자면 비장의 카드를 모두 쥐게 될 것이고 사회주의는 확실히 강화될 것이다.

첫째, **경제적으로** 국가 자본주의는 현재의 우리 경제 체제보다 헤아릴 수 없이 우월하다.

둘째, 국가 자본주의는 소비에트 권력에 전혀 해롭지 않다. 왜냐하면 소비에트 국가는 노동자와 빈민이 확실히 권력을 장악한 국가이기 때문이다.[27]

국가 자본주의는 농민들이 사회주의를 향해 나아갈 때 건너게 될 다리다. "프티부르주아지가 국가 자본주의에 종속된다면 계급의식적인 노동자들은 쌍수를 들어 환영할 것이다. 왜냐하면 소비에트 정부가 통제하는 국가 자본주의는 사회주의의 4분의 3이나 마찬가지기 때문이다."[28]

지금 러시아에서는 프티부르주아 자본주의가 득세하고 있고, 프티부르주아 자본주의에서 대규모 국가 자본주의에 이르는 길과 사회주의에 이르는 길은 똑같은 단 하나의 길이다. 그 길은 "생산·분배의 국가 통제와 회계"라는 똑같은 중간역을 거쳐야 한다.[29]

수많은 사람들을 조직하는 새로운 방법을 배워야 한다

레닌은 혁명 후의 상황 때문에 완전히 새로운 대중 조직 방식이 필요하다고 주장했다.

우리는 차르 치하에서 수천 명을 조직했고 케렌스키 치하에서 수십만 명을 조직했다. 그것은 아무것도 아니고, 정치에서 수십만 명은 별로 중요하지 않다. 그것은 예비 작업이었고 준비 과정이었다. 수천만 명을 조직하는 법을 배우기 전까지 지도적인 노동자들은 사회주의자나 사회주의 사회 건설자가 아닐 것이고 조직화에 필요한 지식을 얻지도 못할 것이다. 조직화의 길은 머나먼 길이고, 사회주의를 건설하려면 장기간의 군건한 활동과 적절한 지식이 필요한데, 우리에게는 그런 것이 부족하다.[30]

조직화 노력은 또, 질적인 측면에서도 근본적으로 새로워야 한다. 그것은 실천적이고 효율적이어야 한다.

지금 가장 절실한 것은 실천적 능력이라는 구호와 효율적 방법이다. …… [혁명가들 ─ 지은이] 사이에서 이보다 더 인기 없는 구호도 없다고 말하는 사람도 있을 것이다. 혁명가들의 과제가 낡은 자본주의 질서를 파괴하는 것이었을 때는 그런 구호를 거부하고 비웃을 수밖에 없었다는 것을 얼마든지 이해할 수 있다. 왜냐하면 그때는 그런 구호가 자본주의와 타협하거나 자본주의의 토대에 대한 프롤레타리아의 공격을 약화시키거나 자본주의에 반대하는 혁명적 투쟁을 약화시키는 노력들을 은폐했기 때문이다. 프롤레타리아가 권력을 장악하고 강화하면서 새로운 사회, 사회주의 사회의 토대를 놓는 일을 본격적으로 시작한 뒤에는 사정이 근본적으로 달라질 수밖에 없다.[31]

프롤레타리아 독재를 강화하기

당연히, 자본주의에 양보하는 정책들 — 국가와 민간 산업의 협력, 구체제에서 물려받은 부르주아 기술자들과 전문가들을 채용하고 그들에게 경제적 특권을 주는 조처, 1인 경영, 테일러 시스템 등 — 은 프롤레타리아 체제를 위협했다. 오직 바보들만이 그렇게 생각하지 않았을 것이다. 그리고 레닌은 항상 사실을 있는 그대로 말했다. "노동계급의 강점은 항상 대담하고 솔직하게 위험을 직시한다는 것, 위험을 인정하기를 두려워하지 않는다는 것, '우리' 진영의 힘과 '다른' 진영, 즉 착취자들의 힘을 냉철하게 비교한다는 것이다."[32]

국가 자본주의에서 프롤레타리아 권력은 위협받을 수밖에 없다. 프롤레타리아는 그런 위협 앞에서 도망치지 않을 것이다. 오직 겁쟁이들만이 위협에 굴복할 것이다. 경제 분야에서는 자본주의적 요소들과 타협하면서도 정치적으로는 그런 요소들에 맞서 프롤레타리아 독재를 강화해야 한다고 레닌은 주장했다.

물론 부르주아 전문가들을 믿어서는 안 된다.

소비에트 정부에 봉사하는 충성스런 지식인들은 없다. 지식인들은 자신들의 경험과 지식 — 최고의 인간적 성취 — 을 착취자들을 위해 사용하면서, 우리가 착취자들을 꺾고 승리하지 못하게 막으려고 수단·방법을 가리지 않는다.

…… 우리가 의지할 수 있는 대상은 우리와 함께 혁명을 성취한 계급, 우리와 함께 극심한 난관을 극복할 계급, 우리 앞에 놓인 매우 험난한 계곡을 우리와 함께 건너갈 계급뿐이다. 공장 노동자들, 도시와 농촌의 프롤레타리아가 바로 그 계급이다.[33]

무엇보다 프롤레타리아 독재가 강화돼야 한다. "혁명적 권위를 확실히 세워야 한다. 말로는 프롤레타리아 독재 운운하면서 혁명적 권위를 인정하지만 사실은 젤리처럼 흐물흐물한 자들이 우리 주변에 널려 있다."[34]

결론

권력을 장악한 후 레닌은 매우 어려운 이론적·실천적 과제에 직면했다. 자본주의와 사회주의 사이의 이행기 개념에 피와 살을 덧붙이는 일이었다. 레닌은 현실을 회피하지 않았고, 이행기가 과거와 미래의 모순적 요소들이 공존하면서 서로 투쟁하는 시기가 될 것이라고 강조했다.

공산주의와 자본주의가 경제를 조직하는 방식에는 공통점이 많다. 자본주의와 공산주의 사이의 이행 단계인 노동자 국가는 불가피하게 과거 사회 — 그 사회의 폐허 위에서 노동자 국가가 성장한다 — 의 특징과 미래 사회의 핵심 특징을 모두 포함해야 한다. 그러나 이행기에는 이런 적대적 요소들이 서로 결합될 수밖에 없을 것이고, 전자가 후자에, 즉 과거가 미래에 종속될 것이다.

노동자 권력과 노동자들의 생산 통제는 정신노동과 육체노동을 연결하는 다리가 될 것이고, 미래에 이루어질 정신노동과 육체노동의 종합, 계급의 완전한 폐지를 위한 출발점이 될 것이다.

기술자들은 자본주의 사회에서든 공산주의 사회에서든 생산 과정의 필수

요소이고 사회적 생산력의 중요한 일부다. 자본주의 사회에서 그들은 생산의 위계 구조에서 한 층을 차지한다. 사회주의는 그 위계 구조를 폐지할 것이다. 이행기에 그 위계 구조는 어떤 의미에서는 존속하지만 다른 의미에서는 사라질 것이다. 정신노동이 여전히 소수의 특권으로 남아 있는 한은 심지어 프롤레타리아 혁명 후에도 공장, 철도 등에서 위계적 관계는 존속할 것이다. 그러나 위계 구조에서 자본가가 차지하던 위치를 노동자 국가, 즉 집단적 노동자들이 차지하게 되면 기술자들은 노동자들에게 종속될 것이고, 이런 의미에서 정신적 위계 구조는 폐지될 것이다. 노동자들이 기술자들을 통제하게 된다는 것은 자본주의적 요소가 사회주의적 요소에 종속된다는 뜻이다. 노동자 권력이 더 효과적일수록, 대중의 물질적·문화적 수준이 더 높을수록, 정신노동자들의 독점적 지위는 약해질 것이다. 그리고 그런 독점적 지위가 마침내 완전히 사라지면 정신노동과 육체노동의 종합이 이루어질 것이다.

마르크스주의의 창시자들은 기술자들이 노동자들과의 생산관계에서 이중의 구실을 하기 때문에 그들을 사회 전체의 이익에 복종시키는 것이 새로운 사회의 지난한 과제가 될 것이라고 지적했다. 그래서 엥겔스는 다음과 같이 썼다.

> 만약 …… 전쟁으로 말미암아 우리가 너무 일찍 권력을 장악하게 되면 기술자들이 우리의 주요 적이 될 것이다. 그들은 할 수만 있다면 어디서든지 우리를 속이고 배신할 것이다. 그러면 우리는 그들을 겁주고 협박해야 하겠지만 그래도 항상 그들에게 속을 것이다.[35]

노동 규율을 강제하기도 매우 어려울 것이다. 모든 형태의 사회적 생산은 그 생산 과정에 참여하는 다양한 사람들의 협력이 필요하다. 다시 말해, 규율이 필요하다. 자본주의 사회에서 이 규율은 노동자에게 외부의 강제력으로,

자본이 강요하는 힘으로 다가온다. 사회주의 사회에서 규율은 의식성의 결과일 것이고 해방된 사람들의 습관이 될 것이다. 이행기에 규율은 두 요소 즉, 의식성과 강제력의 결합일 것이다. 프롤레타리아 국가기구는 의식적 요인인 대중 조직일 것이다. 노동자들이 생산수단을 집단적으로 소유하는 것, 즉 노동자 국가가 생산수단을 소유하는 것이 노동 규율에서 의식적 요소의 기초가 될 것이다. 그러나 집단으로서 노동계급은 자신의 기구들, 즉 소비에트와 노동조합 등을 통해 생산 과정에서 노동자 개인을 규율하는 강제력 구실을 할 것이다.

기술자, 관리자 등은 노동 규율에서 특별한 위치를 차지한다. 자본주의 사회에서 관리자는 자본가가 노동자를 강제할 때 이용하는 수단이다. 공산주의에서 관리자는 강제적 기능을 하지 않을 것이다. 관리자와 노동자들의 관계는 오케스트라 지휘자와 단원들의 관계와 비슷할 것이다. 노동 규율의 기초가 의식성과 습관일 것이기 때문이다. 이행기에 노동자들은 규율의 주체이자 동시에 객체일 것이다. 그러나 기술자들은 전달 메커니즘 구실만 하겠지만 노동자 국가를 위해 그렇게 할 것이다. 비록 그들이 형식적으로는 계속 노동자들을 규율하겠지만 말이다.[36]

07 | 전시 공산주의(1918~1921년)

앞장에서 봤듯이, 1918년 3월과 4월에 레닌의 경제정책 목표는 프롤레타리아 혁명의 성과 위에서 장기적으로 꾸준히 개혁을 추진한다는 것이었다. 그러나 계급투쟁이 격화하고 5월에 본격적으로 내전이 발발하자 이 정책은 완전히 파탄 나고 말았다.

산업국유화가 노동자 통제를 대체하다

10월 혁명 후 볼셰비키가 추진한 정책, 즉 산업의 노동자 통제와 선택적 국유화는 처음부터 자본가들의 사보타주에 부딪혔다. 자본가들은 자신들의 권력이 복원되기를 원했고 노동자들의 통제를 받으며 일할 생각은 없었다. 그래서 대규모 사보타주를 감행한 것이다.

1917년 12월 초에 열린 전 러시아 사용자협회 대회는 "경영에 적극 간섭하는 방식으로 [노동자] 통제가 실시되는 공장은 폐쇄될 것"이라고 선언했다.[1]

국제침대차회사와 세르게예프우갈렌스키 광산은 "경영진이 작업장에서 근무하기를 거부"하고 "노동자 통제 포고령에 따르기를 거부했기 때문에" 국유화됐다. M 헬페리치-사데 회사는 경영진이 "공장을 폐쇄하고 하리코프에 있는 본점 사무실을 포기했기" 때문에 [1918년] 1월에 국유화됐다. 마찬가지로, 안드레예프 란스키 회사의 비행기 공장들은 노동자들을 해고하려 했기 때문에 국유화됐고, 세스트로네츠크의 야금 공장들은 생산을 지속하기를 거부했기 때문에, 로스트키노의 염료 공장들은 "연료와 원료 재고가 쌓여 있는데도 공장주가 생산을 지속하기를 무조건 거부했기 때문에" 국유화됐다.[2]

노동자들은 자본가들의 사보타주에 자생적으로 대응했다. 세르주는 다음과 같이 썼다.

자본가 착취자들의 정치적 방어막이 해체되자 노동자들은 생산수단을 인수하려는 운동을 자생적으로 시작했다. 공장과 작업장을 완벽하게 통제할 수 있게 됐는데, 그러지 말아야 할 이유가 있겠는가? 노동자들은 할 수 있다면 그렇게 했다. 사용자들이 생산을 사보타주하자 이에 대한 보복 행위로 재산 몰수 움직임이 일어났다.[3]

1918년 7월 전에 국유화된 개인 기업 가운데 중앙 정부의 포고령에 따라 국유화된 것은 약 100개뿐이었고 400개 이상은 지역 조직들이 발의해서 국유화된 것이었다.[4]

내전이 발발하자 볼셰비키 정권을 대하는 부르주아지의 태도는 더 강경해졌고 마지못해 정권에 협력하려던 생각조차 완전히 사라졌다. 이제 소비에트 정부는 군사적 필요를 다른 모든 고려 사항보다 중요하게 여겼다. 어지간한 대자본가들은 모두 짐을 챙겨서 백군 편으로 넘어가 버렸다. 생산을 직접 통제하는 것이 소비에트 당국의 시급한 과제가 됐다. 사보타주 퇴치뿐 아니라 군수품의 차질 없는 공급을 위해서도 생산을 직접 통제해야 했다. 그래서 전면적인 국유화가 실시됐다. 이 시기에 단행된 국유화의 70퍼센트는 사용자들이 노동자 통제를 받아들이기를 거부했거나 자신의 기업체를 포기했기 때문에 실시된 것들이었다.[5]

1918년 5월 2일 설탕 산업 국유화를 필두로 산업의 전면적 국유화가 실시됐다. 6월 17일 석유 산업이 국유화됐고, 6월 28일 광산, 야금, 섬유, 전력-기술, 도자기, 무두질, 시멘트 산업의 대기업들을 국유화하는 포고령이 공포됐다. 이렇게 시작된 몰수 과정은 국가가 소비에트 영토 내에 있는 대형 공장을 모두 인수할 때까지 지속됐다.

산업의 국유화는 대개 소비에트 정부와 무관하게 실시됐다. 그래서 1918년 7월부터 12월까지 국유화된 기업체 1208개 가운데 국가 포고령으로 몰수된 것은 345개뿐이고 나머지 863개는 지역 소비에트나 지역 국민경제위원회가 인수한 것들이다.[6]

이런 과정은 중대 규모 기업체뿐 아니라 소규모 공장들을 국유화할 때까지 지속됐다. 1920년 11월에는 기계 동력을 사용하고 노동자를 다섯 명 이상 고용한 기업체와 노동자를 열 명 이상 고용한 수공업체를 모두 국유화하는 포고령이 공포됐다. 그래서 그 해 말까지 3만 7000개나 되는 기업체가 국유 기업 명단에 오르게 됐다. 이 수치에는 소규모 작업장 수천 개도 포함된다. 그래서 3만 7000개 가운데 1만 8000개는 기계 동력을 사용하지 않는 기업체였고 5000개 이상은 노동자를 단 한 명만 고용한 기업체였다.[7]

볼셰비키는 자신들이 적절한 경제 조처라고 생각했던 것보다 더 멀리 나아가 대규모 자본가든 소규모 자본가든 모두 수탈할 수밖에 없었다. 당시 상황을 연구한 유명한 경제사가인 크리츠만은 다음과 같이 썼다.

내전이 불붙기 시작한 상황에서 자본과 프롤레타리아 독재의 협조 노력(노동자 통제, 혼합 주식회사 등)은 모두 순식간에 사라지는 유토피아처럼 보였다.

세계 자본의 간섭은 러시아에서 꺼져 가던 반혁명 저항에 다시 불을 붙였고, 그래서 프롤레타리아는 대규모 자본과 자본 일반을 가차 없이 징발하고, 지배계급의 재산을 몰수하고, 시장을 억압하고, 경제를 프롤레타리아에 유리하게 재편하는 등의 조처를 취할 수밖에 없었다. 이것은 시장을 극복하고 시장을 착취하는 데 달려 있었다.[8]

따라서 1918년 6월 이후 산업의 전반적 국유화와 몰수는 불가피했다. 산업의 우두머리들과 부르주아 기술자들을 이용하면서도 자본주의를 간접적으로 공격한다는 레닌의 경제 정책은 실행될 수 없다는 것이 드러났다.

산업 생산의 붕괴

산업의 전면 국유화와 함께 산업 생산이 재앙적으로 감소했다. 내전으로 러시아 경제는 산산조각 났다. 내전 기간 내내 러시아 북부와 중부의 주요 공업 지역은 소비에트가 지배하고 있었다. 그러나 이 지역의 공장과 철도는 오랫동안 원료와 연료를 공급받지 못한 경우가 흔했다. 페트로그라드, 브랸스크, 툴라의 금속 산업과 그 밖의 소비에트 공업 도시들은 도네츠 분지의 석탄과 우랄·우크라이나 지방에서 생산된 철이 필요했다. 그러나 우랄 지방은 1918년 여름부터 1919년 여름 콜차크가 시베리아로 쫓겨날 때까지 백군이 지배하고 있었다. 도네츠 분지는 1918년 봄 독일군이 우크라이나를 점령했을 때부터 1919년 말 데니킨의 군대가 퇴각할 때까지(1918년 초에 소비에트들이 그 지역의 일부를 장악한 짧은 기간을 제외하면) 러시아와 완전히 단절돼 있었다. 바쿠의 석유도 1918년 여름 터키군이 바쿠를 점령했을 때부터 1920년 봄 적군赤軍이 바쿠에 입성할 때까지 러시아와 단절돼 있었다. 러시아의 둘째 가는 석유 산지인 캅카스 북부의 그로즈니 지방도 데니킨 군대가 점령하고 있었다. 모스크바의 섬유 공장들과 모스크바 주변의 공업 도시들은 투르케스탄의 면화에 의존하고 있었지만, 투르케스탄은 처음에는 1918년 여름 체코슬로바키아 군단의 볼가 지역 공격 때문에, 나중에는 콜차크 군대의 진격 때문에 1919년 말까지 소비에트 러시아와 단절돼 있었다. 그때까지 투르케스탄의 농민들은 면화 재배를 거의 포기하고 (그 대신 식용 작물을 재배하고) 있었다.

제국주의 열강이 러시아의 대외무역을 봉쇄했기 때문에 소비에트 러시아의 산업은 또 다른 심각한 타격을 입었다.

	수입	수출
1913	936.6	
1917	178.0	59.6
1918	11.5	1.8
1919	0.5	0.0
1920	5.2	0.7[9]

(단위 : 백만 푸드, 1푸드=16.38킬로그램.)

원료·연료·식량 부족이 맞물리면서 공업 생산이 재앙적으로 감소했다. 아사하거나 거의 굶어 죽는 사태가 속출하면서 노동자들의 능률도 땅에 떨어졌다. 대략적인 계산에 따르더라도, 러시아 노동자 1인당 총생산은 다음과 같이 변했다.

노동자 1인당 생산성(단위 : 루블)

1913	100	-
1917	85	100
1918	44	52
1919	22	25
1920	26	30[10]

노동자들의 결근이 전례 없이 많아졌다. 결근율이 30퍼센트를 초과하는 경우는 아주 흔했고 60퍼센트나 되는 경우도 있었다.[11] 전쟁 전의 평균 결근율은 약 10퍼센트였다. 1920년에 가장 '충격적인' 공장들의 결근율은 세 곱절 증가했다. 소르모프스키 공장의 결근율은 7월에 36퍼센트까지 높아졌다가 8월에 32퍼센트로 하락했다. 브랸스크 공장에서는 겨울 몇 달 동안 40퍼센트였던 결근율이 6월에 48.5퍼센트까지 증가하더니 8월에는 50퍼센트를 기록했다. 트베르 공장에서는 7월과 8월에 결근율이 44퍼센트였다.[12]

물론 노동 생산성을 떨어뜨린 다양한 요인의 비중을 정확히 평가하는 것은 불가능하다. 그러나 소비에트 경제학자 S G 스트루밀린은 그런 요인들의 정확한 비중을 따져보려고 나름대로 계산을 시도한 바 있다. 물론 그의 계산 결과는 대강의 윤곽을 보여 주는 것으로만 받아들여야 한다. 스트루밀린은 산업의 생산성 하락에 영향을 미친 요인들을 다음과 같이 계산했다.

노동자들의 신체적 피로	44
노동 규율의 이완	22
시간급 임금 체계로 전환	19
노동 조직화의 결함	6
원료 부족	6
기계의 마모 · 파손	4

(단위 : 루블)

스트루밀린의 계산을 근사치로만 받아들인다 해도, 영양 부족에 따른 기력 쇠퇴가 노동생산성 하락의 주원인이었다는 사실이 분명히 드러난다.[13] 잘 먹지 못해서 기력이 쇠한 노동자가 공장 작업대에서 일하다 갑자기 쓰러지는 일도 흔했다. 노동자들이 어떻게든 작업을 지속한 것은 그야말로 영웅적인 노력의 결과였다. 군사 전선과 마찬가지로 노동 전선에서도 불굴의 의지가 필요했다.

대규모 산업의 재앙적 쇠퇴는 다음 표에서 잘 드러난다(1913년의 생산량을 100으로 보고 비교한 수치다).

1917	1918	1919	1920
77	35	26	18[14]

여러 산업 부문의 사정은 다음 표에서 잘 드러난다.

석유	42.7	전구	10.1
담배	42.5	설탕	6.7
가죽	38	전기·전력 기계	5.4
아마사(亞麻絲)	38	면사(綿絲)	5.1
소금	38	철도 차량 제작	4.2
양모사(羊毛絲)	30	야채기름	3.0
석탄	27	시멘트	3.0
종이·펄프	27	주철(鑄鐵)	2.4
대마사(大麻絲)	25	벽돌	2.1
기관차 제작	14.8	철광석	1.7
성냥	14	구리	0.0
쟁기	13.3	축전기	12.5[15]

1913년 생산량(=100) 대비 1920년도 생산량

(군사 작전뿐 아니라) 모든 경제 활동에도 중요한 철도 수송은 심각한 위기를 겪고 있었다. 이 점은 아래 표를 보면 알 수 있다.

연도	1913	1918	1919	1920
손상된 기관차 비율	17	41	52	57[16]

(단위 : 퍼센트)

곡물의 강제 징발

내전으로 러시아 경제 전체가 붕괴했을 뿐 아니라 적군赤軍에 필요한 군수 물자를 대량으로 생산해야 하는 부담이 산업에 가중됐다. 1920년 여름에 적군이 소비한 중앙정부 보급품의 비율은 다음과 같았다.

밀가루	25	식용유	40
거친 밀가루	50	비누	40
가축 사료	40	담배	100
생선	60	성냥	20
고기	60	면화	40
말린 과일	90	기타 섬유	70~100
설탕	60	신발	90[17]
소금	15		

(단위 : 퍼센트)

가뜩이나 부족한 공산품을 적군이 가져가고 나면 농민에게 돌아갈 몫은 거의 남지 않았다. 그래서 공업과 농업, 도시와 농촌 사이의 경제적 관계가 단절됐다. 다음 표에서 드러나듯이, 농민들이 곡물을 넘겨준 대가로 받는 공산품은 거의 없었다.

	농민의 곡물 공급량 (백만 푸드)	농민에 대한 섬유 공급량(백만 아르신)	교환 비율 (곡물 1푸드당 섬유 아르신)
1919년	108	325	1:3.00
1920년	212	180	1:0.85[18]

(1푸드=16.38킬로그램, 1아르신=28인치=약 71센티미터)

적군과 도시 주민들이 식량을 얻을 수 있는 방법은 농민한테서 곡물을 강제 징발하는 것뿐이었다. 막강한 권력을 가진 식량부가 공산품을 징발해서 사람들에게 분배하고, 농민한테서 곡물을 징발해 군대와 도시 주민들에게 배급했다.

산업이 붕괴하고 도시와 농촌 사이의 상업적 관계가 폭력적으로 억눌렸으므로 당시의 곡물과 공산품 교환은 진정한 교환이라고 할 수 없었다. 부농들이 곡물을 대부분 공급한 반면, 빈농들이 공산품을 얻었다. 크리츠만은 다음과 같이 말했다. "러시아의 생산물 교환은 농업과 공업 사이의 교환이라기보다는 …… 빈농이 부농의 농장에서 생산물을 추출하는 형태의 서비스를 제공하고 그 대가로 공산품을 받는 그런 교환이었다."[19]

국가가 곡물 공급을 중앙집권적으로 통제하려 하자, 식량을 찾아다니는 굶주린 도시민들뿐 아니라 수많은 농민들*도 거듭거듭 반발했다. 그래서 1919년에 소비자들의 손에 들어간 곡물 1억 3660만 푸드 가운데 40퍼센트(즉, 5440만 푸드)는 국가 배급 기구(식량배급부)가 공급한 것이었고 60퍼센트(8220만 푸드)는 불법 '자유' 거래를 통해 공급된 것이었다.[20]

---

* 곡물 징발에 대한 농민들의 거센 저항은 10장을 보시오.

식량 배급

내전 시기 경제 체제의 핵심 특징은 국가가 엄격한 계급 기준에 따라 곡물을 배분했다는 점이다.

1918년 9월 모스크바 소비에트는 주민을 네 부류로 나눴다. 첫째 부류는 해로운 작업 환경에서 일하는 육체노동자, 둘째 부류는 힘든 육체노동을 해야 하는 노동자, 셋째 부류는 쉬운 일을 하는 노동자와 사무직 노동자와 주부, 넷째 부류는 전문직 종사자와 불로소득으로 살거나 직업이 없이 사는 사람들이었다. 이 네 부류는 4 대 3 대 2 대 1의 비율로 식량을 배급받았다. 그러나 실제로는 최고 부류가 받는 배급량조차 매우 적었다. 1919년 5월에 페트로그라드에서 최고 부류의 주민들이 배급받은 식량은 빵 15.5파운드[1파운드는 453.6그램], 설탕 1파운드, 마가린 0.5파운드, 청어 4파운드, 다른 생선 2파운드, 소금 1파운드, 겨자 0.25파운드였다.[21]

최악의 시기에는 노동자들조차 이틀에 한 번 겨우 2온스[1온스는 28.35그램]의 빵을 배급받았을 뿐이다.[22]

한 소비에트 작가가 계산한 것을 보면, 모스크바 주민들이 식량 배급 카드로 섭취할 수 있었던 열량은 전시 독일인들이 배급 카드로 섭취할 수 있었던 열량의 약 7분의 1, 영국인들의 약 10분의 1에 불과했다. 비록 러시아인들이 사적私的 시장에서 식량을 더 구입할 수 있었다는 사실을 감안하더라도 전시 독일이나 영국보다는 러시아에서 영양실조나 기아가 훨씬 더 만연했다는 것은 명백하다.[23]

굶주림, 전염병, 혹한

굶주림이 도시를 휩쓸었다. 그래서 도시를 떠나 농촌으로 가는 사람들이 줄을 이었다. 1917~1920년에 도시 인구, 특히 산업 노동자들의 수가 급감했다.

1920년 가을에 40개 주도州都의 인구는 1917년 640만 명에서 430만 명으로 33퍼센트 감소했고, 다른 50개 대도시 인구는 151만 7000명에서 127만 1000명으로 16퍼센트 감소했다. 도시가 클수록 인구 감소율도 컸다. 페트로그라드의 인구는 1917년 240만 명에서 1920년 8월 57만 4000명으로 감소했다.

굶주림과 함께 전염병, 특히 발진티푸스가 창궐했다. 다음의 수치는 유럽 러시아에서 발진티푸스에 걸린 사람의 숫자다.

1914	83	1918	180
1915	90	1919	2105
1916	102	1920	3114
1917	88		

(단위 : 천 명)

2년 사이에 무려 500만 명 이상이 발진티푸스에 걸린 것이다.[24]

레닌이 1919년 12월 5일 제7차 소비에트 대회에서 다음과 같이 말한 것은 전혀 과장이 아니었다.

재난이 우리를 괴롭히고 있습니다. 이風와 발진티푸스가 우리 군대를 쓰러뜨리고 있습니다. 동지들, 발진티푸스 발병 지역의 끔찍한 상황은 상상할 수조차 없습니다. 그곳에서는 사람들이 절망하고 허약해진 데다 물질적 자원도 없어서 모든 생활, 모든 공적 생활이 중단됐습니다. 그래서 우리는 다음과 같이 말합니다. "동지들, 우리는 모든 것을 이 문제에 집중해야 합니다. 이가 사회주의를 분쇄하거나 아니면 사회주의가 이를 박멸할 것입니다!"[25]

1918~1920년에 발진티푸스로 죽은 사람만 해도 160만 명을 헤아렸고, 그

밖에 장티푸스, 이질, 콜레라로 죽은 사람이 또 70만 명이었다.[26] 1918년 1월 1일부터 1920년 7월 1일까지 조기早期 사망자는 모두 합쳐 700만 명, 즉 전체 인구의 7퍼센트였다.[27]

이 수치는 시베리아나 남동부 지역 같은 주변 지방의 사망자를 포함하지 않은·것이다. 이런 지방까지 포함한다면 조기 사망자 수는 틀림없이 900만 명을 넘을 것이다. 이는 전투 중에 죽은 사람의 수(약 35만 명으로 추산된다)보다 훨씬 많다.

엎친 데 덮친 격으로 혹한이 찾아왔다. 가장 핵심적인 산업들과 수송 체계는 만성적 연료 부족에 시달렸고, 난방용 연료는 사실상 전무했다. 그래서 그나마 기운이 남아 있는 사람들은 버려진 집들을 헐어 부수고 폐허 더미에서 찾아낸 나무를 가져가 땔감으로 썼다.

사람들의 고통은 이루 형언할 수 없었다. 시체를 먹는 경우도 흔했다. 러시아 인구의 4분의 1에 해당하는 3500만 명이 심각한 만성 기아에 시달렸다. 수많은 고아들이 도로, 철로, 도시 거리를 떠돌면서 구걸과 범죄로 연명했다. 약자들의 고통이 가장 컸는데, 어린이야말로 가장 약자였다. 1920년 4월 2일 고리키는 레닌에게 다음과 같은 편지를 써 보냈다. "페트로그라드에는 9~15살의 소년범이 6000명 이상 있습니다. 그들은 모두 상습범이고 그중에는 살인자도 많습니다. 사람을 세 번이나 죽인 열두 살짜리 아이들도 있습니다."[28]

빅토르 세르주는 당시 어린이들이 겪은 끔찍한 고통을 다음과 같이 묘사했다.

타타가 무슨 일을 하는지 아니? 타타는 지도위원들과 함께 잠을 잘 수 없어. 코뼈가 부러져서 닳아빠진 구두 같은 소리를 내기 때문이지. 그래도 타타는 돈벌이 수단을 찾아냈어. 꼬마 애들의 옷을 벗겨 먹는 거지. "자, 꼬마야, 이리 와봐. 누나가 재미있는 것을 보여 줄게. ……" 어쩌고저쩌고 하면서 아주 다정하고 상냥하게 꼬마의 손을 잡고 건물 안으로 데려가. 그리고 꼬마의 **뺨**을 두어 대 때린 다음 외투, 모자, 장갑을 **빼앗는** 거지. 그런 날은 수입이 짭짤해.

카트카가 "역겨워요. 꼬마들이 불쌍해" 하고 말했다.

마냐가 "꼬마들은 악을 쓰며 울지" 하고 조용히 말했다. "요즘에는."

뱀이라는 별명을 가진 두냐가 말을 끊으며 끼어들었다. "그래도 그 꼬마가 부르주아 집안 애라면 제대로 걸린 거예요."

"닥쳐, 이 멍청한 꼬맹이 선전선동꾼아. 운하 위에 짓고 있는 큰 건물 알지? 한 무리의 꼬마들이 그 안에 숨어서 사는데, 그들의 우두머리는 가출 소녀 올렌카야. 너라면 뭐라고 말할래? 열세 살밖에 안 된 여자 애가 참 대단하네, 그럴래? 올렌카는 어린양처럼 상냥하고 예의바르고 그럴듯하게 보이지만 사실은 아주 교활한 애야. 내 생각에는 귀리 시장 옆에서 꼬마를 죽인 것도 분명히 올렌카일 거야. 그 애들이 무슨 생각을 하는지 아니? 고양이를 잡아서, 고기는 먹고 가죽은 중국인에게 판다는 거야. …… 또, 교회에서는 자선 헌금함을 뒤지고 식량 배급 줄에서는 배급 카드를 훔친다는 거지."[29]

평등주의

볼셰비키당은 엄격한 평등주의를 주장하고 실천했다. 세르주는 다음과 같이 회상했다. "우리의 봉급은 '공산주의자의 최대치'로 제한돼 있었는데, 이는 숙련 노동자의 평균 임금에 해당했다." 그는 또, 지노비예프의 처남으로서 소비에트 집행위원이자 국립 도서관장인 이오노프의 큰아들이 굶어 죽는 것을 목격하기도 했다.[30]

크렘린에서 그레닌 — 지은이는 여전히 궁중 하인의 거처로 지어진 작은 집에서 살고 있었다. 두 번째 겨울에는 다른 모든 사람과 마찬가지로 레닌의 집에도 땔감이 없었다. 이발소에 간 레닌은 남들이 자신에게 순서를 양보하는 것은 적절치 않다고 생각해서 자기 차례가 될 때까지 기다렸다.[31]

레닌은 자신의 봉급이 너무 많다는 사실을 알고 불같이 화를 냈다. 1918년 5월 23일 그는 인민위원회 사무국 관리자인 V D 본치브루예비치를 다음과 같이 질책했다.

1918년 3월 1일부로 내 월급을 500루블에서 800루블로 인상한 근거가 무엇인지 내가 계속 물었는데도 당신은 답변하지 않았습니다. 이 인상은 명백히 부당하므로 나는 당신을 호되게 질책하는 바입니다.[32]

크룹스카야는 늘 크렘린 식당에 가서 가족의 식사를 받아 왔다. 겨드랑이에 검은 빵 한 덩어리를 끼고 수프 냄비를 앞에 받쳐 든 채 크렘린의 얼어붙은 길을 걸어가는 크룹스카야의 모습을 흔히 볼 수 있었다. 그러나 크룹스카야가 레닌의 귀가 시간에 맞춰 식당에 다녀왔지만 레닌이 제때에 집에 오는 경우는 드물었다. 레닌의 누이인 마리아가 레닌의 사무실로 전화를 걸면 레닌은 금방 가겠다고 대답했다. 10~15분 뒤에 마리아가 다시 전화를 걸어 음식이 식기 전에 빨리 오라고 독촉했다. 마침내 레닌이 집에 왔을 때는 이미 음식이 차가워진 뒤였고, 그래서 그 벌로 레닌은 음식을 다시 데울 때까지 기다려야 했다.

크렘린의 정부 고위 관리는 〈맨체스터 가디언〉의 특파원인 아서 랜섬에게 다음과 같이 말했다.

오늘 두 달 만에 처음으로 이 건물에 난방을 할 수 있었습니다. 그동안 우리는 여기서 외투를 껴입고 털모자를 쓴 채로 영하의 추위에 떨면서 일을 해야 했어요. …… 많은 동료들이 병에 걸렸습니다. 어제만 해도 두 명이 발작 비슷한 것을 일으켜 집에서 쉬어야 했어요. 난방도 되지 않는 방에서 오랫동안 앉아서 일했기 때문이지요. 비슷한 이유로 저도 오른손을 거의 쓰지 못하고 있습니다.[33]

경영의 극단적 중앙집권화

전시 공산주의는 경제 관리의 극단적 중앙집권화를 뜻했다. 그러나 그렇다고 해서 경제가 합리적으로 계획됐다는 말은 아니다. 생산의 붕괴, 도시와 농촌 사이의 교환이 아닌 강제 곡물 징발, 노동 현장의 강제 조처 등은 합리적 계산과 계획에 도움이 되지 않았다. 중앙의 명령은 또, 흔히 혼란스럽고 모순된 것이기도 했다. 왜냐하면 내전 상황의 압력과 정부의 경험 부족 때문이었다. 레닌은 다음과 같이 썼다. "우리의 포고령은 슬픈 운명을 타고났다. 우리는 포고령에 서명한 뒤 스스로 포고령을 망각하거나 실행하지 못했다."[34]

그 결과로 나타난 혼란을 크리츠만은 "가장 철저한 형태의 자연적-아나키즘적 프롤레타리아 경제"라고 불렀다. 그것이 '아나키즘적'인 이유는 정부 부처 간 갈등 때문이기도 했고 일관된 계획의 부재 때문이기도 했다. 또, 정부 당국이 특정 품목의 부족 사태에 대처하느라 다른 품목의 부족 사태를 불러일으킨 것, 즉 이 병목에서 저 병목으로 메뚜기처럼 뛰어다니는 '돌격대'식 일처리도 아나키즘적 결과를 초래한 이유였다.

통일된 경제 계획이 없었다. 전쟁이 최우선 과제였고, 임시방편이 합리적 계획을 대체했다. 경제사가 모리스 돕은 다음과 같이 지적했다.

세부 사항들에 대한 많은 결정이 중앙의 몇몇 병목을 통과하면서 나타난 행정적 혼란과 지체는 이른바 '돌격대' 체제에서 두드러졌다. …… 행정적 혼선에 따른 경제적 피해가 위험 수위에 이르자, 보통은 당면의 군사적 필요 때문에 특별히 중요한 특정 기업들이 '돌격대' 기업으로 선발됐다. 이 기업들은 연료와 원료 공급, 노동자들에 대한 식량 배급에서 최우선 순위였고, 최상의 조직자들도 이 기업들을 관리하는 데 배치됐다. 이런 방식이 일부 산업에만 적용됐을 때는 당연히 우선순위를 조정하는 합리적 방법이었고, 그 결과도 유익했다(예컨대, 수송 체계 개선에 도움이 됐다). 내전 상황에서 다른 방식을 적용하기도 힘들었을 것이다. 그러나 시간이 흐르고 산업 전반에 적용되자 그런 방식은 경제적 혼란을 감소시키기보다는 증대시키기 십상이었다.[35]

공산주의 천년왕국이 도래했는가?

당시 많은 사람들은 볼셰비키의 필사적 조처들을 보면서, 공산주의 사회 건설이라는 당 강령이 뜻밖에도 급속히 실현되는 것이라고 생각했다. 산업의 사회화, 식량 징발, 임금의 현물 지급, 화폐의 근절, 국민경제 전반의 자원 배분에서 국가의 구실 증대, 자본주의의 온상인 시장 경제의 폐지, 이 모든 것이 공산주의의 실현처럼 보였다. 어쨌든, 마르크스가 말한 미래의 공산주의 경제는 사회주의 계획 생산·분배가 시장을 위한 생산을 대체하게 될 자연 경제였다. 따라서 볼셰비키 지도자들은 당연히 내전 시기의 전쟁 경제에서 공산주의의 핵심 특징들이 구현됐다고 보는 경향이 있었다. 당이 주장하고 실천한 엄격한 평등주의는 이런 신념을 더욱 강화시켰다.

1919년 3월 레닌은 다음과 같이 썼다. "분배 영역에서 소비에트 권력의 현재 과제는 재화의 상거래를 점차 줄이고 계획적·조직적·전국적 분배로 꾸준히 나아가는 것이다. …… 러시아 공산당은 화폐를 폐지할 수 있는 가장 급진적 조처들을 최대한 빨리 도입하려고 노력할 것이다."[36]

10월 혁명 2주년 기념일에 레닌은 당시의 경제 체제를 공산주의에 가까운 체제로 규정했다.

러시아 노동자들은 공산주의적으로 단결해 있습니다. 러시아에서는 첫째, 생산수단의 사적 소유가 폐지됐고 둘째, 프롤레타리아 국가권력이 전국의 국유지와 공기업에서 대규모 생산을 조직하고, 다양한 생산 부문과 다양한 기업에 노동자들을 배치하고, 국가가 소유한 소비 품목들을 노동자 대중에게 대량으로 분배하고 있어서 그렇습니다.[37]

그러나 가끔 레닌은 지금의 체제는 매우 초보적인 체제일 뿐 진정한 공산주의와 거리가 멀다며 자신의 주장과 모순되는 말을 하기도 했다.

우리는 사람들이 특별한 강압 기구 없이도 자신의 사회적 의무를 다하는 습관이 몸에 밴 체제, 공공재를 생산하기 위한 무보수 노동이 일반화한 체제를 공산주의라고 부릅니다. …… 지주들과 자본가들을 착취한 덕분에 우리는 사회주의의 가장 초보적 형태를 겨우 조직할 수 있었고, 아직 여기에는 공산주의적인 것이 전혀 없습니다. 지금의 우리 경제 체제를 살펴보면, 사회주의의 싹이 여전히 매우 약하다는 것과 낡은 경제 형태들이 압도적으로 우세하다는 사실을 알게 될 것입니다. 그래서 소소자산가들이 득세하거나 통제 불능의 폭리 추구 현상이 나타나는 것입니다.[38]

전시 공산주의를 진정한 공산주의로 여기고 가장 열렬히 지지한 볼셰비키 지도자는 부하린이었다. 그는 화폐 임금을 현물 배급으로 대체하는 것을 임금노동의 소멸로 여겼다. 부하린은 이행기에 화폐 제도가, 그리고 그와 함께 상품 체제 일반도 붕괴할 것이고, 그래서 통화 가치가 두드러지게 하락할

것이라고 생각했다.[39]

그러나 마르크스의 공산주의 개념은 매우 발전한 생산력, 남아돌 만큼 넉넉한 재화와 서비스, 경제의 합리적 조직화를 바탕으로 한 것이었다. 경제적 불평등을 해소하는 방법은 생활수준을 향상시키는 것이었다. 그러나 전시 공산주의는 생산이 파괴·붕괴되고 재화와 서비스가 전례 없이 부족한 데서 비롯한 결과였다.

마르크스가 거듭거듭 말했듯이, "법률은 경제구조나 경제구조에 제약받는 문화 수준보다 더 고상할 수 없다." 볼셰비키는 자신들이 권력을 장악했을 때 물려받은 물질적 유산이 아주 빈약하다는 사실을 잘 알고 있었다. 그 점은 당시 선진 자본주의 나라들과 비교해서도 그랬고 심지어 자본주의 발전의 초기 단계에 있는 다른 나라들과 비교해서도 그랬다.

콜린 클라크의 책 ≪경제 진보의 조건The Conditions of Economic Progress≫ (런던, 1940년)을 보면, 다양한 시기에 다양한 나라의 국민소득을 가장 완벽하고 정확하게 계산한 결과를 볼 수 있다. 클라크의 계산을 보면, 1913년 러시아의 취업자 1인당 실질소득이 306국제단위IU*인 데 반해 일부 선진국의 1인당 실질소득은 다음과 같았다.

영국		프랑스		독일		미국	
년도	IU	년도	IU	년도	IU	년도	IU
1688	372	1850~1859*	382	1850	420	1850	787
1860~1869*	638	1860~1869*	469	1877	632	1880	1032
1904~1910*	999	1911	780	1913	881	1900	1388
1913	1071					1917	1562
						1929	1636

(* 연간 평균)

따라서 1913년에 러시아 취업자 1인당 평균 소득은 영국의 1688년 1인당 소득의 80.9퍼센트에 불과했다.[40] 혁명 당시 러시아의 문자 해독률 수준은 1789년 혁명 당시의 프랑스보다 더 낮았다!

전시 공산주의 시기에 볼셰비키가 품었던 공상적 희망은 언뜻 보면 도저히 설명할 수 없는 수수께끼처럼 보인다. 그러나 그런 희망은 서유럽의 혁명이 금방 승리할 것이라는 기대를 바탕으로 하고 있었다. 볼셰비키는 서유럽에서 혁명이 승리하면 러시아도 전시 공산주의에서 사회주의의 체계적인 건설로 곧장 나아갈 수 있을 것이라고 생각했다. 또, 당시 대중의 정신적 용기는 어느 정도 환상을 바탕으로 한 것이었고, 그런 환상은 내전이라는 가혹하고 절박한 사정이 강요한 것이었다.

되돌아보기

내전과 전시 공산주의 시기가 끝나고 당시의 경험을 간략하게 평가하면서 레닌은 오류를 인정하면서도 그런 오류가 불가피했다고 주장했다. 1921년 10월 17일 연설에서 레닌은 다음과 같이 말했다.

한편으로 우리를 압도한 전쟁 문제 때문에, 다른 한편으로 온갖 상황으로 말미암아 공화국이 처한 필사적 처지 때문에 우리는 공산주의 생산·분배로 곧장 건너뛰려 한 오류를 범했습니다. 우리는 잉여 식량 징발 체제하에서 농민들이 우리에게 필요한 만큼 곡물을 제공하면 그 식량을 공장에 분배하고 그래서 공산주의적 생산과 분배를 달성할 수 있을 것이라고 생각했습니다.

• 클라크가 정의한 '국제단위'는 '1925~1935년에 미국에서 연평균 1달러로 구매할 수 있는 재화와 서비스의 양'이다.

우리의 이런 계획이 아주 분명하고 확실했다고 말할 수는 없습니다. 우리
는 대체로 그런 계획에 따라 움직였지만 …… 그 계획은 오류였습니다. ……
그것은 전에 우리가 자본주의에서 사회주의로의 이행기에 대해 썼던 것과는
어긋나는 계획이었습니다. …… 권력 장악 문제가 제기된 1917년 이래로
…… 우리의 이론적 문헌들은 분명히 장기간의 복잡한 이행기가 필요하다는
것, 즉 자본주의 사회에서 공산주의 사회로 나아가려면 사회주의적 회계와
통제를 거쳐야 한다는 것을(그리고 자본주의가 덜 발전된 사회일수록 이행기가
더 길어질 것이라고) 강조해 왔습니다.[41]

당의 오류는 지나친 열정과 도취 때문이었다고 레닌은 말했다.

솟구치는 열정으로 충만해진 우리는 처음에는 대중의 정치적 열정을, 그 다
음에는 군사적 열정을 고무하면서, 전적으로 이런 열정에 의존해서 이미 달
성한 정치적·군사적 과제와 마찬가지로 경제적 과제도 훌륭하게 달성할 수
있을 것으로 예상했다. 우리는 소농의 나라에서 프롤레타리아 국가의 명령에
따라 곧바로 공산주의적으로 국가 생산과 국가 분배를 조직할 수 있을 것으
로 예상했다(아마 막연히 그럴 수 있을 거라고 생각했다는 말이 더 정확할 것이
다). 우리가 틀렸다는 것이 경험으로 입증됐다. 공산주의로의 이행을 준비하
려면(여러 해 동안 노력하며 준비하려면) 여러 이행 단계(국가 자본주의와 사회
주의)가 필요한 듯하다. 우리는 열정에 직접 의존하지 않고 오히려 위대한
혁명이 불러일으킨 열정의 도움을 받아서, 그리고 개인적 이해관계, 개인적
동기, 경제 원칙을 바탕으로 이 소농의 나라에서 국가 자본주의를 거쳐 사회
주의로 가는 길을 확고하게 개척해야 한다.[42]

변명을 둘러대며 오류를 숨기려 해서는 안 된다. "우리는 오류를 인정하

기를 두려워하지 않고, 오류를 바로잡는 법을 배우기 위해 냉철하게 검토할 것이다."[43]

소비에트 정부는 적의 힘을 시험하고, 자신의 힘을 가늠하고, 경제생활을 체계적으로 발전시킬 수 있는 방안을 경험을 통해 결정해야 했다. 그리고 전시 공산주의 방식에 의존하지 않고는 이런 과제를 달성할 수 없었을 것이다. 레닌은 전시 공산주의 시기를 되돌아보며 다음과 같이 썼다.

내 견해를 설명하기 위해, 그리고 어떤 의미에서 우리의 과거 경제정책이 오류였다고 할 수 있는지를(내 생각에는 당연히 그렇다) 말하기 위해 러일 전쟁 때 …… 일본 장군 노기가 뤼순 항을 점령한 일화를 들고 싶다. 이 일화에서 내가 주로 흥미를 느낀 것은 뤼순 항 함락이 두 단계를 거쳤다는 점이다. 첫 단계는 격렬한 공격 단계였는데, 이 공격은 실패로 끝났고 그 유명한 일본군 사령관에게 엄청난 손실을 안겨 주었다. 둘째 단계는 모든 병법에서 지극히 끈질기고 지극히 힘들고 더디다고 말하는 포위 단계였다. 결국 이 방법이 요새 함락 문제를 해결했다. 이런 점들을 살펴볼 때 우리는 당연히 일본 장군의 첫 번째 공격 작전은 어떤 점에서 오류였는지를 묻게 된다. ……

물론 언뜻 보면 이 물음에 쉽게 답할 수 있을 것처럼 보인다. 뤼순 항을 잇따라 공격하는 것이 효과가 없는 것으로 입증됐다면(그것은 사실이다), 그리고 공격자가 부담해야 할 손실이 지극히 컸다면(그것도 분명히 사실이다), 뤼순 항의 요새를 직접 정면으로 공격하는 전술은 분명히 오류였다는 것이다. …… 그러나 다른 한편으로, 미지수가 매우 많은 상황에서 문제를 해결해야 할 때, 꼭 필요한 실천적 경험이 없으면 적의 요새를 함락시킬 작전 방법을 결정하거나 심지어 그 비슷한 선택조차 하기 어렵다는 것도 쉽게 이해할 수 있다. 요새의 강점, 성벽 방비의 허실, 수비대 위치 등을 제대로 확인하지 않고서 그런 작전 방법을 결정할 수는 없었다. 그런 확인 과정을 거치지 않고서는 아무리 뛰어난 지휘관이라도(노기 장군은 분명히 뛰어난 지휘관이었다) 요새를 함락하기 위해 채택해야 할 전술을 결정할 수 없었을 것이다. …… 실제로 요새를 공격하는 과정을 거치지 않았다면 …… 더 장기적이고 끈질긴 전투 방법을 채택해야 할 근거도 찾지 못했을 것이다. …… 작전을 전체적으로 살펴보면, 정면 공격과 돌격을 감행한 첫 단계가 꼭 필요하고 유용한 단계였다고 생각할 수밖에 없다. 왜냐하면 …… 이 경험이 없었다면 일본 군대는 전투의 구체적 조건을 파악할 수 없었을 것이기 때문이다.[44]

자본주의를 격렬하게 정면으로 공격하는 것, 즉 전시 공산주의는 프롤레타리아 독재의 발전에서 꼭 필요한 단계, 내전의 불가피한 산물이라 할 수 있다.

공장 경영진이나 은행 같은 자본주의 기구는 파괴됐다. 경제적으로 부르주아지와 타협할 가능성도 없었다. 심지어 노동자 통제를 제한하거나 양보하더라도 그런 타협은 불가능했다. 부르주아 경제 관리 기구가 파괴됐으므로 그 대체물을 만드는 수밖에 달리 도리가 없었다. 그것이 아무리 조야하더라도 말이다. 강제적 곡물 징발과 중앙집권적 노동 관리 정책은 시장의 붕괴와 포위 경제 상황에서 비롯한 것이었다. 트로츠키는 나중에 전시 공산주의를 되돌아보며 다음과 같이 썼다.

이 '공산주의'를 전시 공산주의라고 부른 것이 옳은 이유는 경제적 방법이 군사적 방법으로 대체됐기 때문이기도 하지만 전시 공산주의가 무엇보다 군사적 목적 달성에 도움이 됐기 때문이다. 전시 공산주의는 기존 상황에서 경제 생활을 체계적으로 발전시키는 문제가 아니라 전선의 군대에 꼭 필요한 식량 공급을 보장하고 노동계급의 파멸을 막는 문제였다. 전시 공산주의는 포위당한 요새 체제였다.[45]

레닌은 신경제정책NEP 실시를 결정한 1921년 3월 10차 당대회에서 보고하면서 전시 공산주의가 불가피했다고 거듭 강조했다.

우리가 전례 없는 폐허 상황에서 벗어날 다른 방법은 없었습니다. 당시 우리는 큰 전쟁[제1차세계대전] 뒤에 벌어진 내전에서 살아남아야 했습니다. 우리는 정책을 추진할 때 오류를 범했을 수 있고 어떨 때는 극단으로 치우쳤을 수 있다고 분명히 말해야 합니다. 그러나 당시의 전쟁 상황에서 우리의 정책은 대체로 올바른 것이었습니다. 우리는 심지어 잉여 비축품을 모두 보상 없이 몰수하는 조처를 포함해 즉각적이고 대대적인 독점에 의존하는 것 말고는 달리 대안이 없었습니다. 우리가 과제를 해결할 수 있는 방법은 그것뿐이었습니다.[46]

그리고 1921년 4월 21일에 쓴 소책자 ≪현물세≫에서 신경제정책을 설명하면서 레닌은 다음과 같이 반복했다.

우리에게 전시 공산주의를 강요한 것은 전쟁과 폐허였다. 전시 공산주의는 프롤레타리아의 경제적 과제에 부합하는 정책도 아니었고 그럴 수도 없었다. 그것은 임시방편이었다.[47]

전시 공산주의 정책을 두고 비판이 많지만, 이 정책 덕분에 소비에트 러시아가 경제 붕괴와 노동자, 농민의 고통에도 불구하고 살아남을 수 있었다는 것은 분명하다. 전시 공산주의 덕분에 소비에트 정부는 충분히 힘을 결집하고 혁명적 대중의 에너지와 영웅적 노력을 가장 긴급하고 중대한 과제에 집중시킬 수 있었다.

08 영웅적 비극

혁명의 발전

"프롤레타리아의 조직화라는 기적은 반드시 이뤄져야 한다." 레닌의 이런 생각이 노동계급의 승리에서 열쇠 구실을 했다. 1917년과 이후의 시기에 볼셰비키의 정책은 주로 대중의 창의력을 일깨우(고 지도하)는 데 초점이 맞춰져 있었다. 권력을 장악해서 수호하고 강화하는 3년 동안 프롤레타리아는 전례 없이 고통스런 굶주림, 혹한, 끊임없는 위험에 처했는데도 엄청난 용기와 자기희생을 보여 주었다. 정권이 실제로 위험에 빠질 때마다 수많은 프롤레타리아가 자원해서 전선으로 떠나거나 후방에서 자발적 노동에 참여했다. 사실, 전체 노동조합원의 절반이 적군赤軍에 자원입대했고 수천 킬로미터의 전선에 배치돼 싸우다 죽어가면서 다른 사람들에게도 어떻게 죽어야 하는지를 가르쳐 주었다. 프롤레타리아의 혁명적 이상주의는 정말 유례없는 것이었다. 펠트[양털 같은 짐승의 털로 만든 천] 신발을 신고 더러운 리넨[아마의 실로 짠 얇은 직물] 옷을 걸친 채 거의 굶어 죽어가는 사람들이 자유를 위해 엄청나게 영웅적으로 투쟁했다. 레닌이 1920년 3월 다음과 같이 말한 것은 당연했다.

우리가 지주들과 자본가들을 전복할 수 있었던 것은 적군 병사들, 즉 노동자·농민이 자신의 핵심적 이익을 위해 투쟁하고 있다는 사실을 스스로 알고 있었기 때문입니다.

우리가 승리할 수 있었던 것은 전체 노동계급과 전체 농민 중에서 최상의 사람들이 착취자들에 대항하는 전쟁에서 비할 데 없는 영웅적 행동을 보여주고, 용감하게 기적을 이뤄내고, 엄청난 결핍 상태를 견뎌내고, 크나큰 희생을 치르고, 도적들과 겁쟁이들을 제거했기 때문입니다.[1]

노동계급이 '항복하느니 차라리 죽겠다!'는 단호한 의지를 굳건히 고수한 것은 역사적 요인일 뿐 아니라 승리의 결정적 요인이기도 합니다.[2]

엄청나게 더 잘 무장한 군대와 싸워 적군이 승리할 수 있었던 것은 프롤레타리아의 영웅적 노력과 소비에트 권력을 지키려는 불굴의 의지 덕분이었다. 내전 기간은 온갖 불행과 비극이 끊이지 않았음에도 파괴의 시기였을 뿐 아니라 창조와 용기, 희망이 강력하게 분출한 시기이기도 했다.

혁명 기간과 소비에트 권력 강화 시기에 당은 무엇보다 대중의 열망에 의존했다. 볼셰비키가 권력을 장악하는 순간에 열린 제2차 전 러시아 소비에트 대회에서 레닌은 "우리는 대중이 창조적 능력을 자유롭게 발휘할 수 있도록 철저히 보장해야 합니다" 하고 연설했다. 며칠 뒤 그는 다음과 같이 말했다. "기층의 창조적 활동이 새로운 공적 생활의 기본 요인이다. …… 생동하는 창조적 사회주의는 대중 자신의 산물이다."[3] 그리고 1917년 11월 6일(19일) 치 〈프라우다〉에 실린 호소문에서 레닌은 다음과 같이 썼다.

동지들, 노동 대중 여러분! 이제 여러분 자신이 국가의 주인이라는 사실을 명심하십시오. 여러분이 스스로 단결해서 국정 전반을 여러분 손으로 처리하지 않으면 아무도 여러분을 도와주지 않을 것입니다. …… 여러분 스스로 일을

처리하십시오. 당장 밑에서부터 시작하고, 다른 누군가가 해 줄 때까지 기다리지 마십시오.[4]

그 전에는 노동계급이 거대한 나라의 지배계급이 된 적이 한 번도 없었고 혁명적 계급이 국내외의 강력한 연합군에 맞서 끈질기게 영웅적으로 싸운 적도 없었다. 세계 역사상 최초로 노동자 공화국이 프롤레타리아와 그 당의 가장 단호한 조처들 덕분에 살아남았다. 나중에 레닌은 당시를 돌이켜보며 다음과 같이 말했다.

노동자, 농민의 권력을 지켜낸 것은 기적이었습니다. 신이 내려 준, 하늘에서 떨어진 기적이라는 말이 아닙니다. 노동자, 농민이 아무리 억압받고 모욕당하고 망가지고 기진맥진했어도 혁명이 노동자들과 함께 전진했기 때문에 부유하고 교육 수준도 높고 선진적인 국가보다 혁명의 힘이 훨씬 더 강력했다는 뜻에서 기적이라는 말입니다.[5]

그토록 짧은 기간에 사회구조가 그토록 급격하게 변모한 것은 사상 유례없는 일이었다. 반봉건적 토지 소유 관계의 청산은 프랑스 혁명 때보다 훨씬 더 철저했다. 사실상 모든 공장, 광산, 그 밖의 값비싼 천연 자원이 노동자 국가의 소유가 됐다.

혁명은 마르크스가 '이데올로기적 상부구조'라고 부른 영역에도 광범한 영향을 미쳤다. 무엇보다 혁명은 노동자 대중의 끝없는 문화 욕구를 자극했다. 그래서 트로츠키는 "지금까지 혁명이 거둔 가장 큰 이익, 가장 큰 성과는 …… 노동 대중의 강력한 문화적 욕구를 일깨운 것"이라고 썼다.[6]

존 리드는 다음과 같이 썼다.

오랫동안 억눌렸던 배움에 대한 갈망이 혁명과 함께 폭발하자 표현하려는 욕구가 걷잡을 수 없이 분출했다. 혁명 후 첫 6개월 동안 스몰니 학원에서만 날마다 몇 톤, 몇 차, 몇 열차 분량의 문서들이 전국으로 쏟아져 나갔다. 물을 빨아들이는 뜨거운 모래처럼 러시아는 지칠 줄 모르고 읽을거리를 빨아들였다. 그리고 그것들은 동화책, 엉터리 역사책, 가벼운 종교 서적, 퇴폐적 삼류 소설이 아니라 사회·경제 이론서, 철학 책, 톨스토이·고골리·고리키의 작품 …… 등이었다.

온갖 연설들도 쏟아졌다. 칼라일이 말한 "프랑스에서 연설의 홍수"도 당시 러시아에 비하면 작은 개울이었을 뿐이다. 극장, 원형 광장, 학교, 술집, 소비에트 회의실, 조합 본부, 병영 …… 에서 수많은 강연, 논쟁, 연설이 진행됐다. 전선의 참호, 마을의 광장, 공장에서 수많은 모임이 있었다. …… 특히 푸틸로프 공장에서 노동자 4만 명이 일제히 쏟아져 나와 사회민주주의자들, 사회혁명당원들, 아나키스트들, 누구든지 간에 할 말이 있는 모든 사람들의 주장을 경청하는 모습은 정말 놀라웠다! 몇 달 동안 페트로그라드를 비롯한 러시아 전역의 모든 길모퉁이는 공개 연단이었다. 또, 기차와 전차를 비롯한 모든 곳에서 사람들은 즉석 논쟁을 벌였다.[7]

세르주는 다음과 같이 회상했다.

끔찍한 불행이 …… 닥쳤어도 공공 교육은 엄청난 자극을 받았다. 러시아 전역에서 지식에 대한 열망이 강렬하게 분출하자 새로운 학교, 성인교육 기관, 대학교, 노동자대학이 도처에서 설립됐다. 신선하고 창의적인 수많은 조처들 덕분에 완전히 새로운 배움의 영역이 열렸고 전례 없는 학습 방법이 개발됐다. 지능 발달이 늦은 아동을 위한 교육 기관이 설립됐고, 취학 전 아동 교육 기관들의 네트워크가 창설됐고, 노동자들이 이해할 수 있는 중등 교육을 제공하는 노동자 대학과 특수 단기 교육 과정들이 개설됐다. 곧이어 대학교가 장악되기 시작했다. 개인 소장품이 몰수돼서 박물관을 가득 채우기도 했다. 특기할 만한 점은 그렇게 많은 예술 작품을 몰수하는 과정에서 분실된 주요 작품이 단 하나도 없을 만큼 아주 정직하고 신중하게 진행됐다는 것이다.[8]

새로운 도서관들이 설립됐고, 러시아 주요 고전 문학 작가들의 작품이 대형 판형으로 저렴하게 보급됐고, 초등학교 제도를 확대하려는 노력이 있었다.[9]

많은 노동자들이 극장으로 몰려들었다.

이제 더는 매표 실적에 연연하지 않게 된 극장은 밤늦게까지 사람들로 북적대며 활기가 넘쳤다. …… 남루하고 초라한 옷차림의 프롤레타리아가 극장의 객석을 가득 메웠다. …… 모스크바의 노동자들은 극장의 눈부신 조명 아래 매혹적인 공연을 마음껏 즐기다가 밖으로 나와 주린 배를 움켜쥐고 백야의 먼지 속으로 사라졌다.[10]

혁명 직후에는 화가나 조각가도 활기가 넘쳤고, 한동안 미래파와 입체파가 담벼락이나 도로 등을 자신들의 작품으로 장식하며 맹활약을 했다. 트로츠키는 다음과 같이 썼다.

대중은 여전히 온 신경이 곤두서 있었고, 천 년 만에 처음으로 자신의 생각을 거침없이 표현하고 있었다. 가장 뛰어난 청년 예술가들은 모두 주체할 수 없는 감동을 느끼고 있었다. 희망과 용기가 충만했던 혁명 초기 몇 년 동안 가장 완벽한 사회주의 입법 본보기뿐 아니라 가장 훌륭한 혁명 문학 작품들도 탄생했다. 같은 시기에 탁월한 소비에트 영화들도 만들어졌다. 그 영화들은 기술적 수단이 빈약했는데도 현실을 다루는 신선하고 강렬한 방식으로 전 세계인의 상상력을 사로잡았다.[11]

혁명은 무엇보다 노동자들의 개성을 일깨웠다. 1845년에 엥겔스는 "모든 사람이 자신의 인간적 본성을 자유롭게 발전시키고 이웃들과 인간적 관계 속에서 살아갈 수 있는 조건"을 창출하는 것이 사회주의의 핵심이라고 주장했다.[12] 러시아 혁명기에 피억압자들의 영혼은 더 순수하고 더 나은 삶을 갈구했다. 그래서 트로츠키는 다음과 같이 예리하게 혁명을 규정했다.

혁명은 무엇보다 (개성이 전혀 없는 존재로 취급되던) 대중의 개성을 일깨우는 것이다. 가끔은 잔인하고 살벌하고 무자비한 방법들이 사용되기는 하지만 혁명은 무엇보다 인간성의 각성, 인간성의 발전이다. 그리고 모든 개인의 존엄성을 존중하고 약자에게 관심을 기울이는 경향이 더욱 증대하는 것이 혁명의 특징이다.[13]

어제까지만 해도 대중은 아무것도 아니었고, 차르·귀족·관료의 노예였고, 기계의 …… 부속물이었고 …… 짐을 나르는 동물에 불과했다. …… 오늘 스스로 해방된 대중은 자신의 정체성을 날카롭게 깨닫고 있고 자신이 세계의 중심 …… 이라고 생각하기 시작했다.[14]

레닌의 혁명적 현실주의

노동자 대중의 활기를 보면 그들이 무엇을 달성하려 하는지를 알 수 있다. 노동자들은 낡은 질서의 물질적·문화적 유산을 바탕으로 대장정을 시작한다. 레닌은 항상 혁명적 이상을 추구하는 단호하고 끈질긴 투쟁과 현실주의

감각을 결합시켰고, 머리는 구름 속에 두고 발은 굳건하게 땅을 딛고 서 있었다. 그래서 노동자들의 원대한 염원과 현실의 문화적·물질적 빈곤 사이의 날카로운 모순을 분명히 느낄 수 있었다. 레닌은 혁명의 운명이 이 모순과 모순의 발전에 달렸음을 잘 알고 있었다. 거대한 투쟁들이 그 모순의 해결 방향을 결정할 터였다.

혁명 이후의 시기에 레닌은 대담하게 구상하면서도 그 구상을 신중하게 적용하는 탁월한 능력을 보여 주었다. 객관적 상황을 분명히 이해했기에 볼셰비키당과 당 지도부는 투쟁의 우여곡절 속에서도 자신감과 인내심을 유지할 수 있었다.

레닌은 볼셰비키가 통치할 준비가 거의 돼 있지 않았다고 거듭거듭 말했다. 그래서 1919년 3~4월에 쓴 소책자 ≪소비에트 정부의 성과와 곤경≫에서 다음과 같이 말했다.

우리가 가진 과학은 기껏해야 선전가와 선동가의 과학, 즉 공장 노동자나 굶주린 농민의 매우 가혹한 운명으로 단련된 사람의 과학, 투쟁 속에서 오랫동안 참고 견디는 법을 가르쳐 주는 과학이다. 이 과학이 지금까지 우리를 구해 주었다. 이 모든 것은 필요하지만 그것만으로는 충분치 않다. 그것만으로는 우리가 승리할 수 없다.[15]

볼셰비키는 경제를 어떻게 관리해야 할지 잘 몰랐다. 레닌은 1919년 3월 18일 당대회에서 다음과 같이 말했다.

처음에 우리는 그런 문제를 완전히 추상적으로 이해했습니다. 일을 어디서 시작해야 할지 전혀 모르는 혁명적 훈계자처럼 이해한 것입니다. 그래서 당연히 많은 사람들이 우리가 이 일을 어떻게 끝낼지도 모른 채 일을 시작했다고 비난했습니다(그리고 오늘날 모든 사회주의자들과 사회민주주의자들이 우리를 비난하고 있습니다). 그러나 이런 비난은 삶의 활기를 잃어버린 사람들이 하는 터무니없는 비난입니다. 그들은 마치 혁명을 어떻게 완수할지를 미리 알고서 위대한 혁명을 시작할 수 있다는 듯이 말합니다! 그런 지식은 책에서 얻을 수 있는 것이 아닙니다. 우리의 결정은 오직 대중의 경험에서만 나올 수 있습니다. 그리고 저는 우리가 믿을 수 없을 만큼 어려운 와중에도 우리에게 익숙지 않은 문제를 해결하기 시작하고 프롤레타리아 대중에게 그들 자신의 창의력을 발휘하도록 고무한 것은 칭찬받아 마땅한 일이라고 생각합니다.[16]

무엇보다 필요한 것은 끈기와 인내, 오류를 기꺼이 인정하고 바로잡으려는 자세였다. 레닌과 그의 동료들은 이런 자질을 유감없이 보여 주었다.

100번 실험하고 100번 바로잡을 수 있는, 그러나 무슨 일이 있어도 목표를 달성할 수 있는 끈기·인내·의지·결단·능력, 이런 …… 자질 덕분에 프롤레타리아는 확실히 승리할 것이다.[17]

거대한 나라의 정부를 이끄는 경험 없는 당에 필요한 것은 현실과 정면으로 대결하려는 태도였다.

우리는 위험을 직시하기를 두려워하지 않기 때문에 우리의 투쟁 역량을 가장 잘 활용할 수 있다. 우리는 아주 냉철하게, 신중하게, 조심스럽게 기회들을 비교 평가한다.[18]
　　우리의 강점은 국내외의 계급 세력 균형을 철저하고 분명하고 냉철하게 평가한다는 것이다. 그리고 지칠 줄 모르는 에너지와 강철 같은 의지로 투쟁에 헌신한다는 것이다.[19]

낙관주의에 도취해서도 안 되고 비관주의의 늪에 빠져서도 안 된다. "비관주의? 낙관주의? 세력 균형 평가! 냉철한 분석과 열정적 헌신."[20] 1921년 3월 말과 4월 초에 레닌은 그렇게 썼다.

러시아 프롤레타리아 독재의 가혹한 상황

프랑스 혁명 당시 프랑스는 세계에서 영국 다음으로 경제·문화 발전 수준이 높은 나라였다. 러시아 혁명은 유럽에서 아주 후진적인 나라 가운데 하나에서 일어났다. 그리고 처음부터 러시아 부르주아지는 세계 자본주의의 지원에 의존하면서 가혹한 반혁명 조처들을 취했다. 반혁명과 내전의 압력 때문에 볼셰비키는 전시 공산주의라는 매우 가혹한 경제 정책을 펼 수밖에 없었다.

그래서 러시아의 프롤레타리아 독재는 대부르주아지뿐 아니라 프티부르주아지와 농민 대중에게도 무기를 겨눌 수밖에 없었다. 프롤레타리아가 소수이고 특히 프롤레타리아와 농민이 뚜렷이 구분되지도 않고 굶주림과 혹한이 노동자들의 신경을 갉아먹고 있었으므로 프롤레타리아 독재는 대부르주아지나 프티부르주아지, 농민뿐 아니라 프롤레타리아 자체와도 대립할 위험이 있었다. 이야기를 앞질러서 하자면, 1920년 1월 22일 [러시아 공산당] 중앙위원회는 다음과 같은 내용의 테제를 채택했다.

> 사회 발전의 이행 국면에 있고 고통스런 과거의 유산 때문에 더 어려워진 사회에서는 기생적 집단이나 농민의 후진적 부위, 심지어 노동계급 자체에도 강제 조처를 적용하지 않으면 사회화된 노동을 계획적으로 조직할 수 없다.[21]

그런 불리함 때문에, 러시아 프롤레타리아는 사회에 대한 독재뿐 아니라 자신에 대한 독재도 실시할 태세가 돼 있었다. 산업이 붕괴해서 프롤레타리아 자체가 거의 존재하지 않게 됐다는 사실이 프롤레타리아 독재의 집단적·민주적 토대를 더한층 약화시켰다.

마르크스에게 혁명은 프롤레타리아가 사회를 변화시키기 위해 스스로 변모하고 성숙하는 데 반드시 필요한 조건이었다. "따라서 혁명이 필요한 이유는 다른 방법으로는 지배계급을 전복할 수 없기 때문이기도 하지만 지배계급을 전복하는 계급 자체가 오직 혁명 속에서만 낡은 오물들을 씻어내고 새 사회를 건설하는 데 적합하게 될 수 있기 때문이다."[22]

그런데 '낡은 오물'은 너무 많고 프롤레타리아는 너무 적어서, 그리고 혁명 과정에서 너무 취약해져서 프롤레타리아 자신이 혁명적으로 변모하지 못한다면 어찌될 것인가?

내전 기간의 러시아 프롤레타리아에게는 영웅적 행동과 비열함, 후진성과 잔인함이 뒤섞여 있었다. 트로츠키의 말을 빌리면, "우둔한 잔혹성과 최고의 혁명적 이상주의"가 뒤섞여 있었다.[23] 당시의 소설들을 보면 이런 이중성을 어디서나 확인할 수 있다. 이사크 바벨의 소설들은 격정, 잔인함, 두려움, 맹목적 폭력과 뒤섞인 혁명적·영웅적 행동을 잘 보여 준다. 소설 모음집인 ≪붉은 기병대The Red Cavalry≫에서 바벨은 동료들이 죽을 때 칼을 휘두르면서 "세계 혁명 만세!" 하고 외치는 장면을 묘사한다. 그러나 때로는 역겹고 상스러운 구호를 외치거나 바보 같은 농담을 주고받다가 죽기도 했다. 이런 소설에 나오는 영웅담은 코사크 기병대의 끔찍하고 잔혹한 행동과 딱 맞는다. 그래서 "베레스테치코Berestechko"라는 소설에서 바벨은 벨로루시의 황폐해진 마을에서 퇴각하던 폴란드 군대에게 살해당한 임산부와 노인들의 시체더미 사이에서 동료인 붉은 코사크 쿠드리야Kudrya가 유대인의 목을 치는 장면을 묘사한다. 그 유대인은 스파이 혐의로 고발당했는데, 영웅적인 병사들이 역겹게도 유대인을 혐오하는 말들을 내뱉는다. 예컨대, "우리가 마이코프 시에서 뭘 봤지? 후방의 정신 상태는 전선과 사뭇 다르고, 구체 제 시절과 마찬가지로 아직도 반역자들과 더러운 유대인 놈들이 도처에 득실거린다는 것 아니었나?" "소금"이라는 소설에서는 한 병사가 농민 여성이 자신을 속이고 열차에 몰래 타려 했다는 이유로 그 여성을 살해한다. 그 이야기를 하면서 병사는 다음과 같이 말을 끝맺는다. "그래서 나는 벽에 걸려 있던 믿음직한 내 소총을 꺼내 들고 노동자들의 영토와 공화국에서 그 얼룩을 깨끗이 지워버렸지." 바로 이 병사들이 동지들과 혁명의 대의를 위해 목숨까지 바치는 영웅으로 변신했다. 트로츠키는 다음과 같이 썼다. "평상시에는 …… 계급의식이 일상적 관심사에 묻혀 흐려지고 엉뚱한 데로 향한다. 그리고 노동계급 내 다양한 집단의 이해관계와 견해 차이가 두드러져 보인다. 그러나 곧바로 중대한 사건들이 일어나서, 격렬한 혁명의 학교를 통과한 노동계급의 강력한 단결을 밝히 보여 준다."[24]

자본주의 사회에서 태어나고 자란 대중이 이 사회의 오물에서 자유롭지는 않을 것이다. 레닌은 다음과 같이 썼다. "부르주아 사회의 시체를 그냥 관에 넣어 묻을 수는 없다. 자본주의의 시체는 우리들 사이에서 썩어가며 분해되고 있다. 그러면서 공기를 오염시키고 우리의 삶을 망치고 있다. 낡고 부패하고 사멸하는 것들이 마치 수천 가닥의 실과 끈처럼 신선하고 젊고 튼튼한 것들과 뒤엉켜 그들을 옥죄고 있다."[25]

사람들의 부정적인 측면을 묘사한 이사크 바벨의 소설과 데미얀 베드니의 시를 읽으면서 또는 장화를 깨끗이 닦아야 한다거나 담배꽁초를 바닥에 버려서는 안 된다거나 욕설을 하지 말아야 한다고 주장하는 트로츠키의 글을 읽으면서 "보라, 혁명이 얼마나 부적절했는지, 그리고 대중이 얼마나 우둔했는지를!" 하고 말하는 사람들도 있을지 모르겠다. 그러나 사실은 정반대로 말해야 할 것이다. 기근에 시달리고 죽음을 목전에 둔 상황에서도 대중의 행동이 얼마나 숭고했는지를 보라고 말이다. 대중은 자본주의의 야만적 유산을 간직한 채 차르 체제의 빈곤과 암흑에서 빠져나오고 있었고 권력을 장악하거나 행사한 경험도 전혀 없었다.

영웅적 비극은 당의 운명도 마찬가지였다. 혁명 정당이 혁명의 승리에 반드시 필요하다는 사실은 당과 계급의 결속 필요성도 보여 주지만 의식과 조직화의 수준에서 전위와 계급이 불일치한다는 것도 보여 준다. 당은 계급의 전위를 조직해서 당이 계급 전체에서 차지하는 비중을 강화한다. 그러나 당은 전능한 존재가 아니고, 당의 영향력은 프롤레타리아의 활력과 능력이 어느 정도냐에 달려 있다. 프롤레타리아의 해체 과정이 당에 근본적 영향을 미쳤다는 것은 분명하다. 의지력에는 한계가 있기 마련이고 가장 굳건한 혁명가들의 용기에도 한계는 있다.

끔찍한 굶주림, 혹한, 죽음의 고통 속에서, 국제 반혁명 세력들이 공격해 오고 러시아 프롤레타리아의 규모와 경제적·정치적 비중이 감소하는 상황에서, 프롤레타리아 민주주의가 발전할 수 있을까? 심지어 존속할 수조차 있었을까? 노동자들에게 자유를 가져다준 소비에트 기구들은 어떤 영향을 받았을까? 당의 운명은 어떻게 될 것인가? 국제 프롤레타리아가 러시아 혁명을 구하려고 달려왔지만 너무 늦었다면 어찌 될 것인가?

러시아 혁명을 노래한 탁월한 소비에트 시인인 블라디미르 마야콥스키는 다음과 같은 시를 썼다.

우리는 영웅적 행동을 하련다,
신의 행위보다
세 배나 더 어려운 행동을.
신은 무에서 유를 창조했지만,
우리는 공상에 빠지지 않고
낡은 것을 다이너마이트로 폭파시킬 것이다.

그러나 다이너마이트로도 낡은 것을 폭파시키지 못한다면 어찌 될 것인 가? 야만적인 차르 체제의 유산이 너무 강력해서 사회주의라는 작고 어린 나무가 도저히 자라나지 못한다면 어찌 될 것인가?

꿈과 현실

레닌은 현실을 직시하는 태도와 가장 위대한 비전을 결합시킨 혁명적 현실주의자였다. 그의 영웅은 실리적이고 상식적인 산초 판사도 아니었고 공중누각을 건설하는 돈키호테도 아니었다. 레닌은 공산주의적 목표와 당면한 혁명의 필요를 분명히 구분하는 법을 알고 있었다. 마르크스와 마찬가지로 레닌에게도 사회주의는 풍족한 물질적 재화를 바탕으로 한, 계급과 국가가 없는 자치 공동체였다. 사회주의 사회에서는 "개인의 자유로운 발전이 모든 사람의 자유로운 발전의 조건"이 될 터였다.(≪공산당 선언≫) 독재, 국가 계획, 경제 성장, 효율성, 철의 규율, 이 모든 것은 목적을 달성하기 위한 수단이지 목적 자체는 아니었다(물론 레닌은 그런 수단을 결코 회피하지 않았다). 레닌은 사회주의로 가는 길이 실제로는 매우 험난할 것이라는 점을 잘 알고 있었다.

그는 자유의 왕국으로 도약하려면 이행기, 그것도 매우 혹독한 이행기를 거쳐야 할 것이라고 강조했다.

사회주의의 스승들이 자본주의에서 사회주의로의 이행기를 말하고 새 사회의 탄생을 위한 '오랜 산고産苦'를 강조한 것은 이유가 있었다. 그리고 이 새 사회는 사회주의 국가를 건설하려는 다양하고 불완전한 구체적 노력들을 거쳐야만 존재할 수 있는 추상이다.[26]

레닌은 새로운 사회주의 사회의 탄생을 출산에 비유했다.

에밀 졸라의 ≪삶의 기쁨La Joie de vivre≫이나 베레사예프의 ≪의사의 고백 Notes of Doctor≫ 같은 문학작품에서 작가가 출산의 격렬한 고통과 아픔, 공포를 사실적으로 묘사한 장면을 떠올려 보라. 인간의 출산은 여성을 인사불성의 피투성이로 만들고 고통과 괴로움에 거의 미치게 만든다. 그러나 인간의 사랑과 그 결실에서, 여성이 어머니로 바뀌는 과정에서 오직 이런 출산의 고통만을 보는 '사람'이 있다면 그를 인간이라고 할 수 있을까? 누가 과연 그런 이유로 사랑과 출산을 포기하려 할까?

출산은 순산일 수도 있고 난산일 수도 있다. 과학적 사회주의의 창시자인 마르크스와 엥겔스는 항상 자본주의에서 사회주의로 이행하는 데는 불가피하게 오랜 산고가 따를 것이라고 말했다. 그리고 엥겔스는 전쟁의 여파로 전후에 일어난 혁명은 **특별히 고통스런 출산**에 해당한다(전쟁 중에 일어나고 세계대전 와중에서도 살아남아 성장해야 하는 혁명 — 우리의 혁명이 그렇다 — 은 말할 것도 없다)는 명명백백한 사실을 간단명료하게 지적했다.[27]

소비에트 러시아에서는 희망이 절망으로 바뀌었다. 프롤레타리아가 급감하고 국가와 당이 대부분 관료화하면서 승리의 수단이었던 프롤레타리아 독재가 자신을 부정하게 됐다.

오래 전의 마르크스, 엥겔스와 마찬가지로 레닌도 수단이 목적을 완벽하게 보여 주지는 않는다는 것, 수단과 목적 사이에, 프롤레타리아 독재와 완전히 발전한 사회주의, 즉 공산주의 사이에는 모순이 있을 수밖에 없다는 것을 알고 있었다. 혁명은 계급사회의 산물이므로 혁명에는 반드시 계급사회의 특징이 나타나기 마련이다. 혁명은 사회주의가 아니라 자본주의, 미래가 아니라 과거와 현재를 반영한다. 프롤레타리아 독재는 부르주아 반혁명에 맞서 싸워야 한다. 따라서 반혁명에 타격을 가하려면 프롤레타리아 독재는 부르주아 반혁명과 대칭적일 수밖에 없다. 그러나 **수단과 목적**의 괴리에도 불구하고 둘을 연결하는 핵심이 없다면 수단은 목적 달성에 도움이 되지 않을 것이다. 트로츠키가 ≪저들의 도덕과 우리의 도덕≫이라는 소책자에서 수단과 목적의 관계를 두고 한 말을 빌리면, "밀 이삭을 수확하려면 밀 씨앗을 뿌려야 한다." 땅을 갈아엎는 쟁기는 밀 씨앗이 싹트고 자라는 데 도움을 줄 수 있겠지만 쟁기 자체가 자라서 밀이 되지는 못한다. 마찬가지로, 자본주의 반혁명을 분쇄하려면 체카가 반드시 필요하지만 이 기구가 미래의 사회주의를 보여 주는 것도 아니고 체카 안에 사회주의 씨앗이 들어 있는 것도 아니다. 불행히도 쟁기만으로는 밀을 생산할 수 없다. 노동계급의 해방은 노동계급의 행동으로만 이룰 수 있다. 따라서 어느 정도 폭력을 수반하고, 부르주아지와 그 하수인들의 시민권을 어느 정도 억압하고, 정치적 자유를 어느 정도 제한하는 혁명은 있을 수 있지만, 러시아 역사가 결국 입증했듯이, 노동자 민주주의(비록 제한적이고 왜곡된 것일지라도) 없는 혁명은 결코 있을 수 없다. 사회주의의 발전을 가늠하는 잣대는 노동자들의 자유, 노동자들이 자신의 운명을 결정하는 능력, 대중의 물질적·문화적 복지 수준이다. 노동자 민주주의가 없다면 수단이 사뭇 다른 목적, 이 똑같은 수단이 예고한 다른 목적에 이용될 것이다.

괴테의 ≪파우스트≫ 제2부에서 파우스트는 '자유롭게 노동하는' '수많은 사람들'과 함께 갯벌을 간척하고 그곳에 정착해서 '자유로운 땅에서 자유로운 사람들과 함께 지내기'로 결심한다. 그러나 갯벌을 간척하는 과정에서 파우스트는 간척하는 사람들을 우둔한 노예 취급한다.

이 위대한 과업을 신속하게 완수하려면
수천의 손발을 부리는 머리 하나로 충분하다.

파우스트는 당근과 채찍을 모두 사용해서 노동자들이 최대한의 성과를 올리도록 닦달한다. 그리고 현장 감독인 메피스토펠레스를 독려한다.

무슨 방법이든지 간에
최대한 많은 인부를 긁어모아라.
때로는 쾌락으로 달래고 때로는 엄벌을 내려라.
돈을 뿌리고, 살살 구슬리고, 쥐어짜기도 해라!
이 새 수로, 이 거대한 도랑을 파는 작업이 얼마나 진척됐는지
날마다 나에게 보고하라.

따라서 '자유로운 사람들'의 미래 공동체는 파우스트의 목적이지만 일하는 사람들을 농노처럼 부리는 것은 메피스토펠레스의 수단이다. 둘 사이의 연결 고리는 계몽 전제군주에 대한 파우스트의 신념이다. '수천의 손발을 부리는 머리 하나로 충분하다.' 그러나 그러면 수단이 목적을 삼켜 버리고, '도랑'이 '무덤'이 되지 않을까?

레닌은 분명히 프롤레타리아를 지배하는 당의 독재를 요구하지 않았다. 관료화한 당이 급감하는 프롤레타리아에게 독재를 행사할 것을 요구하지 않은 것은 말할 나위도 없다. 그러나 운명, 즉 세계 자본주의에 포위당한 후진국 혁명의 절망적 상황은 바로 그런 결과를 초래했다.

수단과 목적의 문제는 추상적 문제가 아니라 아주 절박한 현실의 문제로 레닌의 생애 마지막 몇 달 동안 그를 거듭거듭 괴롭혔다. 당시 그는 발작을 일으키고 거의 죽었다가 살아날 때마다 자신이 무엇을 남겨 줄 것인지를 고민했다. 그가 마지막으로 몸을 움직일 수 있었던 시기에 진술하거나 연설하거나 메모한 기록을 보면, "내 잘못이다", "내가 저지른 또 다른 오류를 바로잡아야 한다", "내 탓이다" 같은 표현을 거듭거듭 찾아볼 수 있다.[28] 그리고 그 절정은 1922년 12월 30일 그가 비서에게 마지막으로 구술한 말이다. "나는 러시아 노동자들과 관련해서 내가 매우 부주의하고 태만했다고 생각한다."[29]

국가와 당 기구는 분명히 레닌이 원하거나 기대하지 않은 방향으로 나아가고 있었다. 그래서 1922년 3월 11차 당대회(레닌이 참석한 마지막 당대회)에서 그는 다음과 같이 말했다.

[국가·당] 기구는 자신을 지도하는 손을 따르지 않았습니다. 그것은 마치 운전자가 원하는 방향이 아니라 다른 누군가가 원하는 방향으로 가고 있는 자동차와 비슷합니다. 뭔가 신비하고 제멋대로 움직이는 손, 아무도 모르는 누군가의 손이 그 자동차를 몰고 있는 것처럼 말입니다. …… 어쨌든, 그 자동차는 운전대를 잡은 사람이 원하는 방향이 아니라 전혀 엉뚱한 방향으로 가기 일쑤입니다.[30]

레닌은 현실을 직시하기를 회피하지 않았다. 내전 말기에 그는 다음과 같이 말했다. "러시아가 전쟁에서 빠져나올 때의 상황은 사람이 마구 두들겨 맞아서 목숨이 경각에 달린 상태와 비슷했습니다. 그 폭행은 7년 동안 계속됐고, 그 사람이 목발을 짚고 절뚝거리며 걸을 수 있는 것만 해도 다행이었습니다! 지금 우리의 상황이 그렇습니다."[31]

그는 경제 붕괴, 프롤레타리아의 해체, 국가기구와 당의 관료화를 목격했지만, 그 절정이 고전 그리스 비극에서처럼 숙명적 재앙이 될지 아니면 괴테의 ≪파우스트≫에서처럼 꿈과 희망이 재앙을 피하고 국제 노동계급이 제때 달려와 구해 줘서 어떻게든 승리를 거둘 수 있을지를 끝까지 확신할 수 없었다. 그러나 국제 혁명은 매우 늦게 찾아왔다. 레닌은 생애 말년에 비극적 좌절을 겪게 된다.

우리 귀에 대고 약속의 말을 속삭이더니,
우리가 희망을 품으니 그 약속을 깨뜨리는구나.[32]

09 전시 공산주의 시기의 프롤레타리아

프롤레타리아가 투쟁 속에서 자신을 불사르다

산업이 붕괴하자 노동자 수가 급감했다. 내전 기간에 학살이 벌어지고, 도시 주민들이 대거 농촌으로 이주하고, 정치적으로 가장 선진적인 노동자들이 새 국가기구, 소비에트, 군대, 체카 등 공공 기관이나 기업체 경영 부서에서 직책을 맡게 되자 노동자 수가 더욱 급감했다. 산업 노동자 수는 1917년 302만 4000명에서 1921~1922년 124만 3000명으로 58.7퍼센트 감소했다.[1]

산업 노동자 수의 급감은 특히 페트로그라드에서 두드러졌다. 10월 혁명 당시 40만 명이었던 페트로그라드의 공장 노동자는 1918년 4월 1일 12만 495명으로 감소했고, 그중에 4만 8910명이 실업자였다. 따라서 취업 노동자 수는 모두 합쳐도 7만 1575명에 불과했다.[2]

이렇게 노동자 수가 급감하자 볼셰비키 지도자들은 경악했다. 지도적 볼셰비키 노동조합원인 Y E 루주탁은 1919년 1월 제2차 전 러시아 노동조합 대회에서 다음과 같이 경고했다. "우리는 많은 산업 중심지에서 공장의 생산 단축으로 말미암아 노동자들이 대거 농민으로 변신하는 것을 목격하고 있습니다. 그리고 우리에게 오는 사람들은 노동자들이 아니라 반쯤 농민이거나 때로는 진짜 농민들입니다."[3]

마찬가지로 레닌도 1919년 3월 18일 8차 당대회에서 무거운 마음으로 다음과 같이 말했다. "지난해에 러시아를 실제로 다스리고 우리의 정책을 직접 집행한 사람들은 상층 노동자들이었는데, 우리의 주요 지지 기반이었던 이 층이 매우 얇아졌습니다."[4] 그리고 내전이 끝난 지 얼마 뒤에 그는 과거를 돌이켜보며 다음과 같이 말했다. "우리가 창설한 군대와 국가기구가 1917~1921년의 시련을 견뎌내는 데 성공한 것은 대단한 성과입니다. 그러나 이 과정에서 '노동계급의 힘'도 소모되고 소진돼 버렸습니다."[5]

프롤레타리아의 감소는 양적인 측면뿐 아니라 질적인 측면도 있었다. 앞서 말했듯이, 산업 노동자 수는 약 300만 명에서 125만 명으로 감소했지만, 산업 노동자 대열에서 이탈한 사람 수는 175만 명보다 훨씬 더 많았다. 레닌은 그 이유를 다음과 같이 설명했다. "전쟁 시작 이후 러시아 산업 노동자들은 전보다 훨씬 덜 프롤레타리아적인 계급으로 변모했다. 왜냐하면 전쟁 기간에 병역 의무를 피하려는 사람들이 모두 공장으로 몰려들었기 때문이다. 이것은 널리 알려진 사실이다."[6] 그래서 1921~1922년에 많은 노동자가 실제로는 과거에 학생이었거나 소매상이었거나 그들의 자식이었다. 가장 많이 감소한 노동자 집단은 1917년 당시 볼셰비키의 주요 기반이었던 금속 노동자들이었다.

식량 부족 때문에 노동자들은 통일된 집단적 계급이라기보다는 소상인 개인처럼 행동할 수밖에 없었다. 1919~1920년에 도시에서 소비된 곡물 가운데 국가가 공급한 것은 42퍼센트뿐이었고 다른 식료품의 경우는 그보다 훨씬 적었으며, 나머지 곡물과 식료품은 모두 암시장을 통해 공급된 것이었다.[7] 노동자 임금은 변변찮은 식량을 사기도 힘들 만큼 부족했다. 그래서 1917년에 숙련 노동자는 월평균 26.75루블을 벌어서 11.57루블을 가족의 식비로 썼지만, 1918년에는 한 달에 280루블을 벌었지만 식비로만 902.25루블을 써야 했다.[8]

1919년 3~4월에 페트로그라드 노동자의 75퍼센트가 암시장에서 빵을 샀다.[9] 노동자들이 식량을 찾아 농촌을 돌아다니느라 직장에 출근하지 않는 경우가 허다했다.

내전 기간에 공장에서는 임금의 일부를 현물로 지급했다. 노동자들은 그중 일부는 자신이 직접 사용하고 나머지는 암시장에 내다 팔았다. 1918년 5월에 열린 제1차 전 러시아 국민경제위원회 대회에서 한 연사는 노동자들의 이런 관행을 집중 거론했는데, 여기서 '쪼개 팔기piece-selling'라는 말이 유래했다.

"자루 채우기[도시 주민들이 식량을 찾아 돌아다니는 것 — 지은이]는 끔찍한 악행이고 쪼개 팔기도 끔찍한 악행입니다. 그러나 노동자들의 임금을 그들이 생산한 현물로 지급해서 …… 노동자들을 쪼개 팔기 행상으로 만든 것이야말로 훨씬 더 끔찍한 악행입니다."[10] 그러나 그런 관행은 사라지지 않았고, 1918년 12월에 열린 제2차 전 러시아 국민경제위원회 대회에서는 그 관행을 못 본 척 눈감아 주는 수밖에 달리 도리가 없어서, 공장 노동자에게 현물로 임금을 지급하는 방안을 지지하는 결의안이 통과됐다. 2년 후 문제는 훨씬 더 심각해졌다.

1921년 5월 제4차 노동조합 대회에서는 산업의 붕괴와 프롤레타리아의 사기 저하가 어느 정도인지를 보여 주는 발언이 있었다. 한 연사가 공장 노동자들이 재화 생산량의 50퍼센트를 훔쳐가고 있고 노동자 평균 임금으로는 생활비의 5분의 1밖에 감당할 수 없어서 나머지 생활비는 불법 거래로 충당하고 있다고 말했다.[11]

많은 노동자들이 좀도둑질과 행상에 의존했다(유명한 소비에트 경제학자의 계산을 보면, 당시 노동자들은 소득의 5분의 2를 좀도둑질과 행상으로 벌었다).[12] 사정이 그렇다 보니 노동자들은 불가피하게 중간 상인이나 기생적 경제 집단이 될 수밖에 없었고 점차 자신의 이익만을 추구하는 경향을 보였다.

1919년 8월 24일 레닌은 다음과 같이 썼다. "산업이 마비됐다. 식량도 없

고 연료도 없고 산업도 없다."[13] 그리고 프롤레타리아의 해체를 다음과 같이
요약했다.

산업 프롤레타리아는 …… 전쟁과 절망적 빈곤과 파괴 때문에 탈脫계급화했
다. 프롤레타리아가 자신의 계급 궤도에서 이탈해서 프롤레타리아로 존재하
지 않게 된 것이다. 프롤레타리아는 대규모 자본주의 산업에서 물질적 가치
를 생산하는 일에 종사하는 계급이다. 그런데 대규모 자본주의 산업이 파괴
되고 공장이 멈춰 섰으므로 프롤레타리아도 사라지고 말았다. 가끔 통계상으
로 프롤레타리아가 집계되기는 하지만, 경제적으로 프롤레타리아가 결속하
는 일은 없다.[14]
　우리의 프롤레타리아는 대체로 탈계급화했다. 끔찍한 경제 위기와 공장
폐쇄 때문에 사람들은 굶어죽지 않으려고 도시를 떠날 수밖에 없었다. 노동
자들은 공장을 포기했다. 그들은 농촌으로 가서 살아야 했고 더는 노동자가
아니게 됐다. …… 도시와 농촌의 적절한 관계가 붕괴하고 곡물 공급이 중단
되자 대공장에서 만들어진 작은 품목들 ― 예컨대 담뱃불 붙이는 라이터 ―
을 곡물과 교환하는 거래가 시작됐다. 노동자들은 굶주리고 있었고 곡물은
공급되지 않았기 때문이다. …… 이것이 바로 프롤레타리아가 탈계급화한 경
제적 원인이고 …… 부르주아적·아나키즘적 경향의 경제적 원천이다.[15]
　우리의 비참한 현재 상황 때문에 프롤레타리아는 프롤레타리아적이지 않
은 방법, 대규모 산업과 무관한 방법으로 살아갈 수밖에 없다. 그들은 재화를
훔치거나 공공 소유 공장에서 직접 재화를 만들거나 해서 프티부르주아가
폭리를 취하듯이 물자를 손에 넣고 이것을 농산물과 교환해서 살아갈 수밖에
없다. …… [16] 그리고 프롤레타리아는 탈계급화했다. 자신의 계급 궤도에서
이탈한 것이다. 공장은 가동되지 않는다. 프롤레타리아는 약해지고 뿔뿔이
흩어지고 무기력해졌다.[17]

생산에 대한 노동자 통제

프롤레타리아가 무기력해진 상황에서, 생산을 노동자가 통제해야 한다는 볼셰비키의 구호는 실제로 어떻게 적용될 수 있었을까? 생산을 통제하는 주체의 약점 때문에 불가피하게 통제가 왜곡되거나 심지어 중단되지 않았을까? 이런 문제는 가혹한 현실에서 해결돼야 했다.

10월 혁명 전의 볼셰비키 선전에서 노동자 통제라는 개념은 일종의 타협책이었다. 즉, 노동자들이 경영진의 권력을 제한하고, 자본가 경영진이 내린 결정을 노동자들이 감시하고 심지어 방해하더라도 최종 결정권은 여전히 경영진에게 있었다. 노동자 스스로 최종 결정권을 쥐고 생산 관련 결정을 집단적으로 주도하는 상황은 '노동자 [자주] 관리'라고 불렀다. 그런데 10월 혁명 후에는 노동자 통제를 그대로 지속할 것인가 아니면 노동자 관리로 발전시킬 것인가 하는 문제가 날카롭게 제기됐다.

앞서 7장에서 말했듯이, 자본가들은 노동자 통제를 사보타주하기 위해 할 수 있는 일이라면 물불을 가리지 않았다. 그들은 자본주의 경제 관리 기구를 파괴했다. 개별 기업 수준뿐 아니라 전국 수준에서도 이런 일이 벌어졌으므로 볼셰비키는 대체 기구를 만들어 내야 했다.

노동자 통제가 노동자 관리로 대체될 수 있었을까? 불행히도, 노동자들은 자본주의에서 경영 훈련을 받지 못했으며 경제 붕괴로 노동자들 사이에서 원심력이 강해졌기 때문에, 프롤레타리아의 취약성은 노동자 통제뿐 아니라 노동자 관리의 가능성마저 약화시켰다.

원심력이 노동계급을 분열시켰다. 각 공장의 노동자들은 저마다 공장을 인수해서 마치 자신들의 재산처럼 만들었다. 노동부 기관지는 당시의 상황을 다음과 같이 묘사했다.

공장위원회는 흔히, 그리고 대부분의 경우, 특정 기업의 협소한 이익에 집착했다. 공장위원회가 중요하게 여긴 것은 공장의 정상 가동과 주문·자금의 확보였다. 공장위원 개인들은 흔히 기업의 이런 필요를 충족시키는 원료 공급 담당자처럼 행동했다. …… 공장위원회는 자기 '공장의 이익'을 고수하면서 편협한 애사심과 애향심을 발전시켰다. …… 공장별로 노동자들이 '자기 공장'을 위해 석탄이나 금속을 확보하려고 경쟁하기 시작했다. 공장위원회는 예컨대 도네츠 분지 같은 곳으로 대표를 파견했다. 각 공장위원회 대표들은 그곳에서 '자기 공장'을 위해 석탄이나 철강을 확보하려고 압력을 행사했다. 예컨대, 오부호프스키 공장은 …… 노동자 파견단 약 50명을 보내 석탄을 확보하게 했다.[18]

한 소비에트 역사가는 당시 상황을 다음과 같이 요약했다. "희소한 자원을 확보하려는 경쟁적 노력 때문에 공장위원회끼리 서로 반목하게 됐다. 공장은 반쯤 아나키즘적 성격을 띤 자율적 연맹체로 바뀌었다."[19]

〈이즈베스티야〉는 한 기사에서 다음과 같이 물었다.

노동자 통제가 지금까지 우리에게 가져다 준 것이 무엇인가? 우리는 노동자 통제의 결과가 항상 만족스럽지는 않다는 것을 과감하게 인정해야 한다. 흔히 옛 기업주 자리에 똑같이 개인주의적이고 반反사회적인 기업주가 들어앉았다(아마 많은 기업에서 그런 일이 일어났을 것이다). 이 새 기업주의 이름은 '통제위원회'다.[20]

철도 부문의 노동자 통제는 노동 인민위원인 실랴프니코프가 아주 잘 묘사했다. 그는 1918년 3월 20일 전 러시아 노동조합 중앙집행위원회VTsIK에서 다음과 같이 연설했다.

철도의 현재 상황은 완전한 무질서, 혼란이라는 말로 설명할 수밖에 없습니다. 이 무질서, 혼란은 나날이 악화하고 있습니다. …… 기차는 흔히 불도 켜지 않은 채 운행하고 있고 신호 체계도 완전히 엉망이고 차량 청소도 전혀 안 되고 있습니다. 흔한 핑계는 기름이나 양초를 구할 수 없다는 것입니다. 그러나 저는 기름과 양초가 쌓여 있고, 사람들이 아주 뻔뻔하게 이 기름과 양초를 슬쩍하는 광경을 목격했습니다.

열차 승무원들은 철도 이용에 전혀 관심이 없어서 흔히 기차 운행을 책임지지 않으려 합니다. 그 때문에, 열차와 기관차가 모두 운행 가능해도 기술자나 차장이 없습니다. 기술자나 차장은 아픈 척하거나 아예 근무를 거부합니다. 일정한 수의 근무자가 필요한 기차에서 정말로 아픈 사람이 생겨서 [누군가가 — 지은이] 그를 대신해 줘야 하지만 역장이 권위를 행사할 수 없을 때도 있습니다. 왜냐하면 역장이 환자 대신 누군가를 투입하려 하면 그 누군가는 위원회의 동의 없이는 일하러 나가지 않겠다고 대꾸하기 때문입니다. 그러나 위원회가 현장에서 함께 모이는 것이 불가능해서 결국 기차는 움직일 수 없게 됩니다. …… 오늘날 노동자들은 법규에 따라 급여를 보장받습니다. 노동자는 직장에 출근해서 한동안 작업대에 앉아 시간을 허비합니다. 아무도 그에게 이래라 저래라 시키지 않습니다. 왜냐하면 직장위원회가 힘이 없기 때문입니다. 만약 직장위원회가 직장을 통제하려 들면 당장 해산되고 새 직장위원회가 선출됩니다. 한마디로 모든 것을 군중이 통제하고 있고, 그들은 무지하고 생산에 관심이 없기 때문에 모든 작업에 말 그대로 브레이크를 걸고 있습니다.[21]

이런 혼란 때문에 소비에트 정부는 산업 분야의 노동자 통제를 폐지하기 시작했다. 먼저 1918년 3월 26일 철도에서 노동자 통제가 폐지됐고, 1918년 말에는 기계·금속 공장(1918년 10월 18일), 가죽·제화 공장(1918년 11월 13일) 같은 많은 주요 산업에서 노동자 통제위원회가 폐지됐다.[22]

공장위원회, 노동조합, 국가

산업 프롤레타리아가 급감하고 무질서한 원심력이 프롤레타리아를 해체시키
자 레닌과 볼셰비키는 10월 혁명에서 핵심 구실을 했던 공장위원회의 자율성
을 폐기할 수밖에 없었다. 혁명 직후에 레닌과 볼셰비키가 부딪힌 문제들 가
운데 하나가 공장위원회와 노동조합의 관계 문제였다.

10월 혁명 며칠 전에 열린 제1차 전 러시아 공장위원회 협의회에서 장차
노동 인민위원이 될 볼셰비크 시미트는 다음과 같이 말했다. "지금 공장위원
회들은 결성돼 있지만 노동조합은 사실상 아직 없어서 공장위원회가 그 공백
을 메우고 있습니다."[23] 1917년에 생겨난 노동조합들은 멘셰비키가 장악하고
있었지만, 공장위원회도 통제하려는 멘셰비키의 노력은 당연히 벽에 부딪혔
다. 그리고 혁명 후인 1918년 1월에 열린 제1차 전 러시아 노동조합 대회에
서 볼셰비키는 이미 전부터 장악하고 있던 공장위원회에 이어 노동조합도 장
악하게 됐다. 대회에 참석한 대의원(표결권을 가진) 428명 중에서 볼셰비키가
281명이었고, 멘셰비키 67명, 무정파 32명, 좌파 사회혁명당 21명, 우파 사회
혁명당 10명, 과격파 사회혁명당(1905년 혁명 때 정치인들뿐 아니라 지주와 자
본가도 암살하는 경제적 테러로 정치 테러 전술을 보완해야 한다고 주장하며 사회
혁명당에서 갈라져 나온 정당) 6명, 아나코-생디칼리스트 6명이었다.

공장위원회와 노동조합의 관계 문제를 다룬 주요 보고서는 페트로그라드
노동조합위원회 의장이자 전 러시아 노동조합 중앙위원회 위원 겸 집행위원
인 볼셰비크 랴자노프가 제출했다. 그는 노동자 정부가 공장위원회를 통제해
야 한다고 주장했다.

　노동자 정부가, 노동계급 전체가 개별 공장의 노동자들을 통제하는 문제가
　…… 우리 앞에 놓여 있습니다. …… 모든 노동계급이, 프롤레타리아가 개별
　공장을 통제하지 못하면(그래서 우리에게는 각각의 공장과 기업에서 개별 세포

의 활동을 통제하는 기구들의 네트워크가 필요한 것입니다), 그런 네트워크가 없으면 우리는 국민경제를, 우리가 많은 부분들을 사회화하고 조직해서 하나의 전체로 만들기를 원하는 국민경제를 약탈하기만 할 것입니다. 그러면 원자화한 세포들의 덩어리만 남게 될 것입니다.[24]

볼셰비키인 베인베르크는 다음과 같이 말했다. "노동조합, 아니 더 정확히 말하면 산별노조는 개별 공장의 견해가 아니라 심지어 특정 도시 노동자들의 견해가 아니라 모든 산업 노동계급의 견해를 지지합니다. [따라서 ─ 지은이] 공장위원회는 노동조합에 종속돼야 합니다."[25] 대회에 참석한 대의원의 압도 다수는 공장위원회를 노동조합에 통합하는 방안에 찬성했다.

노동자 통제의 결과가 프롤레타리아에게 최대한 이익이 되려면, 개별 기업의 존속을 좌우하는 문제의 최종 결정권을 그 기업 노동자들에게 부여해서 노동자 통제의 토대 약화를 막아야 했다.

모든 기업의 노동자들과 그들이 선출한 기구 ─ 공장위원회와 직장위원회 ─ 는 상위의 노동자 통제 기구와 경제 조정 기구가 정식화한 일반적 계획에 따라 활동할 때 [통제 ─ 지은이] 업무를 더 잘 해낼 수 있을 것입니다. 노동자 통제 기구가 맡고 있는 이 거대한 과업에서, 노동조합은 특정 노조나 기업 노동자들의 부문적·집단적 이해관계가 아니라 노동계급 전체의 이해관계를 옹호함으로써 가장 능동적인 구실을 해야 합니다.

산업별로 조직된 노동조합은 중앙과 지방의 노동자 통제 기구에 참여해야 하고 이데올로기적·조직적 지도부의 구실을 떠맡아야 합니다.

노동조합은 공장위원회가 [노동자] 통제와 관련한 각종 포고령을 매우 신중하게 검토하고, 공장과 직장의 대의원들을 통해 생산 통제가 곧 노동자들의 기업 인수가 아니고 노동자 통제가 곧 생산·교환의 사회화가 아니라 그

준비 단계일 뿐이라는 점을 설명해야 합니다.[26]

공장위원회와 직장위원회는 해당 지역 노동조합의 산하 기구가 돼야 합니다.[27]

노동조합뿐 아니라 공장위원회도 새로 설립된 또 다른 기구, 즉 1917년 12월 2일(15일) 설립된 국가경제최고평의회VSNKh와 연관을 맺어야 했다. 국가경제최고평의회 설치 포고령은 그 기구의 기능을 다음과 같이 규정했다.

최고경제위원회의 과제는 국민경제와 국가 재정을 조직하는 것이다. 이런 목표에 따라 최고경제위원회는 나라 경제를 규제하기 위한 지침과 계획을 마련한다. 그리고 중앙과 지방의 규제 기구들(연료·금속·운수 협의회와 중앙식량위원회 등), 해당 정부 부처(상공부, 식량공급부, 농업부, 재무부, 육해군부 등), 전 러시아 노동자 통제위원회의 활동뿐 아니라 이와 관련된 노동계급 단체들의 활동도 조정하고 통합한다.[28]

국가경제최고평의회는 나라의 경제생활을 계획하고 지도하는 중앙기구가 돼야 했다. 국가경제최고평의회와 노동조합의 긴밀한 관계는 국가경제최고평의회를 구성하는 각 기구 대표들 중에서 노조가 차지하는 비중을 보면 분명히 알 수 있다.

전 러시아 중앙집행위원회 — 10명
전 러시아 노동조합위원회 — 30명
지역별 국민경제위원회 — 20명
전 러시아 노동자 협동조합 위원회 — 2명
식량부 — 2명

교통통신부 — 1명

노동부 — 1명

농업부 — 1명

재무부 — 1명

상업부 — 1명

내무부 — 1명[29]

노동조합과 국가경제최고평의회는 각각의 경제 부문을 관리하는 일에서
도 매우 긴밀하게 협력했다. 노동조합은 국가경제최고평의회의 관리 조처에
철저히 순응하는 것에 동의하면서도 경제 관리 기구들에 참여하는 대표자의
다수(3분의 2)가 노조 대표여야 한다는 주장을 고수했다. 그래서 1918년 5월
제1차 전 러시아 국민경제위원회 대회에서 전 러시아 노동조합 중앙위원회
대의원으로 참석한 톰스키는 다음과 같이 선언했다. "국가경제최고평의회와
노동조합은 완전히 비슷하고 매우 긴밀하게 연결된 기구입니다. 따라서 이
두 기구가 서로 다른 전술을 채택해서는 안 됩니다."[30]

노동조합은 또, 노동부와 관련해서도 상당한 권한을 확보했다. 제4차 노
동조합 협의회(1918년 3월 12~17일)에서 볼셰비키가 제출한 결의안은 노동조
합과 노동부의 관계를 다음과 같이 규정했다.

노조의 상위 기구(대의원대회, 협의회 등)에서 내려진 원칙적 결정은 모두 노
동부에 대해 구속력이 있다. 노동조건과 생산에 관한 입법 발의와 특별히 구
속력 있는 결정은 모두 미리 적절한 노조 기구들(즉, 중앙과 지방의 노동조합
위원회)의 승인을 거쳐야 한다.[31]

노동 인민위원인 V 시미트를 인민위원으로 추천한 것도 노동조합이었고,

시미트 자신도 능동적인 노동조합원이었다. 노동부의 간부 대다수와 지역과 지방의 노동부 대표자들은 이제 노동조합이 지명했다. 노동조합 상위 기구의 주요 결정은 노동부에 대해 구속력이 있었고, 노동부의 결정은 모두 노동조합의 사전 승인을 거쳐야 했다.

노동조합과 국가

볼셰비키 정부 초기 몇 달 동안의 경험은 공장위원회, 노동조합과 국가 사이에 갈등이 일어날 수밖에 없었다는 것을 보여 준다.

공장위원회는 당연히 원심적 경향이 있었다. 대중 조직인 노동조합은 계급의식이 천차만별인 다양한 집단으로 이루어져 있었고, 따라서 부문별 이해관계에 따라 분열돼 있었고, 다양한 노동자 집단이 자신들만의 이익을 도모하려 애쓰면서 가끔은 노동계급 전체의 이익을 거스를 가능성도 있었다. 레닌은 프롤레타리아의 총체적·역사적 이해관계를 대변하는 것은 계급의 전위인 혁명정당뿐이라고 생각했다. 프롤레타리아의 부문적·일시적 이해관계는 총체적·역사적 이해관계에 종속돼야 했다. 볼셰비키로 구성된 소비에트 정부는 부문적 이해관계를 대변한 노동조합과 갈등을 겪을 수밖에 없었다.

물론 당은 노동계급을 설득해서 혁명을 일으켜야 했다. 당은 혁명을 준비하고 혁명을 조직하기 위해 프롤레타리아의 다수를 확신시켜야 했다. 혁명 후에도 당은 공장위원회, 노동조합, 소비에트에서 프롤레타리아를 지도하려고 투쟁해야 했다.

그러나 당의 의지를 강요한다고 해서 그런 일이 **자동으로** 일어나는 것은 아니었다. 당은 대중의 동요를 극복하려는 오랜 투쟁을 통해서만 그런 지도력을 쟁취할 수 있었다. 당은 프롤레타리아의 신뢰를 얻으려고, 특히 노동조합으로 조직된 프롤레타리아 부문의 신뢰를 얻으려고 거듭거듭 투쟁해야 했다.

노동조합이 자율적이라면, 즉 자치 기구라면 혁명가들은 오직 설득을 통해서만 노동조합의 신뢰를 얻을 수 있을 터였다. 혁명가들은 노동조합원의 다수가 동의하지 않는 행동 노선을 강요할 수 없었다.

당, 국가, 노동조합, 공장위원회 사이의 갈등과 단결이 오랫동안 지속된 후에야 국가는 시들어 죽고 국가와 노동조합이 완전히 융합된다는 마르크스주의의 목표가 달성될 것이다. 그렇게 되려면 경제적 풍요가 증대해야 하고, 그래야 노동조합도 시들어 죽을 것이다. 노동자들의 생활수준이 높고 향상되고 있다면 생활수준을 지키려는 노동자들의 의욕은 점차 감퇴할 것이다. 그래서 마침내 모든 사람이 '자신의 필요에 따라 재화를 얻고' 노동자들의 이익을 지키는 기구인 노동조합이 필요 없어지는 순간이 올 것이다. 그와 동시에 생산 증대를 위한 유인책이나 노동자들의 노동 독려 수단으로 노동조합을 사용하는 일도 필요 없어질 것이다. 사회적 긴장은 완화될 것이고 국가뿐 아니라 노동조합도 시들기 시작할 것이다.

공산주의가 완전히 실현되기 전까지는 노동조합이 사용자에 맞서 노동자들을 방어할 수 있어야 한다. 그 사용자가 비록 [노동자] 국가라 하더라도 말이다. 그와 동시에 노동자 조직으로서 노동조합은 노동자 국가도 수호해야 한다. 노동조합은 노동자 국가와 독립적이어야 할 뿐 아니라 노동자 국가와 공생하기도 해야 한다.

혁명 후의 러시아에서는 내전이라는 가혹한 상황 때문에 그런 관계가 존재할 수 없었다. 노동조합은 국가와 독립적일 수 없었다. 산업은 적군赤軍을 위한 보급 기구로 변했고, 산업 정책은 군사 전략의 일부가 됐다. 산업이 국가에 의존해서 노동자들에게 생필품을 공급하게 되자 노동조합은 사실상 생산과 분배를 담당하는 국가 행정 부처의 일부가 됐다.

특히, 노동조합이 임금률 결정에 참여하는 것은 아무 의미가 없어졌다. 사실상 [임금의] 현물 지급이 화폐 임금을 대체했기 때문이다.*

노동조합, 군사 전선, 노동 전선

내전이 발발하자 노동조합원 수천 명이 군대에 들어갔다. 정부는 주로 노동조합을 통해서 적군과 산업에 필요한 인력을 동원했다. 내전이 장기간 지속되자 노동조합은 조합원의 50퍼센트를 소집해서 군대로 보냈다. 그와 동시에 조합원 수가 엄청나게 증가했는데, 주로 신참 공무원 노동자들이 노동조합에 가입한 결과였다.

1917년 중반		693
1918년 중반		1,946
1919년 중반		3,707
1920년 중반		5,222[32]

(단위 : 천 명)

볼셰비키는 노동조합이 노동 전선에서 노동자들을 동원하는 데서도 핵심 구실을 해야 한다는 결론을 내렸다. 그래서 새로 채택된 당 강령(1919년 3월)은 다음과 같이 선언했다.

국가가 사용할 수 있는 노동 능력을 최대한 활용하는 것이 필수적이다. 다양한 지역에서 그리고 경제생활의 다양한 부문에서 국가의 가용 노동력을 정확히 할당하고 재할당하는 것이 소비에트 권력의 중요한 경제정책 과제다. 이 과제는 소비에트 권력과 노동조합의 긴밀한 협력을 통해서만 달성할 수 있다. 소비에트 권력은 신체적·정신적으로 노동에 적합한, 특정 사회적 의무

---

* 현물 임금의 비율이 매우 높았기 때문에, 앞서 말한 물가 인상과 임금 인상 사이의 격차가 그나마 덜 심각했다. 만약 노동자들의 임금이 현물로 지급되지 않았다면 생활하기가 너무 힘들어서 도저히 참을 수 없는 지경이 됐을 것이다.

이행에 적합한 주민들을 모두 지금까지보다 훨씬 더 광범하고 체계적으로 총동원해야 한다(이런 동원은 노동조합의 도움을 받아 실행돼야 한다).[33]

그리고 정부는 모든 시민의 노동을 매우 엄격하게 통제했다. 예컨대, 1919년 4월 7일 공포된 포고령은 광원이 작업장을 떠나는 것을 금지했다.[34] 4월 12일의 또 다른 포고령은 소비에트 기구에 고용된 사람이 자진해서 다른 기구로 옮겨가는 것을 금지했다.[35]

또, 노동의 강제 동원도 실시됐다. 1920년에는 다음과 같이 가장 중요한 직종들에 영향을 미친 동원 명령 약 20건이 공포됐다.

퇴직한 철도 노동자	1월 30일
철도 숙련직	3월 15일
설탕 산업 노동자	3월 24일
해상운수 노동자	4월 7일
광원	4월 16일
해상운수 숙련직	4월 27일
건설 노동자	5월 5일
통계조사 노동자	6월 25일
의료직	7월 14일
퇴직한 어업 노동자	8월 6일
조선 산업 노동자	8월 8일
모직 산업 노동자	8월 13일
퇴직한 금속 노동자	8월 20일
제혁 산업 노동자	9월 15일
전기 기술 노동자	10월 8일
퇴직한 항공 산업 노동자	10월 20일
적군 보급용 속옷 재봉 여성 노동자	10월 30일
영국, 미국에서 일한 경험이 있는 재단사, 제화공	10월[36]

노동자 군대

노동자 동원에서 노동자 군대 건설로 나아가는 것은 순식간이었다. 1920년 1월에 제정된 부역 총동원령은 다음과 같이 규정했다. (1) 건강한 사람들(16~50세의 남성, 16~40세의 여성)은 모두 임시 또는 정기 부역에 동원된다. (2) 특별한 임무나 작전을 수행하고 있지 않은 육군과 해군 부대는 민간사업에 동원된다. (3) 군대나 농업에 종사하는 숙련 노동자는 국영 기업으로 전환·배치한다. (4) 나라 경제의 필요에 따라 노동을 분배한다. 군대 고위 인사의 제안에 따라 1920년 1월 15일 제정된 노동자·농민 방위위원회 포고령은 우랄 지방에서 작전 중이던 제3군단을 일시적으로 민간사업에 동원하는 것을 승인했다. 우랄 지방의 전투가 종료되자 거의 모든 전투부대가 남부 전선과 서부 전선으로 이동했지만, 엄청난 행정 기구는 여전히 남아 있었고 이 기구를 해체하는 것보다는 산업 재건에 동원하는 것이 더 현명하다는 판단에 따른 조처였다. 이 부대는 제1혁명적 노동자 군단이라는 이름을 채택했고, 주로 철도 노선을 보수하고 목재와 석탄을 조달하는 일에 동원됐다.

군사적 상황이 일시적으로 개선되자 1920년 3월 돈바스 지방과 캅카스의 일부 지역에서 두 번째 노동자 군단이 창설됐다. 세 번째 노동자 군단이 페트로그라드에서 창설됐으나 곧 폴란드와 전쟁이 시작되는 바람에 둘 다 군사 작전에 다시 투입될 수밖에 없었다. 1920년 1월 남서부 전선 지역에서 우크라이나 노동자 군단이 창설됐다. 그 무렵 노동자·농민 방위위원회는 "모스크바-카잔 철로 재건과 철도 차량 보수" 작업에 "공화국 예비군"을 활용하는 포고령을 공포했다.[37]

스탈린주의자들은 노동의 군사화에 주된 책임이 있는 사람이 트로츠키라고 떠들어 댄다. 이것은 새빨간 거짓말이다. 트로츠키가 노동의 군사화 정책을 열렬히 지지한 것은 사실이다. 그러나 그 점은 레닌도 마찬가지였다. 그래서 예컨대 레닌은 1920년 1월 27일 제3차 전 러시아 경제위원회 대회에서 다음과 같이 말했다.

우리의 기구를 최대한 신속하게 활용하려면 노동자 군대를 창설해야 합니다. …… 이 구호[노동자 군대]를 제창하면서 우리는 노동자, 농민의 활력을 최대한 끌어내야 한다고 선언하고 이 문제에서 노동자, 농민이 온 힘을 다해 우리를 도와줄 것을 호소해야 합니다. 그러면 노동자 군대를 창설하고, 노동자, 농민의 힘을 한껏 활용해서 우리의 주된 과제를 달성할 수 있을 것입니다.[38]

1920년 2월 2일 연설에서도 그는 같은 주장을 되풀이했다.

우리는 무슨 일이 있어도 노동자 군대를 창설하고, 우리 자신을 군대처럼 조직하고, …… 앞으로 몇 달 안에 …… 기구의 수를 감축하거나 심지어 폐지해야 합니다. 전 러시아 중앙집행위원회가 노동자 징집이나 노동자 군대와 관련된 조처들을 모두 승인한다면, 이런 생각을 광범한 대중에게 주입하는 데 성공하고 지역 간부들이 그런 생각을 실행에 옮길 것을 요구한다면, 우리는 가장 어려운 과제들을 처리할 수 있을 것이라고 절대로 확신하는 바입니다.[39]

따라서 레닌이 내전 기간에, 특히 내전 말기에 노동자 동원과 일반으로 노동조합을 국가에 통합하고 종속시키는 것을 시급하고 중요한 과제라고 생각했음을 알 수 있다.

내전 상황에서는 1917년에 프롤레타리아를 볼셰비즘으로 설득하는 데 결정적 구실을 했던 공장위원회가 자율성을 완전히 상실하고 점차 노동조합의 지역 기구로 변모했다. 노동조합은 임금과 노동조건을 결정할 수 있는 권한을 상실했고 군사 전선과 노동 전선을 위한 동원 기구로서 국가에 통합됐다.*

수보트니크

전시 공산주의하에서 국가와 노조가 통합됐지만, 수보트니크subbotnik라는 새로운 현상도 나타났다. 수보트니크는 토요일에 보수를 받지 않고 자발적으로 하는 노동이었다. 열렬한 지지를 받는 무보수 자발적 노동이 노동의 군사화라는 국가 강제 형태와 나란히 공존할 수 있었던 것은 평등주의가 널리 퍼지고 프롤레타리아가 혁명에 깊이 헌신했기 때문이었다. 이런 요인들 때문에 강제와 자발성의 경계가 흐려졌다.

1919년 5월 10일 모스크바 철도 노동자들이 처음으로 수보트니크를 실시했다. 수보트니크를 주창하고 솔선수범한 사람들은 볼셰비키 당원들이었다. 모스크바-카잔 철로의 인근 지역 공산주의자 총평의회가 채택한 결의안은 다음과 같이 주장하면서 수보트니크를 도입했다.

우리 계급의 적에 맞서 싸워 이기려면 …… 공산주의자들과 그 동조자들은 다시 한 번 스스로 박차를 가해서 휴일에 한 시간씩 더 일을 해야 한다. 즉, 노동시간을 한 시간씩 늘려야 하고, 토요일에 여섯 시간을 쉬지 않고 일해서 당장 실질적 가치를 생산해야 한다. 공산주의자들은 혁명의 승리를 위해 자신의 건강과 목숨을 아끼지 말아야 하므로 그 노동은 무보수로 해야 한다.[40]

레닌은 수보트니크 개념을 칭찬해 마지않았다. 1919년 6월 28일 ≪위대한 시작≫이라는 소책자에서 그는 다음과 같이 썼다.

공산주의적 수보트니크가 …… 엄청나게 중요한 이유는 노동생산성을 발전시키는 데서, 새로운 노동 규율을 채택하는 데서, 경제와 생활의 사회주의적

---

* 노동조합과 국가의 관계는 4권의 9장을 보시오.

조건을 창출하는 데서 노동자들의 자발적이고 의식적인 주도권을 보여 주기 때문이다. …… 모스크바카잔 철도 노동자들이 조직한 공산주의 수보트니크는 새로운 사회주의 사회의 세포 중 하나다. …… 이 노동자들은 굶주리면서도 …… '공산주의 수보트니크'를 조직해서 **무보수로** 초과 근무를 하고 있다. 그리고 영양실조로 피로와 고통에 시달리고 기진맥진한 상태에서도 **노동 생산성의 엄청난 증가**를 달성했다. 이것이야말로 최고의 영웅주의 아닌가? 이것이야말로 엄청나게 중요한 변화의 시작 아닌가?[41]

페트로그라드에서 최초의 대규모 수보트니크는 1919년 8월에 실시됐다. 그 뒤 11월과 12월에 연료 위기가 닥쳤을 때도 혁명적 열기가 다시 한 번 분출한 듯하다. 그러나 구할 수 있는 자료를 보면, 수보트니크 운동은 1920년 봄의 짧은 기간에 절정에 달한 것 같다. 1920년 4월 11일 〈코무니스티체스키 수보트니크〉라는 하루 신문이 발행됐다. 이 신문의 발행 자체가 모스크바의 세 신문사 직원들과 전 러시아 노동조합 중앙집행위원회VTsIK 출판사 인쇄공들이 실시한 수보트니크의 성과였다. 그 신문에는 이 자발적 노력의 실천적 가치와 도덕적 중요성에 대해 레닌이 쓴 글이 실려 있었다.

1920년 3~4월에 열린 제9차 당대회에서는 그해 메이데이(때마침 토요일이었다)에 러시아 전역에서 수보트니크를 대대적으로 실시하기로 결의했다. 모스크바에서만 노동자 42만 5000명이 메이데이 수보트니크에 참여한 것으로 추산된다.[42]

프롤레타리아의 와해와 프롤레타리아 독재

역설이게도, 프롤레타리아 독재하에서 경제적으로 가장 가난해진 계급은 프롤레타리아였다. 레닌은 1920년 4월 제1차 전 러시아 광원 대회에서 다음과 같이 연설했다. "독재로 말미암아 가장 큰 희생을 치르고 굶주림을 겪은 사람들은 그 독재 권력을 휘두르는 노동자들이었습니다."

지난 2년 동안 페트로그라드, 모스크바, 이바노보즈네센스크의 노동자들만큼 굶주린 사람들은 아무도 없습니다. 지금 계산을 보면, 지난 2년 동안 그들은 연평균 7푸드의 빵을 배급받았을 뿐입니다. 반면에, 곡창 지대의 농민들은 17푸드를 소비했습니다. 노동자들은 크나큰 희생을 치렀고 전염병에 시달렸는데, 특히 노동자들의 사망률이 높았습니다.[43]

비록 프롤레타리아는 해체됐지만 프롤레타리아 독재는 존속했다. 1921년 5월 26일 레닌은 10차 당 협의회에서 다음과 같이 말했다. "비록 프롤레타리아가 탈계급화의 시기를 거쳐야 하지만 …… 프롤레타리아는 여전히 권력 유지라는 과제를 달성할 수 있습니다."[44]

새로 결성된 노동자 반대파의 대변인인 실랴프니코프는 11차 당대회에서 약간 냉소적으로 다음과 같이 말했다. "어제 블라디미르 일리치는 마르크스주의적 의미의 계급으로서 프롤레타리아는 존재하지 않는다고 말했습니다. 죄송한 말씀이지만, 존재하지 않는 계급의 전위가 되신 여러분께 축하 인사를 드립니다."[45]

물론 속류 유물론자는 프롤레타리아 없는 프롤레타리아 독재는 어불성설이라고 생각할 것이다. 고양이는 사라지고 없는데 여전히 남아 있는 체서 고양이의 미소처럼 말이다. 그러나 정치적 상부구조뿐 아니라 이데올로기적 상부구조도 물질적 토대를 직접 그리고 즉시 반영하지 않는다는 사실을 명심해야 한다. 사상은 자체의 동력이 있다. 흔히 '정상적' 시기에 사상은 보수성의 원천이다. 사람들은 물질적 환경이 바뀐 지 한참 뒤에도 낡은 사상을 떨쳐버리지 못한다. 이데올로기적 상부구조와 경제적 토대의 이런 관계가 내전 기간에는 볼셰비키에게 힘의 원천이 됐다. 레닌은 1920년 11월 3일 연설에서 다음과 같이 말했다.

노동계급이 수십 년 동안 정치적 자유를 위해 투쟁하며 획득한 버릇, 관행, 확신이 모든 노동 대중을 교육하는 수단 구실을 해야 합니다. …… 부르주아 지에 맞선 투쟁에서 프롤레타리아가 날카로운 계급의식, 엄격한 규율, 철저한 헌신을 발전시키지 못했다면, 다시 말해 프롤레타리아가 숙적을 물리치고 완전한 승리를 쟁취하는 데 필요한 자질을 모두 발전시키지 못했다면 프롤레타리아 독재는 불가능했을 것입니다.[46]

마르크스는 즉자적 계급과 대자적 계급이 다르다고 가르쳤다. 즉, 계급은 생산에서 차지하는 위치 덕분에 강력할 수 있지만 그 사실을 깨닫지 못할 수 있다. 똑같은 동전의 뒷면은 경제 권력의 4분의 3을 잃은 계급이 경험, 사회와 국가에서 차지하는 전통적 지위 덕분에 정치적 지배력을 여전히 유지할 수 있다는 것이다.

그러나 장기적으로는 프롤레타리아의 약화 때문에 실제로는 새 국가의 지배계급이 돼야 할 사람들의 사기와 의식이 재앙적으로 후퇴할 수밖에 없었다.

10 전시 공산주의와 농민

집단주의와 개인주의

10월 혁명은 프롤레타리아 혁명과 농민 혁명, 이 두 가지 혁명이 결합된 것이었다. 그러나 내전으로 말미암아 프롤레타리아의 상대적 비중이 엄청나게 감소했다. 농민의 비중은 어떻게 됐는가?

앞서 지적했듯이, 레닌은 항상 농민이 근본적으로 프롤레타리아와 다르다고 주장했다. 볼셰비키당의 농업 정책을 발전시킬 때 레닌이 생각한 요점은 두 가지였다. 첫째, 노동계급이 농민을 지도해야 한다. 둘째, 노동자들의 당은 자신의 독립성을 유지해야 하고 자신과 농민을 분명히 구분해야 한다.[1]

레닌은 다음과 같이 썼다. "우리는 농민운동을 전폭 지지한다. 그러나 우리는 농민운동이 다른 계급의 운동이라는 것, 사회주의 혁명을 일으킬 수도 없고 일으키지도 않을 운동이라는 것을 명심해야 한다."[2]

혁명 후에 레닌은 프롤레타리아와 농민의 분명한 차이를 다시 한 번 강조했다.

마르크스와 엥겔스는 계급의 차이를 망각한 채 생산자들, 민중 또는 근로 민중 전체 운운하는 사람들을 날카롭게 비판했습니다. …… 근로 민중 또는 일하는 사람들 일반은 존재하지 않습니다. 생산수단을 소유하고 자본가의 정신 상태와 습성을 가진 소小자산가들이 있거나 아니면 정신 상태가 완전히 다른 임금노동자들, 대규모 공업에 종사하고 자본가와 적대적 모순 관계에 있고 자본가와 투쟁할 수밖에 없는 임금노동자들이 있을 뿐입니다.[3]

우리의 목표는 계급을 폐지하는 것입니다. 노동자와 농민이 여전히 남아 있는 한은 사회주의가 이룩된 것이 아닙니다. ……[4]

농민의 사회적 조건, 생산 조건과 생활 조건과 경제적 조건 때문에 농민은 반쯤은 노동자이고 반쯤은 상인일 수밖에 없습니다. ……[5]

우리에게는 아주 위험하지만 겉으로 드러나지 않은 적이 하나 있습니다. 그 적은 공공연한 반혁명 세력들보다 더 위험합니다. 그 적은 소자산가의 무계획성입니다. …… 소자산가의 생활 지침은 하나뿐입니다. "내가 할 수 있는 한 모든 것을 차지한다. 나머지는 어떻게 되든 상관없다." 이 적은 코르닐로프 같은 작자들, 두토프 같은 작자들, 칼레딘 같은 작자들을 모두 합친 것보다 더 강력합니다.[6]

농촌에서 소자산가의 무계획성에 맞서 싸우기 위해 레닌은 "4월 테제"에서 두 가지 조처를 제안했다. 첫째, 대규모 모범 농장들을 건설한다. 둘째, 농촌 빈민의 소비에트를 따로 건설한다.

농업 강령에서 농업 노동자 대표 소비에트를 더욱 강조해야 한다.
모든 지주 토지의 몰수.
전국의 **모든** 토지를 국유화하고, 토지의 처분을 농업 노동자·농민 대표 소비에트에 맡긴다. 빈농 대표 소비에트를 따로 조직한다. 대토지(지역적 조건 등에 따라, 그리고 지방[자치] 기구들의 결정에 따라 100~300데샤틴* 규모의 토지)별로 농업 노동자 대표 소비에트가 통제하는 모범 농장을 설립하고 공공회계 시스템을 도입한다.[7]

4월 볼셰비키 당 협의회도 "농촌의 프롤레타리아와 반半프롤레타리아는 모든 지주의 토지에서 충분히 큰 규모의 모범 농장을 건설"해야 하고 "이 모범 농장은 농업 노동자 대표 소비에트의 공공회계에 따라 운영돼야 한다"고 조언했다.[8]

나중에 입증됐듯이, 볼셰비키가 권력을 장악한 뒤의 농업혁명은 대규모 모범 농장 건설에 도움이 되지 않았다. 어떤 계산을 보면, 러시아 전역에서 몰수된 토지의 93.7퍼센트가 농민들에게 분배됐고 1.7퍼센트는 집단농장으로 넘어갔고 4.6퍼센트만이 국가의 수중에 남아 있었다.[9]

레닌은 농업 집산화를 계속 촉구했다. 1918년 11월 8일 중부 지역 빈농위원회 대표들이 모인 자리에서 그는 다음과 같이 연설했다. "토지 분배는 시작으로서는 아주 훌륭합니다. 그 목적은 지주한테서 몰수한 토지를 농민에게 넘겨주는 것입니다. 그러나 그것만으로는 충분치 않습니다. 농업을 사회화하는 것만이 진정한 해결책입니다." 레닌은 다음과 같이 선언했다.

소비에트 정부는 농업 발전 특별 기금으로 1000만 루블을 할당했습니다. 이미 결성된 코뮌[농촌 공동체]이든 새로 결성되는 코뮌이든 모든 코뮌은 재정·기술 지원을 받을 것입니다. …… 새로운 농업 형태로의 이행은 아마 느리게 진행되겠지만, 코뮌 농업은 확고하게 실행돼야 합니다.[10]

---

* 1데샤틴=1.09헥타르=2.7에이커=10926제곱미터.

1918년 12월 11일 제1차 전 러시아 토지청·빈농위원회·코뮌 대회에서 레닌은 농촌에 사회주의가 임박했다는 주제로 연설했다. 이제 필요한 것은 "소규모 개인 농장을 사회화된 토지 경작으로 전환"하는 것이었다. 물론 이것은 매우 힘든 과제였다.

소규모 개인 농업을 집단적 농업으로 전환하면 농민의 생활 방식 등 많은 것이 심각하고 근본적인 영향을 받을 텐데, 그렇게 수많은 사람들의 생활을 바꿔 놓을 엄청난 변화는 오랜 노력을 통해서만 이룩될 수 있고 사람들이 필요 때문에 자신의 생활을 바꿀 때만 가능하다는 사실을 우리는 잘 알고 있습니다.[11]

레닌의 보고를 들은 뒤에 대회 참석자들은 "농업 코뮌과 소비에트 공산주의 농장 건설, 사회화된 토지 경작의 조직화를 일관되고 확고하게 추진하는 것"이 농업 정책의 주된 목표라는 내용의 결의안을 통과시켰다.

1919년 2월 14일 전 러시아 중앙집행위원회VTsIK는 농업 집산화에 관한 포고령을 공포했다. 포고령은 "개인적 토지 경작 형태를 집단적 형태로 전환한다"는 것과 "개인적 토지 경작 형태를 모두 일시적·퇴행적인 것으로 간주한다"고 선언했다. 포고령의 138개 조항 중에는 소비에트 농장과 농업 코뮌의 구조, 특권, 의무 등을 자세히 규정한 조항도 있었다.[12]

그러나 계획, 포고령, 결의안은 산더미처럼 많았지만 실제로 실행된 것은 매우 적었다. 1918년 말쯤 농업 협동조합이 3000개쯤 있었던 것으로 추산되지만, 그것이 포괄하는 농촌 인구는 약 0.15퍼센트밖에 안 됐다.[13]

1920년에 콜호즈집단농장의 인구는 모두 71만 7545명, 토지는 70만 464데샤틴이었다.[14]

국영 농장인 소프호즈는 그보다 약간 더 큰 규모의 토지를 보유하고 있었는데, 1919년에 191만 8214데샤틴이었다.[15] 1920년에 국영 농장, 집단농장, 코뮌 농장이 보유한 토지를 모두 합쳐도 전체 경작지의 1퍼센트가 채 안 됐다.

농업 프롤레타리아

1905년에 쓴 《민주주의 혁명에서 사회민주주의자의 두 가지 전술》에서 레닌은 혁명의 첫 단계에서 프롤레타리아는 지주에 맞서 농민 전체와 함께 행진해야 하지만 둘째 단계에서는 농민을 둘로 분열시키고 부농에 맞서 '반半프롤레타리아' 빈농과 함께 전진해야 할 것이라고 주장했다.

1918년 5월에는 "우리가 정치적으로 의식적인 프롤레타리아 전위의 주위로 빈민, 즉 인구의 다수인 반프롤레타리아를 조직할" 때만 농촌에서 프티부르주아지 집단을 억제할 수 있을 것이라고 거듭 강조했다.[16]

그러나 농민을 분열시키고 농촌에서 프롤레타리아 집단에 의존하려던 볼셰비키의 정책은 성공할 수 없었다. 첫째, 농촌에서 볼셰비키가 매우 취약했다. 1917년 말에 볼셰비키당의 농촌 간부는 겨우 2400명, 지역 조직은 203개뿐이었다. 1년 뒤에는 각각 9만 7000명과 7370개였다.[17] 1919년 말에 볼셰비키 농촌 세포의 수는 겨우 6만 명뿐이었다.[18] 많은 당원은 농민이 아니라 농촌 지역에 거주하는 노동자와 정부 관리였다. 1922년 말에도 농촌 지역 소비에트에서 공산당원은 6.1퍼센트밖에 안 됐다는 사실에서도 당의 취약성이 드러난다.[19]

그러나 이보다 더 중요한 사실은 농업혁명으로 농촌 프롤레타리아가 강력해진 것이 아니라 오히려 약해졌다는 것이다. 농업혁명은 농민의 계급 분화를 약화시키고 농장의 규모를 대폭 평준화시켰다. 다음의 표는 이 점을 잘 보여 준다.

연도	경작지 없음	2데샤틴 이하	2~4데샤틴	4~10데샤틴	10데샤틴 이상
1917	10.6	30.4	30.1	25.2	3.7
1920	4.7	47.9	31.6	15.3	0.5

보유 말[馬] 수에 따른 농장의 비율

연도	0마리	1마리	2마리	3마리	4마리	5마리 이상
1917	29.0	49.2	17.0	3.4	0.9	0.5
1920	27.6	63.6	7.9	0.7	0.2	-[20]

한 소비에트 통계학자에 따르면, 유럽 러시아의 농업 노동자 수는 1917년 210만 명에서 1919년 3만 4000명으로 급감했다.[21]

1921년 3월 27일 레닌은 과거를 돌이켜보며 다음과 같이 말했다.

여러분도 아시다시피, 당시 러시아 농촌은 균등화하고 있었습니다. 대토지를 경작하는 농민과 아무것도 가지지 못한 농민의 수는 감소한 반면, 중간 규모 농장의 수는 증가했습니다. 농촌이 더 프티부르주아적으로 변모한 것입니다.[22]

4월 21일에도 레닌은 다음과 같이 썼다. "'가난한' 농민(프롤레타리아와 반프롤레타리아)이 중농中農이 된 경우가 허다했다. 그래서 소자산가, 프티부르주아 '집단'이 증가했다."[23]

빈농위원회

1918년 5월 볼셰비키는 빈농위원회, 즉 콤베디Kombedy를 조직하기로 결정했다. 볼셰비키가 이 정책을 취할 수밖에 없었던 이유는 도시 주민들과 새로

창건된 적군赤軍에 식량을 공급해야 하는 절박한 필요 때문이었다.

1918년 1월 14일(27일) 식량 공급 기구의 대표들이 참석한 페트로그라드 소비에트 협의회에서 레닌은 다음과 같이 주장했다.

모든 병사와 노동자를 수천 개의 그룹으로 조직해서(각 그룹은 10~15명, 가능하다면 더 많은 사람들로 이루어져야 합니다) 날마다 일정한 시간, 예컨대 서너 시간씩을 식량 공급 업무에 전념하게 해야 합니다.[24]

극단적 조처로 기근을 극복하기 위해 조직된 혁명적 파견대 중에서 가장 믿을 만하고 가장 잘 무장된 파견대를 주요 곡창 지대의 모든 역과 군郡에 빠짐없이 배치해야 합니다. 각 지역의 철도위원회를 대표하는 철도 노동자들도 이 파견대에 참여해야 합니다. 그리고 이 파견대에는 다음과 같은 권한을 줘야 합니다. 첫째, 곡물 수송 열차의 이동을 통제할 것. 둘째, 곡물 수집과 저장을 책임질 것. 셋째 가장 극단적인 혁명적 조처를 취해서라도 투기꾼들에 맞서 싸우고 비축 곡물을 징발할 것.[25]

임박한 기근의 위협에 직면해서 레닌은 농촌에서 식량 징발대를 지원할 수 있는 방안을 모색했다. 5월 9일 전 러시아 중앙집행위원회는 "곡물을 숨기거나 곡물 투기를 일삼는 농촌 부르주아지에 맞서 투쟁하는 비상 권한을 식량부에 주는 포고령"을 공포했다.

곡물 독점과 고정 가격을 확고하게 지지하는 방침을 다시 확인하고, 식량 투기꾼과 밀수꾼에 맞서 무자비한 투쟁을 지속할 필요성을 승인한다. 그리고 각 면面에서는 이 포고령이 공포된 지 1주일 내에 모든 잉여 곡물 소유자가 자신에게 필요한 것 이상의 곡물을 모두 내놓겠다는 선언을 하도록 그들을 압박해야 한다는 것도 승인한다. ……

힘써 일하는 사람들과 재산이 없는 농민들은 모두 단결해서 쿨락에 맞선 무자비한 투쟁을 즉시 시작해야 한다. ……

제1조의 규정에 따라 신고하지 않은 잉여 곡물이 적발되면 모두 보상 없이 몰수한다. 몰수된 곡물이 실제로 기차역에 도착하면 고정 가격을 기준으로 곡물의 가치를 평가해서 잉여 곡물 은폐 정보를 제공한 사람에게 곡물 가치의 절반을 지급하고 나머지 절반은 농촌공동체에 귀속시킨다. 지역 식량 기구는 잉여 곡물 은폐 정보를 수집해야 한다.

포고령은 이런 조처들이 오직 무력을 통해서만 실현될 수 있다는 사실을 숨기지 않았다. 잉여 곡물을 사재기한 사람은 누구든지

혁명재판소에서 재판을 통해 10년 이상의 징역형에 처해질 것이고 소속 코뮌에서 영원히 추방될 것이며 그 재산은 몰수될 것이다. ……

곡물과 그 밖의 식료품을 징발하는 데 저항하는 자에게는 무력을 사용할 수 있다.[26]

이런 조처에 반대한 사람들은 이 포고령을 '식량 독재 포고령'이라고 불렀는데, 나중에 이 포고령은 흔히 그렇게 불렸다. 포고령의 실행을 지원하기 위해 전 러시아 중앙집행위원회는 5월 20일 농촌 빈민의 조직화를 호소하는 결의안을 발표했다.

전 러시아 중앙집행위원회는 농촌에서 소비에트가 추진해야 할 과제를 논의한 끝에 일하는 농민들이 농촌 부르주아지에 맞서 단결하는 것이 급선무라는 결론을 내렸다. 지역 소비에트는 빈농의 이해관계가 쿨락의 이해관계와 정반대라는 사실을 빈농에게 설명하고 농촌에서 빈농의 독재를 수립하려는 목적

의식을 그들에게 심어 주는 과제를 즉시 실행에 옮겨야 한다.[27]

이틀 후 레닌은 페트로그라드 노동자들에게 보내는 장문의 공개서한을 작성했다. "기근에 대하여"라는 제목의 그 편지에서 레닌은 페트로그라드 노동자들에게 [식량공급부가 조직한 식량 징발대에 참여해 달라고 호소했다.

모든 곡물 · 연료 생산 중심지와 공급 · 분배의 주요 거점에 파견할 선진 노동자들의 대규모 '십자군'이 필요합니다. 노동강도를 열 배나 강화하고, 회계와 통제 문제에서 소비에트 권력의 지역 기구를 지원하고, 무력을 써서라도 부당이득과 부정비리를 근절하기 위한 대규모 '십자군' 말입니다.[28]

1918년 6월 4일 전 러시아 중앙집행위원회 회의에서 레닌은 "농촌에서 선동을 수행하고 쿨락에 맞서 싸워 곡물을 빼앗기 위한 전쟁을 벌이려면" 노동자들의 단결이 필요하다고 말했다.

쿨락에 대항하는 새로운 형태의 투쟁, 즉 빈농들의 동맹이 나타나고 있습니다. …… 우리는 기꺼이 …… 빈농들에게 보상할 것이고 이미 그렇게 하기 시작했습니다. …… 우리가 곡물을 수집하고 쿨락에게서 곡물을 빼앗을 수 있도록 빈농이 도와준다면 우리는 빈농에게 최대한 많은 유인을 제공하고 빈농을 지원할 것입니다.[29]

6월 11일 전 러시아 중앙집행위원회는 빈농위원회 포고령을 공포했다. 포고령에 따르면, 빈농위원회는 '쿨락과 부자들에게서 잉여 곡물을 징발'하고, 식량과 필수품을 분배하고, 정부의 일반적 농업 정책을 현장에서 실행하는 기구였다. 빈농은 징발한 곡물에서 자신의 노력에 따른 대가를 할당받게 되는

데, 7월 15일까지는 무상으로, 그 뒤부터 8월 15일까지는 50퍼센트 할인된 가격으로, 그 후에는 20퍼센트 할인된 가격으로 곡물을 할당받게 돼 있었다.[30]

식량 징발대는 거의 군사적 형태로 조직됐다. 1918년 8월 20일 식량부 포고령에 따르면, "모든 식량 징발대는 25명 이상의 남성으로 구성하고 기관총 두세 정씩을 보유한다." 그리고 식량군대청Food Army Administration이 식량 징발대를 지원했다.

레닌은 빈농위원회를 조직하는 것이 농촌에서 부르주아 혁명이 사회주의 혁명으로 이행하는 계기라고 보았다. 1919년 3월 18일 8차 당대회에서 그는 다음과 같이 보고했다.

농민의 도움을 받아야만 프롤레타리아가 권력을 장악할 수 있고 프롤레타리아가 부르주아 혁명의 대리인 노릇을 해야 하는 나라에서, 빈농위원회가 건설되기 전까지, 즉 1918년 여름과 심지어 가을까지도 우리 혁명은 대체로 **부르주아 혁명**이었습니다. …… 10월 혁명이 농촌 지역으로 확산하기 시작하고 그 과정이 절정에 이른 1918년 여름 이후에야 우리는 진정한 프롤레타리아 기반을 확보했습니다. 그때서야 우리 혁명은 단지 선언문, 약속, 성명서상의 프롤레타리아 혁명으로 그치지 않고 **실제로도 프롤레타리아 혁명**이 된 것입니다.[31]

따라서 굶주림과 내전의 영향 때문에 소비에트 정권은 편의주의 노선을 따를 수밖에 없었는데, 이 편의주의 노선조차 사회주의로 가는 길처럼 보였다. 그러나 사회주의 농업 정책이 집단적 농업을 지향하는 정책이라면, 빈농위원회의 식량 징발 정책에는 사회주의적인 것이 전혀 없었다. 더욱이, 경험을 통해 두 가지 사실이 입증됐다. 첫째, 볼셰비키 지도자들이 생각했던 것보다 빈농의 수가 훨씬 적었다. 둘째, 빈농은 중농中農뿐 아니라 심지어 부농한테서도 그다지 독립적이지 않았다.

그래서 이미 1918년 12월 2일에 전 러시아 중앙집행위원회는 빈농위원회를 해체하는 포고령을 공포했다. 레닌의 말을 빌리면, 볼셰비키당은 빈농이 "중농으로 변했다"는 사실을 인정해야 했던 것이다.

강제 징발에 대한 농민의 저항

농민들이 식량 징발에 강력하게 반발한 것은 당연했다. 그들은 수확한 곡물을 숨기기 시작했다. 어떤 계산을 보면, 1920년에 농민들이 정부 곡물 수집단의 눈에 띄지 않도록 숨긴 곡물이 전체 수확량의 3분의 1 이상이었다.[32] 농민들은 또, 자신의 필요를 충족시킬 만큼만 토지를 경작하기 시작했다. 그래서 1920년에 유럽 러시아 지역에서 파종이 실시된 농토는 1913년 수준의 5분의 3밖에 안 됐다.[33]

1909~1913년의 연평균 곡물 생산량이 7250만 톤이었던 반면, 1920년의 곡물 생산량은 3500만 톤이 채 안 됐다. 농민 자신이 소비한 곡물이 1700만 톤 미만이었으니, 전쟁 전의 수준과 비교해서 약 40퍼센트 급감한 것이다.[34]

그러나 내전 기간에 농민이 볼셰비키 정부를 적대한 것만은 아니었다. 농민들은 식량 징발에는 분개하면서도, 백군白軍이 승리하면 지주들이 되돌아올까 봐 두려워서 볼셰비키가 자신들을 보호해 주는 것은 환영했다.

농민이 새 지배자들을 대하는 양면적 태도, 즉 복종과 증오가 뒤섞인 태도는 보리스 필냐크의 소설 ≪대지Mother Earth≫에 잘 묘사돼 있다. 공산당원인 니쿨레프가 어부인 바실 이바노프 스타르코프에게 묻는다.

"뱌조비 섬에는 공산당원이 몇 명이나 있습니까?" 그러면 스타르코프는 다음과 같이 대답한다. "공산당원은 많지 않아요. 여기 사람들은 대부분 보통 사람들이고, 공산당원이 있는 집은 딱 두 집뿐이에요." 보통 사람들이 정확히 어떤 사람들이냐고 캐물으면 스타르코프는 다음과 같이 대답한다. "아시다시피, 보통 사람은 그냥 보통 사람입니다. 흔히 볼셰비키라고 불리는 사람들이 바로 보통 사람이죠."[35]

[농민들이 보기에] 볼셰비키는 괜찮은 듯했다. 1917년에 농민들에게 토지를 준 당이 볼셰비키였으니까 말이다. 그러나 공산당원은 수도 적고 인기도 없었다. 볼셰비키가 1918년에 당명을 '공산당'으로 바꿨는데, 바로 이 공산당이 곡물을 징발했기 때문이다. 레닌이 보기에, 농민들의 양면적 태도는 다음과 같은 구호에서 잘 드러났다. "소비에트 권력을 지지한다. 볼셰비키도 지지한다. 그러나 공산당은 타도하자."[36]

제3차 전 러시아 소비에트 대회에서 한 농촌 대표가 한 말이 볼셰비즘을 대하는 양면적 태도를 훨씬 잘 보여 준다. "토지는 우리 것입니다. 빵은 여러분 것입니다. 물은 우리 것입니다. 물고기는 여러분 것입니다. 숲은 우리 것입니다. 목재는 여러분 것입니다."[37]

농민이 자신에게 토지를 분배해 준 정부를 지지하는 것과, 똑같은 정부가 굶주린 도시 주민들을 먹여 살리고자 농민의 생산물을 징발하는 것은 완전히 다른 문제였다. 소비에트 권력을 대하는 이 이중적 태도는 소극적 저항이나 공공연한 반란으로 표출됐다.

그러나 지주들을 복귀시키려는 백군의 위협이 지속되는 한 소비에트 국가의 징발 정책에 농민이 반발하는 데는 한계가 있을 수밖에 없었다.

농민의 저항이 국가의 형태를 좌우하다

레닌이 이끄는 국가를 대하는 러시아 농민의 태도는 로베스피에르가 이끄는 국가를 대하는 프랑스 농민의 태도와 아주 비슷했다. 프랑스든 러시아든 혁명이 일어났을 때 인구의 압도 다수는 농민이었다. 그리고 국가를 대하는 농민의 태도가 그 국가의 형태를 결정적으로 좌우했다.

엥겔스는 프랑스 농민이 자코뱅 정부를 대하는 태도를 다음과 같이 설명했다.

첫 번째 프랑스 혁명 때 농민들은 자신들의 가장 직접적이고 가장 명백한 사적 이익에 부합하는 한은 혁명적으로 행동했다. 봉건제 하에서 자신들이 경작해 온 토지의 소유권을 획득할 때까지, 봉건적 관계를 완전히 폐지하고 자기네 땅에서 외국 군대를 완전히 몰아낼 때까지는 그렇게 행동했다. 그러나 이런 과제들이 일단 성취되자 농민들은 자신들이 이해할 수 없는 도시의 운동, 특히 파리의 운동에 맹목적 분노를 터뜨리며 반대했다. 그래서 공안위원회와 국민공회는 완고한 농민들을 겨냥해 무수한 선언문과 포고령, 특히 최고 가격제와 투기꾼 처벌, 무장 파견대와 순회 단두대에 관한 선언문과 포고령을 공포해야 했다. 그러나 외국 군대를 몰아내고 내전을 종식시킨 공포 정치의 최대 수혜자가 바로 농민 계급이었다.[38]

프랑스와 아주 비슷한 러시아의 경험을 가장 잘 묘사한 자료 중 하나가 탐보프 주州의 체카 수장인 안토노프-오프세옌코가 작성한 보고서다. 이 보고서는 1921년 7월 20일 레닌에게 제출됐는데, 그 사본 한 부가 하버드대학교의 트로츠키 문서보관소에서 발견됐다. 40페이지나 되는 긴 보고서이므로 여기서는 그 일부를 발췌할 수밖에 없다.

탐보프 주에서 일어난 대규모 항의 봉기를 묘사하는 것으로 시작되는 그 보고서를 보면, 탐보프 주민 350만 명 가운데 수만 명의 농민이 봉기에 적극 가담했다.

1월 중순쯤 봉기 조직이 분명한 모습을 드러냈다.

다섯 군郡에서 마을위원회가 900개나 수립됐다. 마을 집회에서 선출된 위원회들은 처음에는 면面끼리, 나중에는 읍, 군별로 서로 연결되더니 마침내 주州 수준의 연계망까지 구축했다. ……

2월에 전투 가담자가 무려 4만 명이었다.

'야전'군 외에도 내부 경비 인원이 약 1만 명이나 됐다.

그 강도 무리들은 지역 주민들의 조직적 협력과 지원을 받았으므로 세력이 약해지지도 않았고 뛰어난 기동성을 발휘하며 동에 번쩍 서에 번쩍 할 수도 있었다. 그들의 전형적 전술은 촘촘한 기병 대열로 우리의 방심한 소규모 부대들을 완전히 포위한 다음 갑자기 공격하는 방식이었다. ……

다섯 군의 농촌 소비에트 당국은 거의 모두 도시로 도망쳐야 했다. 농촌의 당 조직은 파괴됐다. 농민들이 무장봉기한 마을에서는 당 조직이 체계적으로 당원들을 불러 모아 철수시킬 만큼 충분한 시간이 없었고, 그래서 최대 1000명의 공산당원이 학살당했다.

적군赤軍과 체카는 농민반란을 진압하려고 매우 가혹한 조처들을 취했다. 예컨대,

강도들과 내통하는 마을을 골라서 대대적인 공포정치를 실시한다. 그 마을이 노동자들에게 저지른 범죄를 죽 열거한 뒤 특별 '선고'를 내린다. 마을 주민 가운데 남성은 모두 혁명군사법원에 출두해서 재판을 받아야 한다. 강도의 가족들은 모두 수용소로 보내 인질로 삼는다. 강도 집단 가담자가 2주 안에 자수하지 않으면 그 가족은 탐보프 주에서 추방되고 그들의 재산(이미 조건부로 압류된)은 완전히 몰수된다. 일제 가택 수색을 실시해서 무기가 발견되는 집의 연장자는 현장에서 총살당한다. ……

이 명령이 제대로 실행된 모범 사례로 제1구역[을 들 수 있다 ― 지은이]
제1구역의 파레브스카야 면面은 강도들과 내통하며 완강하게 저항하던 곳이
었는데, 인질 제도와 집단 공개 총살을 확실하게 시행해서 마침내 강도 행위
적극 가담자들과 무기를 넘겨받고 저항을 분쇄할 수 있었다. 우리 체카와 군
대의 효과적인 활동도 이 작전의 성공에 한몫했다. ……

우리 정보기관은 5월 초에 강도 집단과 함께 전투에 가담한 자가 2만
1000명이었지만 7월 중순까지도 계속 전투에 가담한 자는 수백 명밖에 안
됐다는 사실을 확인했다. 나머지는 죽거나 다치거나(6월과 7월에 최대 2000명
의 강도가 살해됐다) 자수하거나 체포되거나 이탈했다. ……

정치위원회가 보고한 것을 보면, 6월 1일부터 7월 2일까지 강도 1748명이
체포됐고 2452명이 이탈했다. 자수한 강도가 1449명이고 …… 6672명이 이
탈했다. 모두 합치면 1만 2301명이다. 3430명과 913가구가 인질로 잡혔다.
157가구의 재산이 몰수됐고 주택 85채가 소각되거나 파괴됐다. 마지막 주에
는 이탈하다 붙잡힌 강도의 수가 1만 6000명으로 증가했고 인질로 잡힌 집이
1500가구, 재산을 몰수당한 집이 500가구, 소각되거나 파괴된 주택이 250채
로 증가했다. 강도 행위 가담자가 자수해서 풀려난 인질 가구가 300가구 이
상이었다. …… 가장 가혹한 조처들이 실시된 곳은 벨로메스트나야 면과 드
보이냐 면이었다. 그곳에서는 농민들이 무기와 강도들을 끈질기게 숨겨 주었
지만 쿨락 인질들이 두 차례 집단 총살당하자 마침내 굴복했다. 두 곳에서
총살당한 인질이 모두 합쳐 154명이다. 강도들의 가족 227가구가 인질로 잡
혔고, 주택 17채가 소각되고 24채가 파괴되고 22채가 마을 빈민들에게 넘겨
졌다. 예스탈스크 면에서는 인질과 강도 75명이 총살됐고, 주택 12채가 소각
되고 21채가 파괴됐다. 두 경우 모두 농민들은 강도를 300명이나 고발했는
데, 그중 일부는 농민들이 직접 데려왔다. 또, 라이플총 118정과 산탄총 25정,
리볼버 10정도 수거됐다. ……

크리보폴랴네 마을에서는 인질 13명이 총살당하자 사람들이 기관총 부품 저장소를 신고하고 몇몇 강도들을 고발하고 셀랸스키 집단의 잔당이 숨어 있던 곳을 알려 줬다. 탐보프 군에서는 6월 1일부터 7월 10일까지 무장 강도 59명과 비무장 강도 906명이 자수했고, 1445명이 이탈했다. 강도 1455명과 이탈자 1504명이 제거됐다. 549가구가 인질로 잡혔고, 295가구의 재산이 몰수당했고, 주택 80채가 파괴되고 60채가 소각됐다. 강도 591명과 인질 70명이 총살당했고, 강도들에게 은신처를 제공한 두 사람도 총살당했다. ……

수용소에 수감된 인질이 계속 늘어 약 5000명이 됐다.

왜 농민 대중은 정권에 맞서 무기를 들었는가? 체카 보고서는 다음과 같이 솔직하게 설명했다.

농민 봉기의 확산은 널리 퍼진 불만, 프롤레타리아 독재에 대한 농촌 소자산가들의 불만 때문이었다. 프롤레타리아 독재가 소자산가들을 무자비하게 강압하고, 농민의 경제적 특수성을 거의 신경 쓰지 않고 농촌을 제대로 돌보지 않은 것에 대한 불만 때문이었다. ……

대다수 농민들이 보기에 소비에트 정권이 하는 일은 지도위원이나 전권대사가 마을에 찾아와 아주 잠깐 머무르면서 면 집행위원회나 마을 소비에트에 무모한 명령을 내리거나 터무니없는 요구를 이행하지 못했다는 이유로 지역 기구 대표들을 투옥하는 짓 따위였다. …… 농민의 다수는 점차 소비에트 정권을 자신들과 사뭇 다른 이질적 존재, 그저 명령만 하는 존재, 열심히 명령은 내리지만 완전히 엉뚱한 명령이나 내리는 존재로 여기게 됐다.

소비에트 정권은 군사정부였을 뿐이다.

그 보고서는 다음과 같이 결론지었다.

농촌에서 소비에트 정권은 여전히 주로 군사정부일 뿐 경제적 정부는 아니다. 소비에트 정권은 외부에서 명령이나 내리는 강압 세력이지 농민의 공인된 지도자가 아니다. 농민들이 보기에 소비에트 체제는 폭군 같은 존재일 뿐 농촌을 조직하고 보살피는 정권이 아니다.[39]

농민이 완고하고 강력하게 반발했기 때문에 러시아 국가는 일그러질 수밖에 없었다. 그것은 레닌이 ≪국가와 혁명≫에서 그려 보인 이상적이고 전형적인 프롤레타리아 독재와는 사뭇 다른 모습이었다. 마르크스와 엥겔스를 좇아서 레닌은 노동자 국가가 소수 부르주아지에게는 독재를 강요하지만 다수에게는 완전한 민주주의를 보장할 것이라고 주장했다. 그러나 후진국에서 경제가 파탄 나고 국제 혁명이 계속 지연되는 상황에서 내전이라는 비상사태가 터지자 국가는 농민들에게 가혹한 조처들을 취할 수밖에 없었다. 그래서 다수(러시아에서는 농민)를 위한 민주주의가 불가능해졌다.

러시아 국가를 더한층 일그러뜨린 또 다른 요인이 있었다. 농민은 불가피하게 신생 프롤레타리아에 영향을 미칠 수밖에 없었다. 프롤레타리아가 농촌을 떠나온 지 얼마 안 됐기 때문이다. 그래서 탐보프의 체카 보고서는 탐보프의 철도 노동자들을 두고 다음과 같이 지적했다.

철도 노동자들은 계속 반혁명 세력의 중추 구실을 했다. ……

철도를 보호하려고 이미 4월 말부터 철도 부근 마을에서 인질을 붙잡아두는 정책이 실시됐다. 6월에는 전신망과 농촌의 교량을 보호하기 위해 인질을 억류하는 조처로까지 확대됐다. 7월에는 전신망이나 농촌 교량과 관련한 인질 억류 조처는 중단했지만, 인질들을 각자 마을에 남겨 두는 대신 철도가 파괴될 경우 가장 먼저 그들에게 책임을 묻겠다는 것만은 분명히 해 두었다.

심지어 탐보프의 볼셰비키당조차 농민들의 분위기에 휘말렸다.

1920~1921년 겨울에 당 조직은 심각한 위기를 겪고 있었다. 규율이 무너졌고, 사기가 점차 떨어졌고, …… 당원의 절반이 당을 떠났다.

　당 조직은 취약해졌고 기진맥진한 상태였다. 노동자들 사이에서는 반감이 커지고 있었다. …… 1년 전에 1만 4000명이었던 당원은 급감해서 기껏해야 5000명밖에 안 됐다.[40]

따라서 러시아 국가의 형태를 좌우한 주요 요인 가운데 하나는 공산주의를 대하는 농민의 태도였다. 농민의 태도 때문에 소비에트 정권은 자코뱅 독재의 성격, 즉 혁명적 소수가 대다수에게 자신의 의지를 강요하는 중앙집권적 독재 정부의 성격을 띠게 된 것이다.

결론

9장에서 우리는 산업 프롤레타리아의 상대적 비중이 감소했음을 보았다. 10장에서는 농업 프롤레타리아의 비중도 감소했음을 보았다. 반면에, 프티부르주아 농민의 비중은 계속 증대했다. 두 계급의 상대적 힘이 변했다는 것은 그들의 규모 변화를 살펴보면 분명히 알 수 있다. 앞서 말했듯이, 산업 노동자의 수는 1917년 300만 명에서 1921~1922년 124만 명으로 줄었고(58.7퍼센트 감소), 농업 노동자는 1917년 210만 명에서 1919년 3만 4000명으로 준(98.5퍼센트 감소) 반면, 농민 가구의 수는 1918년 1월 1일 1650만 가구에서 1920년 2400만 가구로 50퍼센트 이상 증가했다.[41]•

•　산업 노동자는 가구 수가 아니라 사람 수라는 사실을 주의하라. 다시 말해, 산업 노동자의 가구 수는 훨씬 더 적었다는 것이다.

10월 혁명 3주년 기념일에 〈프라우다〉에 실린 "프롤레타리아 독재 시기의 경제와 정치"라는 글에서 레닌은 매우 옳게도 다음과 같이 주장했다. "프롤레타리아 독재 덕분에 가장 먼저, 가장 많이, 직접적으로 이득을 얻은 집단이 바로 농민이었다."[42]

농민이 처한 상황과 그들이 취한 태도는 내전 기간과 심지어 훨씬 후까지도 러시아의 정치기구 ─ 국가, 소비에트, 정부 관료제, 당 ─ 의 모든 구조에 영향을 미쳤다.*

---

* 프롤레타리아와 농민의 계급 차이 때문에 레닌 시절의 소비에트 선거법은 둘을 형식적으로 평등하게 취급하지 않았다. 전 러시아 소비에트 대회의 대의원은 도시에서는 유권자 2만 5000명당 1명씩 선출된 반면 농촌에서는 주민 12만 5000명당 1명씩 선출됐다.(인구의 51퍼센트가 20세 이상 성인이었으므로 도시 인구는 농촌 인구에 비해 약 2.5 대 1로 과잉 대표됐다.

레닌은 다음과 같이 설명했다. "그렇다. 우리는 노동자와 농민 사이의 평등을 위반했다. …… 노동자 한 명의 표가 농민 몇 명의 표와 맞먹는다. 이것은 불공정한가? "그렇지 않다. 자본을 전복해야 하는 시기에는 그렇게 하는 것이 아주 공정하다."[43])

11 | 국가의 시들기?

내전 기간에 볼셰비키 정부는 세계 제국주의의 포위 공격을 받았을 뿐 아니라 자국 국민들 — 흔히 무관심하고 가끔은 노골적으로 적대적인 — 사이에서도 고립돼 있다고 느꼈다. 이런 상황은 소비에트 국가의 기능에 영향을 미칠 수밖에 없었다.

이상

먼저, [레닌의] 예상을 살펴보자. 레닌은 ≪국가와 혁명≫에서 프롤레타리아 독재가 수립되자마자 국가는 시들기 시작할 것이라고 강조했다. "마르크스는 프롤레타리아에게 필요한 국가는 시들어 사라지는 국가뿐이라고 말했다. 즉, 수립되자마자 시들기 시작하고 시들 수밖에 없는 국가 말이다."[1] 레닌은 국가가 시들어 사라지는 과정이 아무리 오래 걸리더라도 그 과정은 꾸준히 지속될 것이라고 예상했다.

국가는 부르주아지를 분쇄할 때는 강력하고 무자비해야 했다. 그와 동시에 국가는 민주적이기도 해야 했다. 왜냐하면 그 국가는 소수에 대한 다수의 독재이기 때문이다. 따라서 국가는 매우 민주적일 것이고 국가의 기능은 엄청나게 단순할 것이다. 자본주의 질서가 전복된 후의 시기는

전례 없이 폭력적인 계급투쟁이 전례 없이 첨예하게 벌어지는 시기다. 따라서 이 시기에 어쩔 수 없이 국가는 **새로운 방식으로** 민주적(프롤레타리아와 일반 무산자들에게는)이고 **새로운 방식으로** 독재적인(부르주아지에 맞서서는) 국가가 돼야 한다.

어제까지 임금노예였던 대다수가 소수 착취자들을 억압하는 것은 비교적 쉽고 간단하고 자연스런 과제이기 때문에 노예나 농노, 임금노동자들의 봉기를 진압할 때보다 훨씬 적은 피를 흘릴 것이고 인류의 희생도 훨씬 적을 것이다. 그리고 그것은 압도 다수의 사람들에게까지 민주주의를 확장하는 것과 양립할 수 있으므로 억압을 위한 **특수한 기구**의 필요성도 사라지기 시작할 것이다. 물론 착취자들은 복잡한 기구 없이는 민중을 억압할 수 없지만, 민중은 아주 간단한 '기구'만으로도, 거의 '기구'가 없이도, 특수한 기구 없이도, **무장한 민중의 간단한 조직**(노동자 · 병사 대표 소비에트 같은)만으로도 착취자들을 억압할 수 있다.[2]

레닌은 시민들이 스스로 행정 업무를 맡아 처리했던 고대 민주주의의 예를 들었다.

사회주의 사회에서는 '원시적' 민주주의의 많은 부분이 되살아날 것이다. 왜냐하면 문명사회의 역사에서 처음으로 주민 대중이 떨쳐 일어나 …… 국가의 일상적 행정 업무에 독자적으로 참여할 것이기 때문이다.[3]

프롤레타리아는

부르주아 국가기구, 심지어 공화제 부르주아 국가기구, 상비군·경찰·관료
제를 분쇄하고 산산조각 내서 이 지구상에서 쓸어버리고 그것들을 더 민주적
인 국가기구로 대체할 수 있을 것이다. 그 국가기구는 무장한 노동자들이 국
민 전체를 포괄하는 시민군을 건설하는 데까지 나아가겠지만, 그럼에도 그것
은 여전히 국가기구일 것이다.[4]

따라서 "무장한 프롤레타리아 자체가 정부가 될 것"이다.[5]

프롤레타리아 국가는 중앙집권적 국가이겠지만 코뮌들의 지역 자치를 바
탕으로 하는 민주적 국가, 자발적 연합이기도 할 것이다. "프롤레타리아와 빈
농은 국가권력을 장악하고 아주 자유롭게 자신들을 코뮌으로 조직할 것이
다."[6] 그리고 레닌은 "지방(주州나 성省), 지역, 코뮌의 관리들을 보통선거로
선출해서 완전한 자치를 실현하고, 지방·지역 당국의 관리를 국가가 임명하
는 제도를 폐지해야 한다"는 엥겔스의 말[7]을 지지하며 인용했다.

10월 혁명 직후 공포된 각종 포고령과 법률에는 '민주적 강화'나 '군대의
민주화' 등 '민주주의'라는 말이 거듭거듭 나온다. 레닌은 토지 포고령을 소개
하면서 "우리는 민주적 정부이므로 대중의 결정을 무시할 수 없습니다. 우리
가 그 결정에 동의하지 않더라도 말입니다" 하고 말했다. 비슷한 성명서가
수도 없이 발표됐다. 그러나 농민들이 반발하고, 안 그래도 소수였던 프롤레
타리아가 더욱 줄어들자 러시아의 프롤레타리아 독재는 '압도 다수'의 독재가
아니라 단호한 소수의 독재가 될 수밖에 없었다.

이제 이상에서 현실로 눈을 돌려, 10월 혁명 직전에 레닌이 묘사한 이상
이 상황 때문에 얼마나 일그러졌는지를 살펴보자.

국가 행정

1918년 7월 10일 제5차 전 러시아 소비에트 대회에서 채택된 러시아 사회주의 연방 소비에트 공화국RSFSR의 최초 헌법은 "전 러시아 소비에트 대회는 RSFSR의 최고 기구"라고 규정했다.[8]

처음에는 소비에트 대회가 자주 열렸다. 그래서 소비에트의 권력 장악을 선언한 1917년 11월 7일부터 헌법이 채택된 1918년 7월 10일까지 7개월 동안 소비에트 대회가 네 차례 열렸다. 그러나 내전이 시작되자 소비에트 대회는 점차 띄엄띄엄 열렸다. 헌법에 따르면 소비에트 대회는 "1년에 두 차례 이상" 소집돼야 했다. 이 규정은 1921년에 "1년에 한 차례"로 개정됐다.[9]

사실, 1918년 11월부터 1922년 12월까지 소비에트 대회는 1년에 한 차례만 열렸다. 소비에트 대회가 이처럼 띄엄띄엄 열리게 된 것은 그 규모가 너무 커서 내전 상황에서는 대회를 자주 소집하기가 쉽지 않았다는 단순한 이유 때문이었다. 소비에트 대회의 대의원 수는 1917년 11월 649명에서 1년 후 1296명으로 늘었고 1922년 12월에는 2214명까지 늘었다.[10]

소비에트 대회의 권력은 중앙집행위원회VTsIK로 넘어갔다. 헌법에 따르면, 중앙집행위원회는 소비에트 대회의 하위 기구였다. 헌법 제29조는 "전 러시아 중앙집행위원회는 전 러시아 소비에트 대회에 전적으로 책임을 져야 한다"고 규정했다. 그러나 중앙집행위원회의 권한도 강력했다. 헌법은 다음과 같이 규정했다.

소비에트 대회가 열리지 않는 기간에는 전 러시아 중앙집행위원회가 공화국의 최고 기구다.

전 러시아 중앙집행위원회는 RSFSR의 최고 입법·행정·감독 기구다.

전 러시아 중앙집행위원회는 노동자·농민 정부와 전국의 모든 소비에트 권력 기구의 활동에 필요한 일반 지침을 제시한다.

전 러시아 중앙집행위원회는 인민위원회나 정부 각 부처가 제출한 포고령 초안 등 각종 법안을 심의·승인하거나, 독자적으로 포고령과 법률을 공포할 수 있다.

전 러시아 중앙집행위원회는 전 러시아 소비에트 대회를 소집해서 자신의 활동을 설명하고 일반적 정책과 특별한 문제를 보고한다.

전 러시아 중앙집행위원회는 인민위원을 비롯한 …… 정부 부처 관리들을 임명한다.

전 러시아 중앙집행위원회는 인민위원회의 결정이나 명령을 취소하거나 유보할 수 있다.[11]

따라서 헌법 규정에 따르면, 중앙집행위원회는 인민위원회, 즉 소브나르콤보다 더 강력한 상위 기구였다.

그러나 실제로는 중앙집행위원회의 상임위원회(와 소브나르콤)가 중앙집행위원회의 권력을 잠식했다. 그 이유는 소비에트 대회와 마찬가지로 중앙집행위원회의 규모가 너무 커서 행정 지도부로서 유연하지 못했기 때문이다. 헌법 규정에 따르면, 중앙집행위원회의 규모는 최대 200명이었다. 그러나 8차 소비에트 대회(1920년 12월) 때 300명까지 늘었고, 9차 대회(1920년 12월) 때는 386명까지 늘었다.

중앙집행위원회 회의도 점점 더 띄엄띄엄 열렸다. 처음의 헌법 규정은 적어도 두 달에 한 번씩 열려야 한다는 것이었지만 9차 소비에트 대회에서 '적어도 1년에 세 차례'로 개정됐다.

7차 소비에트 대회(1919년 12월)에서 레닌은 백군과 전쟁을 해야 하므로 중앙집행위원회 회의를 자주 열지 못하는 것은 불가피하다고 옹호했다. "소비에트 회의가 좀처럼 열리지 않고 선거도 충분히 자주 실시되지 않는다고들 합니다." 분트 대표가 "중앙집행위원회가 회의를 열지 않는 것은 정말로 끔찍한 범죄"라고 불평한 말을 인용하며 레닌은 다음과 같이 대답했다.

우리는 콜차크, 데니킨 등과 싸우고 있습니다. …… 우리는 비록 승리하고
있지만 매우 어려운 전쟁을 하고 있습니다. 여러분도 아시다시피, 우리는 침
략을 받을 때마다 모든 중앙집행위원을 전선으로 보내야 했습니다. …… 다
른 나라에 비해 우리 나라에는 오랜 투쟁으로 단련되고 대중을 지도할 수
있을 만큼 경험 많은 노동자들이 매우 적습니다.[12]

상임위원회가 중앙집행위원회를 사실상 대체했다. 1917년 11월 7일 중앙
집행위원회 체계가 처음 만들어졌을 때는 상임위원회가 없었다. 그러나 곧
중앙집행위원회 회의의 실무를 준비하고 중앙집행위원회 산하 분과 기구들
을 지속적으로 감독하기 위해 7~8명으로 이루어진 상임위원회가 비공식 기
구로 설립됐다. 그 후 몇 달 사이에 중앙집행위원회가 특정 과업을 이 상임위
원회에 넘기는 것이 관행이 됐다. 그러나 최초의 소비에트 헌법에서도 상임
위원회는 권력 기구에 포함되지 않았다.

이런 간극이 공식 권력 구조에서 정식으로 인정된 것은 1년 반이 지난
1919년 12월 9일 7차 소비에트 대회에서 상임위원회의 임무와 권한에 관한
특별 결정이 채택됐을 때였다.

상임위원회는 중앙집행위원회 회의를 운영한다.
중앙집행위원회 회의의 실무 준비를 맡는다.
중앙집행위원회 전체회의에서 심의할 포고령 초안을 제출한다.
중앙집행위원회 결정 사항이 제대로 이행되는지 감독한다.
중앙집행위원회 회의가 열리지 않는 기간에 소브나르콤의 결정 사항을 승인하
거나 유보하거나 차기 중앙집행위원회 전체회의로 이월시킬 권한을 갖는다.[13]

상임위원회 회의가 얼마나 자주 열려야 하는지를 분명히 정한 규정은 없었다. 그러나 칼리닌은 1921년 3월 19일부터 5월 30일까지의 상임위원회 활동을 보고하며 그 기간에 상임위원회 회의가 19차례 열렸다고 말했다. 매주 평균 3차례 이상 회의가 열린 셈이다.[14]

그러나 실제로는 소비에트 대회든 중앙집행위원회든 심지어 중앙집행위원회 상임위원회든 인민위원회, 즉 소브나르콤의 실질적 권력에는 미치지 못했다. 가장 탁월한 당원들이 소브나르콤에 포진해 있었으므로, 소브나르콤이 단지 형식적으로만 소비에트 대회나 중앙집행위원회에 종속돼 있다는 사실은 아주 일찍부터 분명해졌다. 내전이 본격적으로 전개되자 핵심 권력이 소브나르콤의 수중으로 더한층 집중된 반면 전 러시아 소비에트 대회와 중앙집행위원회의 권력은 갈수록 약해졌다.

"인민위원회가 직접 비상조치를 취할 수 있다"는 1918년 헌법의 조항이 내전 시기와 국가 비상사태 기간에 점점 더 자주 이용됐다. 사실, 그런 상황에서는 모든 결정이 비상조치나 마찬가지였다.

소브나르콤은 완전한 집행권뿐 아니라 포고령 입법권까지 무제한으로 행사했다. 출범 첫 해에 소브나르콤은 480개의 포고령을 통과시켰고, 그 중에 68개만 중앙집행위원회에 제출해서 승인을 받았다. 1917~1921년에 소브나르콤은 1615개의 포고령을 공포한 반면, 중앙집행위원회가 공포한 포고령은 375개뿐이었다.[15]

지역 소비에트 권력의 쇠퇴

10월 혁명 후 내무부는 지역 소비에트가 하는 구실을 다음과 같이 규정했다.

지역에서 소비에트는 행정 기구, 지역 권력 기구다. 지역 소비에트는 그 지역의 행정, 경제, 금융, 문화, 교육 기구를 모두 통제해야 한다. ……

이 각각의 기구는 아무리 소규모라도 지역 수준의 문제에서는 완전히 자율적이어야 한다. 그러나 그 활동은 중앙 권력의 일반적 포고령과 결정 또는 상급 소비에트 기구의 결정에 어긋나지 않아야 한다.[16]

소브나르콤이 전 러시아 소비에트 대회의 권력을 잠식하고 있을 때 지역 소비에트의 권력도 중앙으로 집중되고 있었다.

내전 때문에 지역 소비에트의 기능이 붕괴했다. 주요 도시에서 구區 소비에트가 사라졌다. 수많은 시市 소비에트의 행정이 주州 소비에트의 행정으로 통폐합됐고, 헌법에 따라 설립된 지역 기구들은 유명무실해졌다. 당시 중요한 구실을 한 기구가 이른바 레브콤Revkom, 즉 혁명위원회였다. 레브콤은 1919년 10월 24일 소브나르콤 포고령에 따라 전쟁 피해 지역에 설립됐는데, 지역 소비에트는 모두 레브콤의 지시를 따라야 했다.[17] 레브콤은 흔히 볼셰비키당 지역위원회와 겹쳤다.

1919년 12월 제7차 전 러시아 소비에트 대회에서 카메네프는 내전 시기의 소비에트 모습을 다음과 같이 암울하게 묘사했다.

우리는 전쟁 때문에 최상의 노동자들이 많은 도시에서 빠져나갔다는 것과 그래서 때때로 이런저런 주도州都나 지역의 주요 도시에서 소비에트를 건설하거나 소비에트가 제 기능을 하기 힘들다는 것을 알고 있습니다. …… 정치 기구로서 소비에트 전체회의는 시간 낭비이기 일쑤이고 사람들은 순전히 기계적이고 자질구레한 일을 처리하기 바쁩니다. …… 소비에트 전체회의가 소집되는 일은 거의 없고, 회의가 열리더라도 대의원들은 그저 보고를 승인하거나 연설을 듣기만 하고 그냥 해산합니다.[18]

지역 소비에트의 권한은 대부분 당 지역 조직으로 넘어갔다. 그 이유 중 하나는 지역 소비에트 행정 기구의 후진성과 부패 때문이었다. 1918년 12월 스탈린은 동부 전선의 붕괴를 보고하면서 지역 소비에트가 패배의 책임을 져야 한다고 주장했다. 그는 지역 소비에트의 직원 대다수가 옛 차르 체제의 지방자치 기구인 젬스트보에서 근무했던 자들이라고 지적했다. 예컨대, 뱌트카 지역에서는 소비에트 당국의 전체 직원 4766명 가운데 4467명이 그런 자들이었다.[19] 따라서 이렇게 믿기 힘든 소비에트를 감독하려면 당 지역 조직을 강화해야 한다고 스탈린은 주장했다.

체카의 구실

소비에트를 약화시킨 또 다른 중요한 요인은 보안경찰, 즉 체카의 득세였다. 체카의 득세도 내전이라는 가혹한 상황과 직결돼 있었다. 앞에서, 적색테러의 확산과 그 도구인 체카의 득세는 백색 테러에 대응한 것이었음을 살펴보았다.* 체카는 처음에는 매우 작은 기구였지만 급속하게 성장했다. 1918년 2월에 체카 요원은 120명이었다. 라치스에 따르면, 그해 말쯤 체카 요원은 모두 합쳐 3만 1000명이나 됐다.[20]

내전 시기에 체카는 중앙과 지방을 막론하고 모든 행정 부서에 침투했다. 1918년 8월까지 체카는 38개 주와 365개 구역에 지부를 설치했는데, 이는 당시 소비에트가 사실상 지배하던 지역을 모두 포괄하는 범위였다. 1918년 8월 28일 체카 중앙이 각 지부에 내린 지침을 보면, 체카는 어느 정부 부서나 소비에트 집행위원회에도 복종할 필요가 없고 오히려 그들을 지도해야 한다고 돼 있다.

------

*   34~36쪽을 보시오.

한 역사가는 당시 체카의 지위를 두고 다음과 같이 말했다.

1918년 가을에 공급과 군사적 방어 분야에서 체카의 권력은 무제한이었고 체카 지부의 승인 없이는 아무 일도 할 수 없었다. 당시는 소비에트 러시아가 내전과 외국 군대의 간섭이라는 끔찍한 위협에 직면해 있을 때였다. 체카는 모든 곳을 감시했다. 전선이 끊임없이 바뀌면서 일부 소비에트가 붕괴하면, 자체 군대를 보유하고 있었던 체카가 전쟁 피해 지역에서 국가의 권위를 대표했다.[21]

1918년 11월 말 체카는 철도, 해운, 우편, 전신 분야의 주요 거점에 출장소를 설치했다. 또, 공급부의 무장 부대도 넘겨받았다.

체카가 지역에 비상위원회를 설립해서 체계적인 행정 기구를 구축하고 따라서 진정한 중앙집권적 기구로 성장하자 당연히 내무부와 충돌하게 됐다.

1918년 3월 체카가 지역 지부를 구축하기 시작했을 때 내무부는 체카 지부가 소비에트 조직의 일부가 돼서 [소비에트] 체계의 통일성을 해치지 않을 것이라고 생각했다. 그러나 실제로는 비상위원회가 지역 소비에트에 복종하지 않았다. 그 뒤 몇 달 동안 소비에트 대표들과 보안 기구 지도자들이 권력 투쟁을 벌이며 서로 상대방을 체포하는 일이 가끔 벌어졌다.[22]

내무부의 한 인사는 "모든 권력을 소비에트로"라는 옛 구호가 "모든 권력을 체카로"라는 구호로 바뀌었다고 불평했다.

지역 소비에트와 비상위원회 사이의 갈등은 1918년 11월 20일 내무부가 발표한 조사 결과에서도 분명히 드러난다. 이 조사 결과를 보면, 체카를 소비에트 집행위원회에 종속시키는 것에 찬성하는 소비에트가 119개였고, 체카를 소비에트 '행정 분과'에 통합하기를 원하는 소비에트가 99개였던 반면, 체카의 독립적 지위를 옹호한 소비에트는 19개뿐이었다.[23]

체카가 당 위에 군림할 수 있는 위험은 명백했다. 1918년 말과 1919년 초에 〈프라우다〉와 〈이즈베스티야〉는 체카를 비판하는 기사들을 대대적으로 내보냈다. 그런 강력한 불신과 압력 때문에 1919년 1월 24일 중앙집행위원회는 각 지역의 비상위원회를 해체하는 결정을 내렸다.[24]

그러나 1919년 여름과 가을에 콜차크와 데니킨의 공세가 절정에 이르고, 한동안 소비에트 공화국이 모스크바 반경 600킬로미터 지역으로 축소돼 포위당한 요새 비슷해지자 체카 비판뿐 아니라 다른 비상 기구를 비판하는 것도 모두 금지됐다.

비록 내전에서 승리하려면 체카가 반드시 필요했지만 레닌은 체카가 완전히 독립적인 기구로 발전할 수 있는 위험을 잘 알고 있었다. 내전이 끝나고 체카의 권력을 축소할 수 있는 기회가 오자마자 그는 곧바로 조처를 취했다.

그래서 1921년 12월 23일 9차 소비에트 대회 연설 — 생애 말년의 마지막 연설 가운데 하나 — 에서 레닌은 다음과 같이 말했다. "반드시 체카를 개혁하고, 체카의 기능과 권한을 명확히 하고, 체카의 업무를 정치 문제로 제한해야 합니다. …… 혁명의 합법성 강화라는 구호를 명확히 제시해야 합니다."[25]

9차 소비에트 대회는 다음과 같이 결정했다.

대회는 이제 소비에트 권력을 안팎으로 강화해서 체카와 산하 기구의 활동 범위를 제한하고, 위법 행위에 맞선 투쟁은 사법기관에 맡겨야 한다고 판단한다.

따라서 소비에트 대회는 중앙집행위원회 상임위원회가 최대한 빨리 체카와 산하 기구를 재편하고 권한을 제한하고 혁명적 합법성이라는 원칙을 강화하는 의미에서 체카와 산하 기구의 내규를 검토할 것을 명령한다.[26]

적군(赤軍)

국가의 오른팔은 군대다. 레닌의 말을 빌리면, 국가는 "감옥 등을 관장하는 특별한 무장 집단이다."[27]

권력을 장악하고 나서 며칠 후에 레닌은 다음과 같이 썼다. "민중을 모두 무장시키고 정규군을 폐지하는 것은 단 한 순간도 잊지 말아야 하는 우리의 과제다."[28]

1917년 4월 레닌은 "병사들이 장교를 선출해야 하는가?" 하고 물은 뒤 다음과 같이 분명하게 대답했다. "장교는 선출돼야 할 뿐 아니라 병사들이 특별히 선출한 사람들이 모든 장교와 장군의 일거수일투족을 감시해야 한다."

그리고 나서 레닌은 "병사들이 독자적으로 상관을 갈아치우는 것이 바람직한가?" 하고 물은 뒤 다음과 같이 대답했다. "그것은 모든 면에서 바람직할 뿐 아니라 필수적이다. 병사들은 오직 선출된 권위에만 복종하고 경의를 표할 것이다."[29]

처음에 볼셰비키 정부는 군대를 민주화하는 급진적 조처들을 취했다. 그래서 1917년 12월 16일(29일) 소브나르콤은 다음과 같은 포고령을 공포했다.

군부대의 모든 권력은 부대 병사위원회와 병사 소비에트에게 있다. ……

[병사 — 지은이]위원회는 직접 소관 사항이 아닌 [군대 — 지은이] 활동도 통제할 수 있다.

이제부터 군 장교는 선출하는 것을 원칙으로 한다. 연대장까지 모든 지휘관은 [각급 부대의 — 지은이] 총투표로 선출한다. …… 최고사령관을 포함해서 연대장보다 높은 지휘관은 [지휘관 선출을 위해 구성된 — 지은이] 부대 위원회 …… 대회에서 선출한다. ……

군의관, 공병 장교, 조종사 …… 등 특별 훈련이 필요한 기술직 [지휘관]은 …… 위원회가 …… 특별한 전문 지식을 가진 사람들 중에서 …… 임명한다.

참모총장은 …… 특별 훈련을 받은 사람들 중에서 선출한다.

이튿날 소브나르콤은 다음과 같은 포고령도 공포했다.

1. 하사에서 장군까지 모든 계급과 칭호를 폐지한다. 이제 러시아 공화국의 군대는 자유롭고 평등한 시민들로 구성되고, '혁명 군대의 병사'라는 명예로운 칭호를 갖게 될 것이다.
2. 기존의 각 계급과 칭호에 따른 특권과 표식을 모두 폐지한다.
3. 경례를 폐지한다.
4. 모든 훈장과 계급 구별을 나타내는 각종 상징을 폐지한다.
5. 장교 단체를 모두 폐지한다.
6. 장교의 시중을 드는 당번병 제도를 폐지한다.[30]

그러나 볼셰비키는 군대 민주화라는 이상에서 급히 후퇴할 수밖에 없었다. 1918년 3월 13일 전쟁 인민위원과 최고전쟁위원회 의장에 임명된 트로츠키는 공화국 군대를 조직하기 시작했다.

혁명 군대의 최초의 병사들은 적위대로 구성됐다. 혁명 초기에 징병제를 실시했다면 틀림없이 실패했을 것이다. 온 나라가 전쟁에 신물이 나 있었고, 볼셰비키가 대중의 마음을 사로잡을 수 있었던 것도 평화를 실현하겠다는 주장 덕분이었기 때문이다. 그래서 자원병들을 모아서 혁명 군대를 건설하기로 결정했다. 1918년 4월까지 10만 명 이상의 자원병이 적군에 입대했다.

그러나 내전이라는 비상 상황에서 소비에트 정부가 자원병에만 의존할 수는 없었다. 16개 군[군단보다 크고 집단군보다 작은 행정·전술 편성 부대]으로 8000킬로미터의 전선을 방어해야 했으므로 징병제를 실시할 수밖에 없었다. 그래서 적군의 규모는 자꾸 커져서 100만 명, 200만 명, 300만 명으로 늘어나

더니 마침내 500만 명까지 늘어났다.

처음에 트로츠키는 프롤레타리아 사이에서 자원병을 모집해 적군을 건설했다. 그는 군대에서 프롤레타리아 중핵이 확고하게 구축된 뒤에야 농민을 징집하기 시작했다. 먼저 빈농을 징집했고 나중에는 중농中農도 징집했다. 그러나 이 농민들은 집단으로 탈영하는 경우가 흔했고, 그들의 사기는 전황에 따라 급격하게 요동쳤다.

농민 탈영병 수는 1919년 1월 1일부터 이듬해 1월 1일까지 약 284만 6000명으로 추산된다. 1919년 한 해 동안 부대로 복귀한 탈영병이 175만 3000명이었다.

1919년 2월 무렵 약 100만 명이었던 적군은 1920년 1월 1일까지 약 300만 명으로 늘어났다.[31] 탈영병의 90퍼센트 이상은 징집 명령을 따르지 않은 사람들이었다. 1919년 하반기에 탈영병은 모두 합쳐 약 150만 명이었다. 탈영병은 가혹하게 처벌한다는 위협에서 즉시 부대로 복귀하면 용서한다는 약속까지 다양한 탈영 방지 조처가 취해졌다. 1918년 12월에 중앙과 지방에 탈영방지위원회가 설치됐고, 이듬해 5월에는 더 광범한 기층 지역 수준에서도 탈영방지위원회들이 건설됐다. 1919년 하반기에는 거의 100만 명의 탈영병이 자발적으로 부대에 복귀했다. 거의 모두 탈영병으로만 구성된 부대도 가끔 있었다.[32]

병사들의 전투 능력은 출신 계급 배경과 밀접한 관련이 있었다. 1920년에 적군의 노동자 비율을 분석한 글은 다음과 같이 지적한다.

전투에서 두각을 나타낸 사단들의 노동자 비율은 26.4퍼센트(제8기병 사단)에서 19.6퍼센트(제28라이플 사단)까지 다양했다. 부됸니가 이끄는 유명한 제1기병군[데니킨의 백군을 격퇴하는 데서 중요한 구실을 했다]의 노동자 비율은 21.7퍼센트였다. 반면에, 전투 능력이 아주 낮은 것으로 평가된 제9라이플 사단의 노동자 비율은 10.5퍼센트밖에 안 됐다. 징계나 처벌을 받은 파견대의 노동자 비율은 9.7퍼센트였고, 체포된 탈영병들이 소속된 파견대의 노동자 비율은 겨우 3.8퍼센트였다. 당시 적군 전체의 노동자 비율은 14.9퍼센트였고, 전선의 야전 부대는 노동자 비율이 16.5퍼센트였던 반면 후방 부대의 노동자 비율은 11.13퍼센트였다.[33]

적군에서 볼셰비키가 한 구실은 1920년 5월 트로츠키가 서부 전선의 지도위원과 지휘관에게 내린 명령을 보면 분명히 알 수 있다.

각 소대, 반2개 분대를 하나로 합친 것, 분대에는 공산당원이 반드시 있어야 한다. 그는 비록 젊더라도 대의에 헌신하는 사람이어야 하고, 가장 가까운 동료 병사들의 사기를 잘 살펴야 하고, 동료들에게 전쟁의 목표와 문제점을 설명해야 하고, 자신이 잘 모를 때는 소속 부대의 지도위원이나 다른 책임 있는 정치 활동가에게 설명을 요청해야 한다. 어떤 전투 상황에서든 부대 안에서 그런 비공식적·개인적 선동이 끊임없이 이뤄지지 않는다면 말과 글을 통한 공식적 선동도 효과가 없을 것이다. ……

적군 안에서 **공산당원들의 행동**은 부대의 사기와 전투 능력에 결정적 영향을 미칠 것이다. 따라서 공산당원들을 조직적으로 배치해야 하고, 그들을 신중하게 지도해야 하고, 그들의 활동을 계속 주의 깊게 점검해야 한다. …… 혁명적 군사 평의회와 각 군의 정치부, 사단의 지도위원과 정치부, 여단과 연대의 지도위원은 각종 전투가 끝날 때마다 전투 수행과 관련해서 소속 부대 공산당원들의 행동을 신중하게 점검해서 단호하지 못한 자들을 가차 없이 축출하고 이기적인 겁쟁이들을 엄하게 처벌해야 한다.[34]

소비에트 군대 역사가인 F 니코노프는 내전 시기에 적군 부대의 전투 능력을 공산당원의 비율에 따라 다음과 같이 분류했다. 부대 병사들 중에서 공산당원이 4~5퍼센트이면 쓸모없는 부대, 6~8퍼센트이면 보통의 전투 능력을 가진 만족스런 부대, 12~15퍼센트이면 돌격 부대였다.[35]

많은 공산당원은 열광적으로 대의에 헌신했다. 그들은 만약 자신이 백군에게 붙잡혀서 공산당원이라는 사실이 발각되면 고문 끝에 살해당할 것임을 잘 알고 있었다. 그래서 그들은 필사적으로 용감하게 싸웠고 다른 병사들도 자신처럼 싸우도록 고무했다.

적군을 건설하는 데 가장 큰 장애물은 도덕적·정치적 요인이었다. 병사들은 볼셰비키가 규율과 권위에 맞서 반란을 일으키라고 선동한 것을 생생하게 기억하고 있었다. 그래서 트로츠키가 병사위원회는 연대를 이끌고 전투에서 승리할 수 없을 것이라고, 그리고 군대에는 중앙집권화와 형식적 규율이 필요하다고 결론지었을 때, 이것은 그동안 볼셰비키가 선전했던 것과 완전히 모순되는 것이었다. 군대에서 쫓겨났던 구체제 장교들이 이제 전문가랍시고 다시 적군에 들어와야 했다. 혁명의 화신이었던 병사위원회가 이제는 용납할 수 없는 존재가 돼 버렸다. 과거의 규율을 아직도 생생하게 기억하고 있는데, 새로운 규율이 도입돼야 했다.

트로츠키는 방위 문제에서 용기와 혁명적 열정만으로는 충분치 않다고 주장했다. "공업에 기술자가 필요하고 농업에 농학자가 필요하듯이 방위에는 군사 전문가가 반드시 필요하다."[36]

군사 전문가 총 동원령이 처음 내려진 것은 1918년 7월 29일이었다. 그해 말까지 동원된 군사 전문가가 3만 6971명이었고, 그중에서 2만 2295명이 장교였다.[37] 1920년 8월 15일까지 4만 8409명의 구체제 장교가 소집됐고, 그중에서 약 3만 명이 현역에 복귀했다(내전 말기의 '지휘관'은 모두 합쳐 약 13만 명이었다).[38]

구체제 장교들을 통제하려고 트로츠키는 정치[적 지도]위원들에게 의존했는데, 그들은 매우 중요한 구실을 했다. 지도위원은 장교들의 정치적 충성심을 감시하고 부대에서 당 활동을 책임지거나 정치 선전과 교육 활동을 해야 했다. 규칙에 따르면, 작전 명령서에는 지도위원의 서명이 있어야 했다. 그것은 군사 작전이 반혁명 기도가 아니라는 것을 보증하는 장치였다. 그러나 모든 작전 명령의 군사적 책임은 여전히 전문가들에게 있었다.

처음부터 트로츠키는 지도위원이 강력한 권한을 위임받은 만큼 의무를 게을리 했을 때는 가혹한 처벌을 받을 것이라는 점을 분명히 해 두었다. 그래서 1918년 8월 14일 트로츠키는 다음과 같이 선언했다. "이로써 내가 경고하건대, 어느 부대든 스스로 퇴각한다면 그 부대의 지도위원이 가장 먼저 총살당할 것이고 그 다음에 지휘관이 총살당할 것이다. 용감하게 싸운 병사는 보상을 받고 지휘관으로 승진할 것이고, 겁쟁이와 배신자는 총탄을 면치 못할 것이다."[39]

지도위원은 프롤레타리아가 군대를 통제하는 데 반드시 필요한 수단이었다. 1919년 12월 제7차 소비에트 대회에서 트로츠키는 다음과 같이 지도위원들을 칭송했다. "우리는 지도위원들에게서 …… 새로운 공산주의 무사도를 발견합니다. 그들은 아무런 신분적 특권도 누리지 않지만 노동계급의 대의를 위해 죽을 수 있고 남들에게도 그렇게 죽으라고 가르칠 수 있는 사람들입니다."[40]

그러나 적군의 중핵이었던 프롤레타리아의 혁명적 정신과 공산당원들의 영웅적 헌신에도 불구하고 레닌이 ≪국가와 혁명≫에서 묘사한 이상적인 노동자 시민군과 적군이 완전히 달랐다는 것은 분명하다.

관료주의로 일그러진 거대한 국가

국가 관리의 수가 급증해서 1920년 말에는 588만 명이나 됐다. 이는 산업 노동자보다 다섯 배나 많은 수치였다.[41]

이 국가 관리들은 주로 부르주아 출신이었다. 당이 국가기구를 강화하려고 수많은 노동자를 동원한 것은 사실이다. 그러나 노동자는 소수였고, 옛 국가 관료들은 기술도 뛰어나고 문화 수준도 높았기 때문에 노동자의 비중은 더한층 왜소해졌다. 그래서 레닌은 1920년 6월 12일 다음과 같이 말했다. "소비에트 정부는 수많은 사무직 노동자를 고용하고 있는데, 그들은 부르주아 아니면 반#부르주아 출신입니다. …… 그들은 우리 소비에트 정부를 결코 신뢰하지 않습니다."[42]

1922년 여름에 모스크바에서 책임 있는 관직을 맡고 있던 기술자와 전문가 270명(이들은 꽤 대표성 있는 표본이라 할 수 있다)을 대상으로 비밀 설문조사가 실시됐는데, 이 조사 결과를 보면 레닌의 말이 사실이었음을 알 수 있다. 이 기술자, 전문가 들은 두 부류로 나뉘는데, 첫째 부류는 혁명 전에 고위 관직에 있던 자들이고 둘째 부류는 구체제 하에서 '평범한 기술자'였던 자들이다. 그들에게 세 가지 질문을 했다. 소비에트 정부를 지지하는가? 자신의 일이 사회적 가치가 있다고 생각하는가? 뇌물 수수는 용납될 수 없다고 생각하는가? 세 가지 질문에 그렇다고 대답한 사람이 첫째 부류에서는 각각 9퍼센트, 30퍼센트, 25퍼센트였고, 둘째 부류에서는 13퍼센트, 75퍼센트, 30퍼센트였다.[43]

관료주의의 위험을 항상 깨닫고 있었고 거듭거듭 관료주의를 강력하게 비판하고 이에 맞선 투쟁을 요구한 사람이 있었다면 그는 바로 레닌이었다. 1919년 3월 12일 레닌은 페트로그라드 소비에트 11차 회의에서 다음과 같이 말했다.

지역에서 관료적 형식주의, 곰팡이, 이끼가 잔뜩 자라났습니다. 이에 맞서 싸워야 합니다. …… 우리는 구체제의 관료들을 쫓아냈지만 그들은 다시 돌아왔습니다. …… 그들은 옷깃에 붉은 리본을 달고 따뜻한 구석을 찾아 슬금

슬금 기어왔습니다. 그들을 어찌해야 할까요? 우리는 이 쓰레기들에 맞서 끈질기게 싸워야 합니다. 이 쓰레기들이 다시 기어 들어오면 거듭거듭 쓸어내야 하고, 쫓아내야 하고, 우리가 잘 아는 공산주의 노동자들과 농민들이 그 쓰레기를 계속 감시하게 해야 합니다.[44]

1919년 3월 8차 당대회에서는 다음과 같이 말했다.

차르 시절의 관료들은 소비에트 기구에 들어와서 관료적 방식을 실천하기 시작했고, 공산당원인 양 행세하고 출세하려고 러시아 공산당 당원증을 손에 넣기 시작했습니다. …… 우리가 가장 절실하게 느끼는 것은 교육받은 사람들이 턱없이 부족하다는 것입니다.[45]

1921년 이후 레닌은 점점 더 강력하게 관료주의를 비판했다. 1921년 10월 17일 정치교육청의 대표자 협의회에서 연설하며 레닌은 다음과 같이 말했다.

지금 우리 주위에서는 뇌물 수수가 판을 치고 있습니다. …… 제가 보기에 지금 우리가 맞서 싸워야 할 주요 적은 세 가지입니다. …… 첫째는 공산당원들의 자만심, 둘째는 문맹, 셋째는 뇌물 수수입니다.[46]

1921년 12월 23일 그는 국가경제최고평의회VSNKh의 P A 보그다노프에게 다음과 같이 썼다. "우리는 썩어 빠진 관료주의를 공개적으로 심판하는 법을 모르고 있습니다. 그래서 우리는 모두, 특히 법무부는 악취 나는 줄에 매달려 교수형 당해야 합니다. 그리고 저는 이 때문에 우리가 어느 날 교수형 당할 것이고 그래야 마땅하다는 생각을 떨쳐 버리지 못합니다."[47]

1922년 2월 21일 레닌은 공공사업위원회 부의장인 A D 츄루파에게 다음과 같이 썼다. "관료주의의 늪에 빠져 탁상행정이나 포고령에 매달려서는 안 됩니다. 실제로 일할 사람들을 찾아내고 그들의 일을 점검하는 것, 그것이 가장 중요합니다."[48]

1922년 11월 13일 코민테른 대회에서 마지막으로 연설하면서도 레닌은 마찬가지로 솔직하고 분명하게 기존 국가기구의 부르주아적·보수적 성격을 지적했다.

> 우리는 낡은 국가기구를 인수했습니다. 그것은 우리의 불행이었습니다. 그 기구는 우리의 생각과 반대로 작동하기 일쑤였습니다. 1917년에 우리가 권력을 장악하자 정부 관리들은 우리에 대항해 사보타주를 감행했습니다. 깜짝 놀란 우리는 "제발 돌아오라"고 간청했습니다. 그들은 모두 돌아왔지만, 그것도 우리의 불행이었습니다. 이제 정부 직원은 엄청나게 많지만 그들을 실제로 통제할 수 있는 충분히 교육받은 사람들은 턱없이 부족합니다. 사실, 우리가 정치권력을 행사하고 있는 여기 상층에서는 국가기구가 그럭저럭 작동하지만 하층에서는 정부 직원들이 우리의 조처를 무력화하는 식으로 통제권을 멋대로 행사하는 일이 다반사로 벌어지고 있습니다. 상층에는 정확히는 모르지만 어쨌든 제 생각에는 우리 사람이 수천 명이 있고 바깥에는 수만 명이 있습니다. 그러나 하층에는 우리가 차르와 부르주아 사회에서 넘겨받은 구체제 관리 수십만 명이 있습니다. 그들은 약간은 의도적으로 그리고 약간은 무의식적으로 우리 일을 방해하고 있습니다.[49]

결론

내전은 모든 국가기구에 결정적 영향을 미쳤다. 부하린과 프레오브라젠스키의 말을 빌리면, "격렬한 내전이 여전히 지속되고 있는 오늘날, 우리의 조직들은 모두 전시 체제로 움직여야 한다. 소비에트 권력의 기구들은 군사적 노선에 따라 건설돼야 한다. …… 오늘날 러시아에 존재하는 것은 단순한 프롤레타리아 독재가 아니라 군사적 프롤레타리아 독재다."[50]

모든 국가기구가 관료적으로 중앙집권화한 근본적 이유는 혁명적 국가가 외국 군대와 러시아 백군에게 포위당한 데다 수많은 농민이 노골적으로 적대적이지는 않더라도 불만스럽다는 태도를 취하고 산업 프롤레타리아마저 취약했기 때문이다.

내가 다른 곳에서 말했듯이 ≪국가와 혁명≫은 '레닌의 진정한 유언'이었고 최초의 승리한 프롤레타리아 혁명의 지침이었다. 레닌이 ≪국가와 혁명≫에서 주장한 내용은 내전 시기에 거듭거듭 어그러졌지만 관료주의적 퇴보를 저지하려고 거듭거듭 원용되기도 했다.

12 볼셰비키의 정치적 독점 확립

순진한 나날들

처음에 레닌은 볼셰비키당이 아니라 프롤레타리아가, 계급이 국가권력을 장
악할 것이라고 말했다. 그래서 1917년 3월 11일(24일) "멀리서 보낸 편지들"
에서 다음과 같이 썼다. "프롤레타리아는 가난하고 착취당하는 사람들이 스
스로 국가권력 기구를 직접 장악하고 그들이 스스로 국가기구를 구성하도록
조직하고 무장시켜야 한다."[1]

레닌은 일당 지배 체제를 꿈꾸지 않았다. 《국가와 혁명》에는 당에 대
한 언급이 거의 없다. 당이 세 번 거론되지만, 두 번은 프롤레타리아 독재
문제와 직접적 관련이 없다. 첫 번째는 "혹세무민하는 종교에 반대하는 투
쟁"에 당이 개입해야 한다는 주장에서 우연히 거론될 뿐이다.[2] 두 번째도
마찬가지로 우연한 언급이다. "우리 당의 강령을 개정할 때 우리가 진실에
더 접근하고 마르크스주의에 대한 왜곡을 제거해서 마르크스주의를 복원하
고 노동계급의 자기 해방을 위한 투쟁을 더 올바르게 지도하려면 반드시 마
르크스와 엥겔스의 충고를 참고해야 한다."[3] 프롤레타리아 독재와 직접적

관련이 있는 세 번째 언급은 다음과 같다.

마르크스주의는 노동자 당을 교육함으로써 프롤레타리아의 전위를 교육해서, 그들이 권력을 장악하고 전체 민중을 지도해서 사회주의로 나아갈 수 있게 하고, 새로운 체제를 지도하고 조직할 수 있게 하고, 모든 노동 대중과 피착취 민중이 부르주아지 없이 그리고 부르주아지에 맞서서 자신들의 사회 생활을 조직하는 과정에서 그들을 가르치고 안내하고 지도할 수 있게 한다.[4]

이 문장에서는 권력을 장악하는 주체가 프롤레타리아인지 아니면 프롤레타리아의 전위, 즉 권력 장악을 목적으로 결성된 노동자 정당인지가 분명치 않다.

대체로 레닌은 소비에트 국가와 당을 분명히 구분했다. 전자는 노동계급 전체의 창조물이고 그 기능은 계급 전체와 관련이 있다. "사회주의 사회에서는 …… 주민 대중이 떨쳐 일어나 투표와 선거뿐 아니라 국가의 일상적 행정 업무에도 독자적으로 참여할 것이다."[5]

레닌의 개념에서 소비에트 국가는 프롤레타리아의 자주적 행동이 최고로 구현된 것이다. 계급의 일부인 당은 이 자주적 행동의 역사적 구실을 가장 분명히 깨달은 부위다. 전위와 계급이 동일하지 않듯이 당과 국가도 동일하지 않기 때문에 노동자 국가기구의 틀 안에서 둘 이상의 당이 영향력과 권력을 놓고 서로 다툴 수 있다.

10월 혁명 전에는 모든 혁명가들이 둘 이상의 노동자 정당이 존재할 것이라는 사실을 아주 당연하게 여겼다. 그래서 트로츠키는 1917년 9월 9일(22일) 페트로그라드 소비에트 의장으로 선출됐을 때 다음과 같이 말했다.

우리는 모두 정당에 몸담고 있는 사람들이고, 앞으로 여러 번 서로 논쟁을 해야 할 것입니다. 그러나 페테르부르크 소비에트의 활동을 지도할 때 우리는 모든 정파로부터 완전히 독립해서 그리고 정의감에 입각해서 그렇게 할 것입니다. 상임위원회가 소수파를 억압하는 일은 결코 없을 것입니다.

수하노프는 몇 년 뒤 이 말을 인용하며 다음과 같이 논평했다.

세상에! 얼마나 자유주의적 견해인가! 얼마나 자조적自嘲的인가! 그러나 약 3년 뒤 트로츠키는 나와 함께 과거를 회상하며 말을 주고받다가 이 순간을 떠올리며 꿈결에 말하듯이 중얼거렸다.

"정말 행복한 순간이었지!"

그렇다, 정말 경이로웠다! 트로츠키 자신을 포함해서 세상의 어느 누구도 트로츠키의 통치를 회고할 때 그런 감정을 느끼지는 않을 것이다.[6]

그러나 내전의 가혹한 압력 때문에 볼셰비키 지도자들은 생존의 대가로 일당 체제를 향해 나아갈 수밖에 없었다.

각 정당의 운명은 내전 상황과 밀접한 관련이 있었다. 노골적인 자본가 정당들, 특히 카데츠는 볼셰비키 정권에 맞서 끝까지 싸울 태세가 돼 있다는 것이 명백했다. 그들은 공공연한 자본가 계급 독재를 원했다. 프티부르주아 정당들, 즉 멘셰비키와 사회혁명당의 태도는 덜 분명했다. 한편으로 프티부르주아 지도자들은 거듭거듭 반혁명 편으로 넘어갔다. 다른 한편으로 그들은 극단적인 백색 테러도 몹시 싫어했다. 그들조차 백색 테러를 피할 수 없었기 때문이다. 그래서 사회혁명당과 멘셰비키 진영은 끊임없이 동요했다. 이것은 두 정당 내부의 심각한 분열과 맞물려 있었다. 두 정당 내의 일부는 카데츠와 손을 잡았고, 다른 일부는 조심스럽게 그러나 점차 볼셰비키 쪽으로 움직였고, 또 다른 일부는 계속 중립을 지켰다. 이 다양한 분파의 태도는 대체로 내전 상황에 달려 있었다. 끊임없이 동요하는 프티부르주아지는 적군이 몇 차례 패배하기만 해도 금세 오른쪽으로 기울었다.

극우파를 억압하는 과정에서 볼셰비키는 딜레마에 부딪혔다. '자유를 억압하는 것'에 항의하는 프티부르주아지를 어찌해야 하는가 하는 문제였다. 온건한 조처로는 이 딜레마를 해결하기가 점차 힘들어졌다. 우파 사회혁명당은 사실상 '좌파' 카데츠와 구별되지 않았고, 좌파 카데츠가 탄압받을 때 우파 사회혁명당은 강력하게 항의했다. 우파 멘셰비키는 우파 사회혁명당 탄압에 강력하게 항의했다. 또, 우파 사회혁명당과 중도파 사회혁명당 사이에, 그리고 이들과 좌파 사회혁명당 사이에도 분명한 경계가 없었다. 이런 경계의 모호함은 끝이 없었다. 그래서 내전의 최종 결과가 확실해질 때까지, 즉 거의 3년 동안 볼셰비키든 야당이든 인내력이 매우 약할 수밖에 없었다. E H 카는 다음과 같이 썼다. "볼셰비키 정권이 집권 초기 몇 개월 후부터는 조직적 반발을 용납하지 않았다는 것이 사실이라면, 어느 야당도 합법의 틀 안에 머무르지 않았다는 것도 마찬가지로 사실이다. 독재의 전제조건은 양측에 공통된 것이었다."[7]

카데츠

1917년 11월 28일(12월 11일) 소브나르콤은 카데츠 지도자들이 코르닐로프-칼레딘의 백군 세력과 내통했다는 이유로 카데츠 지도자들의 정치 활동을 금지하는 포고령을 공포했다. "민중의 적인 카데츠당의 지도자들을 체포해서 혁명재판소에 넘긴다. 혁명에 반대하는 내전에서 카데츠당이 코르닐로프-칼레딘과 내통하고 있으므로 각 지역 소비에트는 카데츠당을 주의 깊게 감시해야 한다."[8]

중앙집행위원회VTsIK 회의에서 좌파 사회혁명당과 멘셰비키 국제주의파는 이 포고령에 항의했다.[9]

처음에는 볼셰비키 정부의 카데츠 억압이 일시적 조처로만 여겨졌다. 그래서 카데츠의 신문을 금지하는 소브나르콤의 10월 27일(11월 9일) 포고령은 다음과 같이 규정했다.

다음과 같은 언론 기관은 폐쇄한다.
(1) 노동자, 농민의 정부에 공공연히 반대하거나 불복종을 요구하는 언론기관
(2) 사실을 노골적으로 왜곡하거나 중상모략해서 반정부 폭동을 선동하는 언론기관
(3) 명백한 범법 행위를 …… 부추기는 언론기관
　이 법령은 일시적 조처이고, 상황이 다시 정상화하는 대로 최대한 빨리 특별 포고령으로 폐지할 것이다.[10]

볼셰비키는 법률이 허용한 것보다 훨씬 더 관대했다. 그래서 카데츠의 신문인 〈스보보다 로시Svoboda Rossi〉[러시아의 자유]는 1918년 여름까지도 모스크바에서 여전히 발행되고 있었다. 그러나 이런 관용은 내전이 더 격렬해지자 사라지고 말았다.

우파 사회혁명당과 우파 멘셰비키

카데츠와 우파 사회혁명당 사이에는 분명한 경계선이 없었다. 사회혁명당의 역사가인 O H 라드키는 사회혁명당 소속 제헌의회 의원들을 다음과 같이 묘사했다.

이들 중에 많은 사람들은 카데츠의 사고방식을 갖고 있었고, 이름만 다를 뿐 모든 점에서 카데츠 당원이나 마찬가지였다.[11]

이 공공기관 종사자들, 관리들, 국가 공무원들, 농업 경영자들, 협동조합 직원들은 모두 실제로 혁명의 발발에 기여했을 수 있지만, 막상 혁명이 일어나고 몇 달 동안 민중이 행동에 나서는 것을 지켜본 뒤에는 러시아 사회의 가장 보수적인 자들로 쉽게 변신했다. 전쟁이 그들의 잠재적 민족주의에 불을 붙인 것도 그들의 보수화에 한몫했다. 어느 모로 보나 이 우파 민중주의 지식인들은 입헌민주당과 같은 진영에 있어야 했다.

왜 그러지 않았는가? 왜 그들은 자신의 신념을 숨기고 사회혁명당의 깃발 아래 서 있었는가? 그들의 정서가 한 이유였을 것이다. …… 정서가 아니라면, 타성 때문이었을 수 있다. 개인적 이해관계도 어느 정도 영향을 미쳤을지 모른다. 그들은 사회혁명당에서는 자신들이 힘 있는 직책을 맡고 있지만 카데츠당에서는 결코 그럴 수 없다는 것을 잘 알고 있었다. 카데츠당에서는 졸병에 불과했을 그들이 사회혁명당에서는 장군이었던 것이다.[12]

10월 혁명 후에 우파 사회혁명당은 아주 자연스럽게 카데츠 편에 가담했다. 1918년 3월 그들은 멘셰비키와 함께 '혁신동맹'(소유즈 보즈로즈데냐, Soiuz Vozrozhdeniia)이라는 공동 기구를 건설했다.

사회혁명당 지도자 중에 한 사람은 "'동맹'이 모스크바와 볼로그다에 있는 연합국 대사들과 빈번하게 접촉하기 시작했다"고 썼다.[13]

모스크바에서는 전통적으로 카데츠보다 우파적이었던 10월당이 혁신동맹에 가담했다. 사회혁명당의 군사위원회가 '동맹'의 '전투 기구'를 조직했고, 이 기구의 지휘는 장군에게 맡겨졌다. 동맹의 페트로그라드 지역위원회는 민중사회주의당 2명, 사회혁명당 1명(당 지도자인 A R 고츠), 카데츠 1명(나중에 콜차크의 각료가 되는 페펠랴예프), 멘셰비키 2명(포트레소프와 로자노프)로 구성됐다.

사회혁명당 테러리스트 출신의 보리스 사빈코프(실패한 코르닐로프 쿠데타의 핵심 인물 중 한 명)가 또 다른 반혁명 조직인 '조국과 자유 수호 동맹'을 만들었다. 그 조직의 우두머리는 왕당파였지만 조직원의 다수는 우파 사회혁명당이었다. 이 조직은 1918년 여름에 야로슬라프, 리빈스크, 무롬, 카잔, 칼루가, 블라디미로프에서 많은 봉기를 주도했다.

1918년 5월에 체코슬로바키아 군단이 볼셰비키에 맞서 무장봉기했을 때 우파 사회혁명당은 이 봉기를 열렬히 지지했다. 체코슬로바키아 군단이 사마라를 점령하자 사회혁명당 소속 제헌의회 의원들로 구성된 위원회가 그 지역의 정부를 자처하고 나섰다. 옴스크에서도 비슷한 정부가 수립됐다. 연합국의 보호령이었던 아르항겔스크에서는 민중사회주의당과 사회혁명당의 연립정부가 수립됐고, 옛 나로드니크인 페테르 차이코프스키가 정부 수반이 됐다. 체코슬로바키아 군단과 러시아 백군에게 점령당한 우랄에서는 7월 말에 카데츠, 우파 사회혁명당, 민중사회주의당, 우파 멘셰비키가 연립정부를 구성했다. 우파에서는 콜차크 제독이 이끌고 왕당파, 카데츠, 우파 사회혁명당, 우파 멘셰비키로 구성된 연립정부가 수립돼 프랑스와 영국 외교관들의 지지를 받았다. 1919년 봄이 되자 콜차크의 군대는 소비에트 정권의 생존을 실질적으로 위협할 만큼 강력한 세력이 됐다.

소비에트 정부는 사회혁명당과 멘셰비키를 가혹하게 다루는 것 말고는 달리 대안이 없었다. 1918년 6월 14일 중앙집행위원회는 우파 사회혁명당과 멘셰비키가 반혁명적인 체코슬로바키아 군단과 내통해서 "노동자, 농민에 대한 무장 공격을 조직"하고 있으므로 그들을 모두 중앙집행위원회에서 배제하고 모든 소비에트도 똑같이 조처할 것을 권고하는 포고령을 공포했다.[14]

1918년 6월 20일 볼셰비키 지도자 볼로다르스키가 우파 사회혁명당원에게 암살당했다. 이것은 반혁명 세력이 처음으로 성공을 거둔 정치적 암살이었다. 8월 30일에는 우파 사회혁명당원인 도라 카플란이 레닌을 암살하려다 실패했고, 같은 날 또 다른 볼셰비키 지도자인 우리츠키가 우파 사회혁명당원에게 암살당했다.

레닌은 우파 사회혁명당의 반혁명 행위에는 가혹한 조처로 응수했지만 항상 이런 조처를 완화할 방안을 모색했다. 그래서 우파 사회혁명당 출신의 제헌의회 의원이었고 페트로그라드 대학 교수였던 피티림 소로킨이 1918년 11월 언론에 공개한 짧은 편지에서 정계 은퇴를 선언해서 세상을 떠들썩하게 했을 때 레닌은 이 사건을 다음과 같이 평가했다.

프티부르주아 민주주의자 계급 일부에서 전선이 바뀌고 있다는 징후다. 프티부르주아 민주주의자들의 분열은 피할 수 없다. 일부는 우리 편으로 넘어올 것이고 다른 일부는 계속 중립을 지킬 것이고 셋째 부류는 러시아를 영·미 자본에 팔아넘기고 외국 군대의 지원을 받아 혁명을 분쇄하려 하는 왕당파 입헌민주당 편에 가담할 것이다.

레닌은 이런 사태 전개를 더욱 부추겨야 한다고 주장했다.

오늘날 가장 절박한 과제 중 하나는 멘셰비키와 사회혁명당의 민주주의자들 일부가 볼셰비키를 적대시하던 태도를 바꿔 중립으로, 마침내 볼셰비키 지지로 돌아선 것을 감안하고 이를 이용하는 것이다. …… 혁명적 프롤레타리아는 누구를 탄압하고 누구와 ― 언제 그리고 어떻게 ― 타협할 것인지를 알아야 한다. …… 그러나 사태의 진전으로 말미암아 프티부르주아 민주주의자들이 우리 편으로 돌아서고 있을 때 그들을 탄압하고 위협하는 전술만을 계속 고집하는 것은 …… 어리석고 우스운 …… 짓이다.[15]

1919년 2월 8일 사회혁명당의 페트로그라드 협의회는 "무장 투쟁으로 소비에트 권력을 전복하려는 일체의 기도를 단호히 거부하고" 러시아의 부르주아 정당들과 "제국주의적인 프랑스와 영국"을 비난했다. 이 선의 표시에 우호적으로 응답해 중앙집행위원회는 1919년 2월 25일 사회혁명당을 합법화하는 결의안을 채택했다. 그러나 우파 사회혁명당은 소비에트 정부에 대한 이 우호적 중립 노선을 일관되게 고수하지 못했다. 전황이 바뀔 때마다 그들은 노골적인 반혁명 행위로 거듭거듭 되돌아갔다.

멘셰비키

얼마 동안, 즉 체코슬로바키아 군단이 무장봉기하기 전까지는 멘셰비키가 볼셰비키 정부에 강력하게 반대했음에도 멘셰비키의 선전 활동이 크게 방해받지는 않았다. 그래서 좌파 멘셰비키의 신문인 〈노바야 지즌〉은 1917년 10월부터 1918년 7월 탄압받기 전까지 매우 선동적인 기사들을 잇따라 내보냈지만 국가의 강압 조처에 시달리지는 않았다. 막심 고리키는 1917년 11월 7일(20일)치 〈노바야 지즌〉에서 볼셰비키를 다음과 같이 묘사했다.

맹목적 광신도들과 믿지 못할 모험주의자들이 스스로 '사회혁명'의 길이라고 생각하는 길을 따라 미친 듯이 달려가고 있다. 그러나 그 길은 무질서와 혼란으로 가는 길이고 프롤레타리아와 혁명을 파괴하는 길이다. 그 길에서 레닌과 그 동료들은, 예컨대 언론 자유의 폐지, 무차별 체포 …… 같은 온갖 종류의 범죄를 마구 저질러도 된다고 생각한다. 전에 플레베와 스톨리핀이 저지른 혐오스런 짓들을 말이다.

고리키는 레닌을 두고 다음과 같이 말했다. "레닌은 전능한 마법사가 아니라 피도 눈물도 없는 사기꾼일 뿐이고, 그는 프롤레타리아의 명예나 목숨 따위는 안중에도 없다. …… 레닌의 …… 광기 …… 네차예프, 바쿠닌 식의 아나키즘 ······"[16] 3일 후 고리키는 또 다음과 같이 썼다. "스스로 사회주의의 나폴레옹이라고 생각하는 레닌주의자들은 고래고래 소리를 지르며 러시아를 완전히 파괴하고 있다. 러시아 민중은 그 대가로 피바다에 빠지는 희생을 치를 것이다."[17] 이런 말들이 합법 신문에 공공연히 실렸다.

내전이 발발하자 멘셰비키는 곤혹스런 처지로 내몰렸다. 그들이 볼셰비키에 적대적인 것은 사실이었지만 구체제의 복귀는 더더욱 원하지 않았기 때문이다.

1918년 10월 17일~21일 모스크바에서 열린 멘셰비키 중앙위원회는 소비에트 정부를 (비판적으로) 지지하기로 결정했다.

1917년 10월 볼셰비키 혁명은 역사적 필연이었다. 왜냐하면 그것은 노동 대중과 자본가 계급 사이의 연결 고리를 차단해서, 혁명의 흐름을 자신에게 유리하게 완전히 바꿔 놓으려 한 노동 대중의 염원을 분명히 보여 줬기 때문이다. 그 혁명이 없었다면 연합국 제국주의의 속박에서 러시아를 해방시키고, 일관된 평화 정책을 추구하고, 급진적 농업 개혁을 도입하고, 국가가 대중의 이익에 맞게 전체 경제 활동을 규제하는 일 등은 상상도 할 수 없었을 것이다. 그리고 혁명의 이 단계는 러시아 혁명이 세계의 발전 경로에 미치는 영향력의 범위를 확대하는 경향이 있다는 점에서도 볼셰비키 혁명은 역사적 필연이었다.[18]

멘셰비키 중앙위원회는 "민주주의에 적대적인 계급과의 정치 협력"을 비난했다. 그러나 "외국 군대의 간섭에 맞선 소비에트 정부의 군사적 조처를 지지하겠다"고 약속하면서도 "치안 유지를 위한 비상 억압 기구와 비상 재판소의 폐지", 그리고 "정치적·경제적 테러의 중단"도 요구했다.[19]

멘셰비키가 이렇게 공개적으로 선언하자 레닌은 이에 화답하는 연설에서 이제 멘셰비키와 사회혁명당에 요구하는 것은 "우호 선린 관계"뿐이라고 선언했다. 그러면서도 다음과 같이 덧붙였다. "그러나 우리는 여러분의 당내에 여전히 '행동가들'이 있다는 사실을 잊지 않을 것입니다. 그리고 그들에 대한 우리의 투쟁 방식은 전과 똑같을 것입니다. 왜냐하면 그들은 체코슬로바키아 군단의 친구들이고 체코슬로바키아 군단이 러시아에서 축출되기 전에는 여러분도 우리의 적이기 때문입니다. 우리는 우리 힘으로, 오직 우리 힘만으로 국가권력을 유지하고 있습니다."[20]

그러나 사회혁명당이나 멘셰비키와의 타협은 오래 지속될 수 없었다. 1919년 봄에 군사적 상황이 악화하자 레닌은 훨씬 더 가혹한 말을 했다.

우리는 행동 지침을 매우 자주 바꿔야 합니다. 이것은 우연한 관찰자에게는 이해할 수 없는 이상한 일처럼 보일 것입니다. 그는 아마 이렇게 말할 것입니다. '어떻게 그럴 수 있지? 어제까지만 해도 당신들은 프티부르주아지와 타협하고 있었잖아. 그런데 오늘 제르진스키가 좌파 사회혁명당과 멘셰비키를 총살하겠다고 하다니, 완전히 모순 아냐!' 그렇습니다, 그것은 모순입니다. 그러나 프티부르주아 민주주의자들 자신의 행동도 모순입니다. 그들은 어디로 가야 할지 모른 채 두 마리 토끼를 쫓다가 한 마리도 못 잡고 우왕좌왕하고 좌충우돌합니다. 우리는 그들을 다루는 우리의 전술을 바꿔 왔고, 그들이 우리에게 다가올 때마다 '환영한다'고 말했습니다. …… 우리는 분명히 프티부르주아 민주주의자들에게 무력을 사용하고 싶지 않습니다. 우리는 그들에게 다음과 같이 말합니다. '당신들은 우리의 진정한 적이 아니다. 우리의 적은 부르주아지다. 그러나 당신들이 부르주아지 편에 가담한다면, 우리는 프롤레타리아 독재를 당신들에게도 적용할 수밖에 없다.'[21]

멘셰비키, 특히 마르토프는 '제3세력'이 되는 방안을 모색하고 있었다. 그들(과 사회혁명당)의 비극은 '제3세력'이 되는 것이 불가능했다는 것이다. 마르토프는 1920년 1월 23일 악셀로드에게 보낸 애처로운 편지에서 다음과 같이 썼다.

> 우리는 우호적인 청중을 발견했지만 그들은 늘 우리보다 훨씬 오른쪽에 서 있었습니다. 볼셰비키에게 짓밟힌 자들은 모두 본능적으로 우리를 기꺼이 지지하면서 우리를 볼셰비키에 맞선 가장 용감한 투사로 인정했습니다. 그러나 그들은 우리의 주장에서 자신들에게 필요하다고 생각하는 것만을 받아들였습니다. 볼셰비키에 대한 비판과 비난만을 받아들인 것입니다. 우리가 볼셰비키를 폭로할 때 그들은 우리에게 박수를 보냅니다. 그러나 우리가 데니킨 등에 맞서 성공적으로 투쟁하려면, 실제로 투기를 근절하고 반동에 맞서 국제 프롤레타리아의 승리를 지원하려면 제3의 정권이 필요하다고 말하기 시작하자마자 우리의 청중은 냉랭해지고 심지어 우리에게 적대적 태도를 취하기까지 합니다.[22]

1919년 봄에 여러 지방에서 쿨락이 봉기하고 콜차크의 군사적 공세가 성과를 거두자 사회혁명당과 멘셰비키의 다수는 볼셰비키에 대한 극단적 반대로 되돌아갔다. 그러자 볼셰비키 중앙위원회는 1919년 5월 "멘셰비키와 사회혁명당의 유명 인사들 중에서 콜차크에 맞선 소비에트 정부의 투쟁을 지지하지 않는 인사들을 모두 체포하라"는 지침을 내려 보냈다.

좌파 사회혁명당

권력 장악 후 볼셰비키는 10월 혁명을 지지한 좌파 사회혁명당에 인민위원회 입각을 권유했다. 좌파 사회혁명당 지도부는 약간 망설이다가 1917년 11월 18일(12월 1일) 동의했고, 그 결과로 좌파 사회혁명당의 대표들이 정부에 입각했다. 좌파 사회혁명당은 인민위원 7석을 배정받았고 볼셰비키는 11석을 차지했다. 좌파 사회혁명당이 차지한 가장 중요한 부서는 농업부였다.

좌파 사회혁명당은 3개월 동안 정부에 남아 있었다. 그러나 1918년 3월 19일 그들은 브레스트리토프스크 강화조약 체결에 항의하며 정부에서 철수했다. 그들은 강화조약을 파기하고 다시 독일과 전쟁을 벌이기를 원했다. 또, 볼셰비키의 농업 정책에 대해서도 근본적으로 동의하지 않았다. 그들은 '빈농위원회' 설립과 노동자 파견대를 보내 농촌에서 곡물을 징발하는 것에도 반대했다. 그런 조처들은 쿨락의 강력한 반발을 샀을 뿐 아니라 좌파 사회혁명당의 주요 지지 기반인 중농中農의 강력한 반발에도 부딪혔다.

7월 6일 좌파 사회혁명당은 러시아와 독일의 전쟁이 다시 시작되기를 바라면서 러시아 주재 독일 대사인 미르바흐 백작을 암살했고, 그와 동시에 수도의 거리에서 옛 동맹 세력에 맞서 반란을 일으켰다.

볼셰비키는 좌파 사회혁명당의 봉기를 무자비하게 탄압했다. 그러나 그들의 정치 활동을 전면 금지하지는 않았다. 7월 15일 중앙집행위원회는 "[미르바흐] 암살과 그 후의 반란에 연루하기를 단호히 거부하는" 정당의 당원을 중앙집행위원회의 대표들로 받아들이는 결의안을 통과시켰다. 따라서 법적으로는 좌파 사회혁명당 중앙위원회의 행위를 거부하는 당원들은(그런 당원이 매우 많았다) 7월 이후에도 여전히 소비에트에 남을 자격이 있었다. 7월 반란으로 말미암아 좌파 사회혁명당은 분열했다. 다수파는 미르바흐 암살을 비난하고 볼셰비키와 평화적 관계를 유지하려고 노력했다.[23]•

----

* 아나키스트들은 한편으로는 프롤레타리아 독재와 특히 볼셰비키에 반대하고 다른 한편으로는 백군에 반대하는 과정에서 딜레마에 부딪혔다. 러시아 아나키즘의 역사가인 폴 아브리치는 다음과 같이 썼다.

"열렬한 자유지상주의자들, 아나키스트들은 소비에트 정부의 억압 정책을 도저히 받아들일 수 없다고 생각했다. 그러나 백군의 승리는 훨씬 더 끔찍한 시나리오처럼

볼셰비키당의 정치적 독점

내전이라는 가혹한 상황, 프롤레타리아의 취약성, 농민의 퉁명스런 적대감 때문에 레닌은 멘셰비키와 사회혁명당의 행동의 자유를 점점 더 억누를 수밖에 없었다. 볼셰비키가 공격 표적을 백군만으로 한정시킬 수 있었다면 상황은 사뭇 달라졌을 것이다. 불행히도, 코르닐로프, 데니킨, 콜차크에 대한 정치적 지지를 강제로라도 무너뜨리려면 카데츠당을 탄압해야 했다. 멘셰비키와 사회혁명당의 다수가 백군 장성들을 옹호할 생각이 없었다는 것은 당연하다. 그러나 그들은 카데츠가 탄압받는 것에 무관심할 수 없었다. 대체로 좌파 멘셰비키는 카데츠를 옹호하려 하지는 않았지만, 카데츠와 같은 편에 선 우파 멘셰비키와 우파 사회혁명당이 탄압받는 것을 무시할 수도 없었다.

1919년 3월에 채택된 볼셰비키당의 강령은 다른 정당들의 권리를 억제하는 것이 일시적 조처일 뿐이라고 분명히 밝혔다. "정치적 권리를 박탈하고 자유를 제한하는 조처는 모두 일시적이어야 한다."[25] 그러나 이런저런 상황 때문에, 일시적 조처로 의도된 것들이 가끔은 영속적 조처로 굳어졌다.

취약해진 프롤레타리아와 함께 내전에서 싸워야 했기 때문에 볼셰비키는 카데츠에서 사회혁명당과 멘셰비키까지 야당들을 잇따라 탄압할 수밖에 없었다. 1918년 7월에 열린 제5차 전 러시아 소비에트 대회는 야당들이 참석한 마지막 대회였다. 4개월 뒤에 열린 6차 대회에서는 대의원 950명 가운데 공산당원이 933명, 혁명적 공산주의자가 8명, 사회혁명당이 4명, 나로드니크

보였다. 당시 레닌 정권에 대한 약간의 반대조차 세력 균형을 반혁명 세력에 유리하게 바꿔놓을 수 있었다. 다른 한편으로, 레닌 정권에 대한 적극적 지지나 심지어 우호적 중립조차 볼셰비키가 확고한 기반을 굳히는 데 도움을 줄 수 있었다. 그리 되면 나중에 볼셰비키를 몰아내는 것은 완전히 불가능해질 터였다.

"이 딜레마 때문에 격렬한 논쟁이 벌어졌고, 아나키스트 진영의 균열은 더욱 확대됐다. …… 결국, 정도 차이는 있었지만 다수는 포위당한 정권을 지지하는 태도를 취했다."[24]

공산주의자가 2명, 과격파 사회혁명당이 1명, 아나키스트가 1명, 무정파가 1 명이었다.[26]

당과 소비에트

그래서 10월 혁명이 일어난 지 약 1년 후에 한 정당이 정치권력을 사실상 독점하게 됐다. 이 독점은 소비에트의 기능과 정치 생활 일반에 어떤 영향을 미쳤는가?

1919년 3월에 열린 8차 당대회는 당과 소비에트의 관계를 다음과 같이 규정했다.

> 공산당은 노동조합, 협동조합, 농촌 코뮌 등 일하는 사람들의 모든 조직에서 가장 결정적인 영향력과 완전한 지도력을 획득하는 것을 자신의 과제로 제기한다. 공산당은 현재의 국가기구 ─ 소비에트 ─ 에서 완전한 우위를 확보해서 당의 강령을 실현하고자 특별히 노력해야 한다. …… 러시아 공산당은 소비에트에서 실천적·일상적으로 자기희생적 활동을 펼쳐야 하고, 가장 신뢰할 수 있고 헌신적인 당원들을 소비에트의 모든 직책에 전진 배치해서 완전한 정치적 우위를 확립하고 소비에트의 모든 활동을 실질적으로 통제해야 한다. 그러나 당 프랙션[정당이 대중 단체의 내부에 조직하는 당원 조직]의 기능과 국가기구 ─ 소비에트 ─ 의 기능을 결코 혼동해서는 안 된다. 그런 혼동은 치명적 결과를 낳을 것이다. …… 당은 소비에트 기구를 통해, 소비에트 구조의 틀 안에서 자신의 결정을 실행해야 한다. 당은 소비에트의 활동을 지도해야지 대신해서는 안 된다.[27]

당이 소비에트를 대신해서는 안 되고 지도해야 한다는 것은 역대 당대회에서 거듭거듭 강조된 점이다. 그래서 11차 당대회(1922년 3월)는 다음과 같이 결의했다.

소비에트 국가의 정치 전반에 대한 일반적 지침과 방향을 계속 제시하면서 당은 자신의 활동과 소비에트 기구의 활동을, 그리고 당 기구와 소비에트 기구를 훨씬 더 엄밀하게 구분해야 한다. 그렇게 체계적인 구분을 통해 소비에트 기구의 문제들을 …… 더 체계적으로 검토하고 결정할 수 있을 것이다. 그와 동시에 모든 소비에트 관리의 책임 의식도 고양될 것이고, 다른 한편으로 당도 모든 국가기구의 활동에 대한 일반적 지침을 제시하는 기본적 당 활동에 제대로 집중할 수 있을 것이다.[28]
지금 가장 중요한 과제는 당의 임무와 소비에트 기구의 임무를 정확히 구분하는 것, 그리고 당과 소비에트 기구의 권리와 의무를 분명하고 정확하게 밝히는 것이다.[29]

그러나 당이 권력을 독점하게 되자 당과 국가의 구분은 당연히 형식적인 것이 될 수밖에 없었다. 특히 당원들이 규율에 따라 일사불란하게 움직일 수밖에 없었으니 더욱 그랬다. 그래서 예컨대 1919년 12월의 8차 당대회에서 통과된 규약은 다음과 같이 규정했다.

프랙션이 활동하는 기구의 총회에서 표결이 실시될 경우 모든 당원은 프랙션 내부에서 미리 결정된 방침에 따라 일사불란하게 투표해야 한다. 이 규정을 어긴 사람들은 통상의 징계 절차에 따라 처리한다.[30]

사실, 당과 소비에트는 점차 융합되고 있었다. 이런 융합은 모든 수준의 행정 기관에서 진행되고 있었다. 1919년 하반기에 약 60퍼센트의 지역 소비에트 자료를 살펴보면, 공산당원과 당원 후보가 주州 소비에트 집행위원의 89퍼센트를 차지하고 있었고, 군 소비에트 집행위원의 86퍼센트, 주의 행정 중심 도시 소비에트 집행위원의 93퍼센트, 읍 소비에트 집행위원의 71퍼센트를 차지하고 있었다.

"오직 최하층 수준의 농촌 행정 단위에서만 정부 집행 기구에 대한 당의 침투가 아직 불완전했다."[31] 이런 침투는 최상층 수준의 행정 단위에서 가장 심각했다. 1921년에 군 소비에트 대의원의 42퍼센트가 공산당원이었는데, 주 소비에트에서는 대의원의 75퍼센트가 공산당원이었다. 또, 소비에트 대회보다는 집행위원회의 당원 비율이 더 높았다. 예컨대 1921년에 군 소비에트 대회와 집행위원회의 당원 비율은 각각 42퍼센트와 72퍼센트였고 주 소비에트 수준에서는 각각 75퍼센트와 88퍼센트였다.[32]

국가기구에서 민주주의의 쇠퇴

1917년 내내 그리고 1918년 초까지도 레닌은 프롤레타리아 독재는 프롤레타리아가 실행하는 것이라고 말했다. 그렇게 말한 수많은 사례 가운데 하나만 살펴보면, 1918년 3월 7차 당대회의 다음과 같은 발언을 들 수 있다. "말 그대로 모든 노동 대중을 국가의 통치 기구에 끌어들이는 것이 중요합니다. 그것은 엄청나게 어려운 과제입니다. …… 그것은 수많은 사람들이 스스로 그렇게 하는 법을 배웠을 때만 가능한 일입니다."[33]

1917년 10월 26일(11월 8일) 토지 포고령을 소개하면서 레닌은 다음과 같이 말했다. "우리는 민주적 정부이므로 대중의 결정을 무시할 수 없습니다. 우리가 그 결정에 동의하지 않더라도 말입니다."[34]

내전 때 국가와 당의 관계가 바뀌자 레닌은 이제 사뭇 다른 주장을 하기 시작했다. 그래서 그는 1919년 3월 8차 당대회에서 다음과 같이 말했다. "소비에트 강령에 따르면 소비에트는 노동 대중이 주체가 되는 정부 기구이지만 실제로는 노동 대중 전체가 아니라 프롤레타리아의 선진 부위가 노동 대중을 위해 일하고 있는 정부 기구입니다."[35]

레닌은 "일당 독재를 무서운 도깨비"처럼 생각하는 사람들을 비웃으며 다음과 같이 덧붙였다. "노동계급의 독재는 볼셰비키당이 실행하고 있다. 그 당은 이미 1905년부터 아니 그보다 훨씬 전부터 혁명적 프롤레타리아 전체와 융합돼 있었다."[36]

1922년 2월 20일 법무 인민위원인 D I 쿠르스키에게 보낸 편지에서 레닌은 "우리 계급의식적인 노동자들, 우리 공산당원들, 이들이 곧 국가입니다" 하고 썼다.[37]

1923년 4월 12차 당대회 — 레닌이 참석하지 못한 당대회 — 에서 지노비예프는 "당 독재는 실천으로 구현해야지 공공연하게 거론할 문제가 아니라고 생각하는 동지들"을 비웃은 뒤 더 나아가 당 독재와 중앙위원회의 독재를 동일시하기까지 했다.

우리에게는 단 하나의 강력하고 힘 있는 중앙위원회, 모든 것을 지도하는 중앙위원회가 필요합니다. …… 중앙위원회가 중앙위원회인 이유는 그것이 소비에트의, 노동조합의, 협동조합의, 주 [소비에트] 집행위원회의, 노동계급 전체의 중앙위원회이기 때문입니다. 바로 이것이 지도부의 구실이고 당 독재는 이것을 통해 표현되는 것입니다.

당대회에서 통과된 결의안은 "노동계급의 독재는 계급을 지도하는 전위, 즉 공산당의 독재라는 형태 말고는 달리 실현될 수 없다"고 선언했다.[38]

1921년 3월 트로츠키는 노동자 반대파의 주장을 비판하면서 노동계급보다는 당의 권리를 극단적으로 옹호했다.

노동자 반대파는 위험한 구호를 들고 나왔습니다. 그들이 민주주의 원칙들을 물신화했다는 점에서 그렇습니다. 그들은 노동자들의 대표 선출권을 당보다 우위에 두었습니다. 당 독재가 노동자들의 민주주의 정서와 일시적으로 충돌할 때조차 당이 자신의 독재를 내세울 권리가 전혀 없다는 듯이 말입니다.

우리는 당이 혁명적·역사적으로 타고난 권리를 분명히 깨달아야 합니다. 당은 뚜렷한 형체가 없는 대중의 일시적 동요와 무관하게, 심지어 노동계급의 일시적 동요와도 무관하게 자신의 독재를 유지할 의무가 있습니다.[39]

당과 국가가 거의 완전히 융합됐다는 것은 누가 봐도 명백했다. 그래서 지노비예프는 1919년 3월 8차 당대회에서 다음과 같이 말했다.

근본적인 국내외 정책들은 우리 당, 즉 공산당의 중앙위원회가 결정해야 합니다. 그러면 당은 이 결정을 소비에트 기구를 통해 실행해야 합니다. 물론 소브나르콤이나 다른 소비에트 기구의 권리를 침해하지 않는 방식으로 요령 있게 전술적으로 실행해야 합니다.[40]

1920년 9차 당대회에서 카메네프는 다음과 같이 말했다. "공산당이 러시아의 정부입니다. 60만 당원이 러시아를 통치하고 있습니다."[41]

1920년 7월 코민테른 2차 대회에서 연설하면서 트로츠키도 똑같은 점을 강조했다.

오늘 폴란드 정부가 우리에게 강화조약 체결을 제안했습니다. 그런 문제를 누가 결정합니까? 우리에게는 인민위원회가 있지만 인민위원회도 일정한 통제를 받아야 합니다. 누구의 통제? 형체 없고 무질서한 노동계급 대중의 통제? 아닙니다. 폴란드 정부의 제안을 검토해서 답을 할지 말지를 결정하려고 당 중앙위원회가 소집됐습니다.[42]

당이 국가를 접수했는지 아니면 그 반대인지는 중요하지 않다. 당과 국가의 융합 과정이 진척됐고 그 과정에서 당과 국가의 중앙집권화 경향도 심해졌다.*

일당 독점 체제에서 민주주의가 살아남을 수 있었을까? 이 문제는 로자 룩셈부르크가 1918년 9월과 10월에 브레슬라우 감옥에서 쓴 ≪러시아 혁명≫이라는 소책자에서 마치 예언처럼 분명하게 제기한 바 있다. 룩셈부르크에 따르면, 프롤레타리아

독재는 계급의 과업이어야지 계급의 이름으로 지도하는 소수의 과업이어서는 안 된다. 즉, 프롤레타리아 독재는 대중의 적극적 참여를 바탕으로 한 걸음씩 전진해야 한다. 그것은 직접 대중의 영향을 받아야 하고 완전한 공개 활동으로 통제받아야 한다. 그리고 인민 대중의 정치적 훈련을 강화하면서 성장해야 한다.[43]

로자 룩셈부르크는 하나의 정당이나 하나의 경향으로 자유를 제한하는 조처가 어떤 결과를 초래할 것인가 하고 물었다.

정부 지지자들만을 위한 자유, 한 정당의 당원들 — 그들의 수가 아무리 많더라도 — 만을 위한 자유는 결코 자유가 아니다. 자유가 항상 생각이 다른 사람을 위한 자유인 까닭은 어떤 맹목적 '정의' 개념 때문이 아니라 정치적

---

* 당에 대해서는 13장을 보시오.

자유에서 유익하고 건전하고 정결한 것은 모두 이 본질적 특징에 달려 있고 '자유'가 특별한 특권이 될 때 자유의 효용성은 사라지기 때문이다.[44]

로자 룩셈부르크는 또, 일당 독점이 사회에 미치는 효과를 다음과 같이 묘사했다.

나라 전체에서 정치 생활이 억압당하는 것과 함께 소비에트의 생활도 점차 불구가 될 것이다. 보통선거가 없다면, 제약받지 않는 언론 자유와 의회가 없다면, 자유로운 토론과 논쟁이 없다면, 모든 공공 기관의 생명력은 사라지고 말 것이고 허울뿐인 생명력만 남을 것이다. 그리 되면 오직 관료 집단만이 능동적 요소가 될 것이다. 공적 생활은 점차 침잠할 것이고, 지칠 줄 모르는 에너지와 다양한 경험을 가진 당 지도자 수십 명이 지도하고 지배할 것이다. 실제로는 그중에서도 뛰어난 우두머리 10여 명이 지도할 것이고, 노동계급의 엘리트들은 때때로 회의에 초대돼 지도자들의 연설에 박수나 치고 지도부가 제안한 결의안을 만장일치로 승인할 것이다. 이것은 근본적으로 소수 패거리의 정치다. 분명히 이것은 독재다. 그러나 프롤레타리아 독재가 아니라 한줌도 안 되는 소수 정치인들의 독재, 즉 부르주아적 의미의 독재, 자코뱅의 통치와 같은 의미의 독재다.[45]

이렇게 쓴 사람이 10월 혁명과 볼셰비키를 열렬히 지지했다는 사실을 명심해야 한다.

역사적 순간에 한 정당이 보여 줄 수 있는 용기, 혁명적 통찰력과 일관성이 어떠한 것이든지 간에 레닌과 트로츠키, 그 밖의 동지들은 그런 용기와 통찰력, 일관성을 충분히 보여 주었다. 서구 사회민주주의에는 없는 혁명적 명예와 능력을 볼셰비키는 보여 주었다. 그들이 일으킨 10월 봉기는 러시아 혁명을 구해냈을 뿐 아니라 국제 사회주의의 명예도 구해냈다.[46]

룩셈부르크는 또, 러시아 혁명의 고립 때문에 볼셰비키가 대중의 민주적 권리를 억제할 수밖에 없다는 것도 분명히 알고 있었다. 국제 혁명의 지원이 없으면 "프롤레타리아의 가장 강력한 에너지와 커다란 희생조차도 한 나라 안에서는 불가피하게 모순과 오류의 미궁에 빠지고 말 것이다."[47]

볼셰비키 정책의 모순과 오류를 지적한 뒤에 룩셈부르크는 그 원인을 다음과 같이 분석했다.

지금 러시아에서 일어나는 일은 모두 이해할 수 있는 것들이고 필연적 인과 관계가 있는 것들이다. 그 출발점이자 종점은 독일 프롤레타리아의 실패, 그리고 독일 제국주의가 러시아를 점령하고 있다는 사실이다. 그런 상황에서 레닌과 그 동지들이 최상의 민주주의, 가장 모범적인 프롤레타리아 독재, 번영하는 사회주의 경제를 실현하기를 기대하는 것은 그들에게 초인적인 요구를 하는 것과 마찬가지다. 그들은 단호한 혁명적 태도, 탁월한 추진력, 국제 사회주의에 대한 불굴의 충성심으로 지극히 어려운 상황에서도 자신들이 할 수 있는 최상의 것을 기여했다.[48]

그러나 볼셰비키가 노동자 민주주의를 억제한 이유를 설명하는 것과 그것을 정당화하는 것은 전혀 다른 문제다. 로자 룩셈부르크는 무엇보다 볼셰비키 지도자들이 어쩔 수 없이 원래의 노동자 민주주의 정책들에서 일탈할 수밖에 없었다는 사실을 공개적으로 시인하지 않았다고 비판했다. "위험은 그들[볼셰비키 지도자들 — 지은이]이 어쩔 수 없이 해야 하는 일을 마치 원해서 하는 척하고, 이 파멸적 상황이 그들에게 강요한 모든 전술을 완벽한 이론적

제도로 확립하려는 데서 비롯한다."[49]

레닌이 '막대 구부리기'를 통해 의도한 것이 바로 그것이었다는 점은 분명하다. 그러나 레닌은 특정 상황을 매우 **구체적으로** 다루려 했음에도 항상 긴급한 과제를 지나치게 일반화하는 경향이 있었다는 것도 사실이다.

경험을 통해 레닌은 노동자 민주주의 없는 정부가 막다른 골목에 봉착했음을 알게 됐다. 노동조합 논쟁*에서 레닌이 "지금 우리의 국가 체제에서는 대규모로 조직된 프롤레타리아가 자신을 보호해야 하는데, 우리는 이 노동자 조직들을 이용해 노동자들을 노동자 국가로부터 보호해야 하고 노동자들도 우리의 국가를 보호하게 해야 합니다" 하고 주장했을 때,[50] 프롤레타리아 민주주의라는 문제의 함의는 훨씬 광범했다. 만약 노동조합이 국가에 맞서 자신을 방어해야 한다면, 자신의 사용자인 국가의 견해와 다른 견해를 자유롭게 토론할 권리와 그런 견해를 주장할 수 있는 지도자들을 자유롭게 선출할 권리를 가져야 한다. 사실상 똑같은 하나의 중앙 기구 — 당 중앙위원회, 중앙위 산하 정치국이나 사무국 — 가 국가와 노동조합의 지도자들을 모두 지명한다면 노동조합은 국가에 맞서 노동자들을 방어할 수 없다. 당의 프랙션에 적용되는 규율이 다른 기구들 — 소비에트, 노동조합 등 — 에도 똑같이 적용된다면 그들 사이의 기능 구분은 대체로 형식적일 수밖에 없을 것이다.

앞으로 보게 되겠지만, 레닌은 당과 국가의 융합을 점점 더 경계했다. 1922년 11차 당대회(그가 참석한 마지막 당대회)에서 레닌은 다음과 같이 연설했다. "당과 소비에트 정부 기구 사이의 관계가 바람직하지 않습니다", "당 기구와 소비에트 정부 기구는 분리돼야 합니다", "우리는" 당보다 "인민위원회", 즉 국가의 "위상을 더 높여야 합니다."[51]

볼셰비키당의 독점이 확립되자 정치 생활은 대체로 퇴보했고 특히 소비에

---

* 4권 9장을 보시오.

트가 쇠퇴했다. 이 점을 빅토르 세르주는 다음과 같이 요약했다.

다양한 견해를 통해 서로 다른 사회적 이해관계를 대변하는 정당들 간의 정
치적 논쟁이 사라지자 소비에트 기구들은 지역 소비에트에서 중앙집행위원
회와 인민위원회까지 오로지 공산당원들로만 채워졌고 이제는 진공 속에서
움직이고 있었다. 모든 결정을 당이 내렸으므로 소비에트 기구가 할 수 있는
일이라곤 당의 결정을 무조건 지지하는 것뿐이었다.[52]

결론적으로, 볼셰비키당을 제외한 정당을 모두 금지한 것은 분명히 해로
운 결과를 낳았다고 말하는 것과 볼셰비키가 다르게 행동할 수 있었고 정당
활동의 자유를 허용할 수 있었을 것이라고 말하는 것은 완전히 다른 문제다.
근본적으로 프롤레타리아 독재는 민주주의와 중앙집권주의 같은 추상적인
불변의 요소들이 시공을 초월해서 결합된 것이 아니다. 중앙집권주의와 마찬
가지로 민주주의의 실제 수준도 세 가지 기본 요인에 달렸다. (1) 프롤레타리
아의 힘 (2) 프롤레타리아가 구체제에서 물려받은 물질적·문화적 유산 (3)
자본가들의 저항이 그것이다. 실현 가능한 민주주의의 수준은 앞의 두 요인
과는 정비례하고 마지막 요인과는 반비례한다. 대양을 항해하는 대형 쾌속선
의 선장은 선상 축구 경기를 허용할 수 있다. 그러나 폭풍우 치는 바다에 떠
있는 뗏목에서는 축구 경기를 허용할 여지가 없다.

13 | 당의 변모

당의 사회적 구성 변화

1917년에 볼셰비키 당원의 압도 다수는 프롤레타리아였다. 당 지역위원회에 지식인은 거의 없었고, 심지어 당 전체도 마찬가지였다.[1] 내전 때 노동자 수십만 명이 더 가입했다. 그러나 전쟁 때문에 당의 사회적 구성이 급격하게 바뀌었다.

정부를 운영하는 것이 1차적 과제였으므로 노동자 당원 수만 명이 국가 관리가 됐다. 내전 시기에 상당히 많은 당원이 적군赤軍에 입대했다. 1920년에 그 수는 약 30만 명에 달했다. 다시 말해, 적군 병사 두 명 중 한 명이 공산당원이었다.[2] 내전 때 공산당원 50만 명 이상이 적군에서 복무했는데, 그 중에 대략 절반은 당의 민간 조직에서 모집해 군대에 보낸 사람들이었고 나머지 절반은 당이 현역군인 중에서 모집한 사람들이었다. 내전에서 공산당원 약 20만 명이 목숨을 잃었다.

레닌은 1920년 4월 다음과 같이 말했다.

내전 시기에 어려운 상황이 닥칠 때마다 당은 공산당원들을 동원했고, 전선에서 맨 먼저 죽어간 병사들이 바로 그들이었습니다. 유데니치와 콜차크에 맞서 싸우는 전선에서 수천 명씩 죽었습니다. 노동계급의 최상의 인자들이 죽어갔습니다. 그들은 자기 자신을 희생했습니다.[3]

그 필연적 결과 하나는 공장 작업대에서 일하는 당원의 비율이 엄청나게 낮아졌다는 것이다. 그래서 1919년의 통계를 보면, 당원의 11퍼센트만이 공장에서 일하고 있었고 53퍼센트는 정부 관리였고 8퍼센트는 당과 노동조합의 간부였고 27퍼센트는 군대에 있었다.[4]

1921년 3월 10차 당대회에서 실랴프니코프는 혁명 전에 볼셰비키의 대들보였던 페트로그라드 금속 노동자들 중에서 이제 당원은 2퍼센트에 불과하다고 개탄했다. 모스크바에서도 그 비율은 4퍼센트에 지나지 않았다.[5]

1922년 3월 말~4월 초의 11차 당대회에서 모스크바 위원회의 사무국장은 수도의 공산당원 가운데 22퍼센트가 공장 세포인데 그중에 "족히 절반"은 관리라면서, 그 밖의 산업 중심지에서는 공장 노동자 당원 비율이 훨씬 낮다고 말했다.[6]

같은 당대회에서 지노비예프는 "노동자가 1만~1만 2000명씩 있는 대규모 산업 지구나 광산 등지에서 우리 당의 중핵이 겨우 6명뿐인 곳이 있다는 것은 사실입니다" 하고 불평했다.[7]

1922년에 랴잔 주의 농촌 지역 당원들을 분석한 결과를 보면, 78퍼센트가 지역 소비에트나 당 또는 협동조합 기구에서 직책을 맡고 있었다. 다른 지방의 상황도 비슷했다.[8] 1922년에 농민 세포 당원들을 분석한 결과를 보면, 농업에 종사하는 사람은 4분의 1뿐이었고 3분의 2는 국가나 당 또는 협동조합의 관리였다.[9]

농촌 지역의 많은 당원은 전직 관리였고, 차르 체제하에서 공무원이었다.

1922년에 농촌 지역 소비에트의 집행위원인 볼셰비키 당원의 42퍼센트가 3년 이상, 다시 말해 1919년 전부터 그 직책을 맡고 있던 사람들이었다. 따라서 그들은 전에 공무원이나 젬스트보 관리였고 전부터 맡고 있던 주요 행정 업무를 지속해 온 셈이다.[10]

적군에서는 고위 장교 당원의 비율이 증가했다. 이 과정은 내전이 끝난 뒤 군대의 규모가 축소되자 더욱 빨라졌다. 당시 군대의 당 세포는 압도적으로 장교와 정치위원으로 구성됐다. 1921년 말에는 사병과 부사관이 군대 내 공산당원의 50퍼센트를 차지했지만 1924년에는 이 비율이 20퍼센트로 떨어졌다.[11]

출세주의자들의 입당을 저지하기

내전 때는 당에 가입하는 것은 곧 희생을 무릅쓰겠다는 뜻이었다. 그래서 출세주의자들은 당 가입을 꺼렸다. 내전에서 백군에게 붙잡힌 공산당원들은 대개 목숨을 잃었다. 중앙위원회가 8차 당협의회에 제출한 보고서는 다음과 같이 지적했다. "이런 상황에서 당원증은 데니킨의 교수대로 직행하는 티켓이나 마찬가지였다."[12]

그래서 소비에트 공화국의 군사적 상황이 불리해질 때마다 레닌은 당의 문호를 평상시보다 더 개방하자고 제안했다. 1919년 가을에 데니킨과 유데니치가 소비에트 정권을 몰락 일보 직전으로 몰아넣었을 때 그리고 백군이 금방이라도 페트로그라드를 점령할 듯했을 때 당은 신입 당원을 모집했고 10월에 '당 주간' 행사를 실시했다. "당 주간 동안 모스크바에서는 1만 3000명이 당에 가입했다."[13]

당은 급격하게 성장했다. 여러 면에서 '당 주간'은 대성공이었다. 신입 당원이 적어도 16만 명이나 됐다. 이런 성장은 그 뒤 몇 달 동안 지속됐다.

1920년 초에 43만 명이었던 당원은 1920년 3월 9차 당대회 때까지 60만 명 이상으로 증가했다.[14]

정권이 그렇게 위험에 처했을 때 위험을 무릅쓰고 입당한 사람들은 대부분 공산주의에 대한 신념이 확실한 사람들이었을 것이다. 그러나 레닌은 여전히 출세주의자들의 입당을 우려했다. 1918년 8월 16일 그는 다음과 같이 말했다. "출세하려고 당에 가입하는 사람들을 받아들여서는 안 됩니다. 그런 사람들은 당에서 쫓아내야 합니다."[15]

레닌은 목숨이 다할 때까지 똑같은 주장을 거듭거듭 강조했다. 앞서 11장에서 레닌이 1919년 3월 페트로그라드 소비에트에서 다음과 같이 연설한 내용을 인용한 바 있다. '구체제의 관료들'이 감히 스스로 '공산주의자communist'라고 말할 수 없어서 '공공주의자commonist'를 자처하면서 "옷깃에 붉은 리본을 달고 따뜻한 구석을 찾아 슬금슬금 기어왔습니다. …… 이 쓰레기들이 다시 기어 들어왔습니다."[16] 1920년 3~4월의 9차 당대회에서 레닌은 다음과 같은 위험에 대해 말했다. "최악의 사람들 …… 낡은 자본주의 체제의 관리들이 …… 집권당으로 기어 들어오고 …… 집권당에 거머리같이 달라붙고 있습니다. …… 왜냐하면 집권당이 바로 권력으로 통하는 길이기 때문입니다."[17]

1919년 4월 3일 레닌은 모스크바 소비에트에서 연설할 때도 같은 주장을 되풀이했다. "농촌 지역의 상황은 어떻습니까? 그곳에서는 흔히 당원을 자처하는 악당들의 무법 행위가 극성을 부리고 있습니다."[18] 1921년 4월 21일 레닌은 "공산당원들에게 아첨하며 때로는 농민들을 모욕하고 가혹 행위를 저지르는 전직 정부 관리, 지주, 부르주아 등 인간쓰레기들이 저지른 악행"을 강조했다.[19] 레닌은 출세주의자들의 입당을 최대한 어렵게 만들자고 제안했다.

11차 당대회(1922년 3~4월)는 신입 당원 모집 대상을 세 부류로 나눴다. 첫째는 노동자들과 노동자, 농민 출신의 적군 병사들, 둘째는 군 복무 중이지 않은 농민들과 수공업자들, 셋째는 화이트칼라 노동자 등 그 밖의 사람들이었다. 첫째 부류는 당원 후보 기간이 6개월, 둘째 부류는 1년, 셋째 부류는 2년이었다.[20]

레닌은 이런 조건을 붙인다고 해서 당의 사회적 구성에서 프롤레타리아의 비중이 높아질지 의심스러워하면서 여전히 마음을 놓지 못했다. 11차 당대회 직전에 그는 중앙위원회 서기인 몰로토프에게 보낸 편지 두 통에서 다음과 같이 썼다.

신입 당원의 수습 기간을 늘리는 것이 대단히 중요합니다. 지노비예프는 노동자의 수습 기간은 6개월, 다른 부류는 12개월로 하자고 제안했습니다. 저는 대규모 산업체에서 10년 이상 실제로 근무한 노동자들만 수습 기간을 6개월로 할 것을 제안합니다. 다른 노동자들은 모두 18개월, 농민과 적군 병사는 2년, 그 밖의 부류는 3년으로 해야 합니다.[21]

출세주의자들을 제거하려고 레닌은 당에서 부패한 자들을 숙청하자는 제안을 지지했다. 8차 당대회(1919년 3월)는 다음과 같이 결의했다.

충분히 공산주의적이지 않거나 심지어 기생충 같은 자들이 대거 당으로 몰려들고 있다. 러시아 공산당은 권력을 장악하고 있고, 따라서 뛰어난 인재뿐 아니라 출세주의자들도 러시아 공산당으로 몰려들 수밖에 없다. 소비에트와 당 기구에서 대대적인 숙청이 반드시 필요하다.[22]

당대회 후에 도시에서는 당원의 10~15퍼센트, 일부 농촌 지역에서는 그보다 많은 당원이 축출됐다.[23] 레닌은 이런 숙청이 훨씬 더 철저해야 한다고 생각했다. 그래서 1919년 6월에 쓴 소책자에서는 다음과 같이 주장했다.

투기꾼들과 그 밖의 해로운 자들이 집권당에 달라붙는 것은 완전히 필연적이었다. 그런 일이 일어나지 않은 혁명은 일어난 적도 없고 일어날 수도 없다. 요점은 집권당이 건전하고 강력한 선진 계급에 의존해서 자신의 대오를 숙청할 수 있어야 한다는 것이다.

따라서 숙청은 매우 철저해야 했다. 당원의 절반쯤을 축출해야 했다.[24]
1921년에 대규모 숙청이 실시돼서 13만 6386명, 즉 당원의 5분의 1이 축출됐다. 축출된 당원의 34퍼센트는 '수동성' 때문에, 25퍼센트는 출세주의, 알코올 중독 등 때문이었고, 9퍼센트는 뇌물 수수, 금품 강탈 등 때문이었다.[25]
그러나 레닌과 당 지도부가 노동자 아닌 사람들의 입당을 어렵게 만들려고 온갖 장애물을 설치하고 부패한 당원들을 거듭거듭 숙청했음에도 출세주의자들이 몰려드는 것을 막을 수는 없었다. 당과 국가가 융합되자 당원증은 일자리를 얻는 데 유용한 수단이 됐다. 8차 당대회 때 지노비예프의 보고는 이 점을 잘 보여 준다. "저녁 8시에 당원증을 받으러 모스크바 지역위원회를 찾아온 신입 당원이 몇 명 있었습니다. 그들에게 내일 다시 오라고 말하면 이렇게 대답합니다. '한 번만 봐 주십시오. 제가 내일 일자리를 구해야 하기 때문에 지금 당장 당원증이 필요합니다.'"[26]
당의 사회적 구성에서 프롤레타리아의 비중은 계속 낮아졌다. 전에 노동자였던 당원들이 이제 더는 노동자가 아니었기 때문에 더욱 그랬다.

극소수의 고참 당원들
당의 취약성을 더한층 악화시킨 것은 고참 볼셰비키의 비율이 극히 낮았다는 사실이다. 1919년 10월에 당원의 20퍼센트만이 10월 혁명 전에도 당원이었다. 그리고 1917년 2월 전에 가입한 당원은 8퍼센트밖에 안 됐다.[27] 1922년

11차 당대회에서 지노비예프는 당원의 2퍼센트만이 1917년 2월 전에도 당원이었다고 말했다.[28]

1922년 3월 26일 몰로토프에게 보낸 편지에서 레닌은 다음과 같이 썼다.

우리가 현실을 애써 외면하려 하지 않는다면, 지금 당의 프롤레타리아 정책을 좌우하는 것은 당의 사회적 구성이 아니라 당의 '올드 가드old guard'[원래는 나폴레옹 1세의 친위대를 가리키는 말이었으나 '특정 조직의 보수적인 고참 회원들'이라는 뜻으로 바뀌었다]라 할 수 있는 소수 그룹의 엄청난 신망이라는 사실을 인정해야 합니다.

당시 상황은 지극히 위험했다. "이 그룹 안에서 약간의 충돌만 일어나도 이 신망이 (파괴되지는 않더라도) 대단히 약해져서 이 그룹의 정책 결정권이 산산조각 날 것입니다."[29]

당내 권력의 중앙집중화

중앙위원회는 원래 소수의 응집력 있는 기구였고 사실상 당의 의사 결정 기구였다. 그런데 점차 결정을 내리기보다는 이미 결정된 사항을 승인하는 기구로 변모했다.

처음에는 중앙위가 한 달에 두 번 회의를 열어야 한다는 규정이 있었다(8차 당대회 결의와 1919년 당 규약).[30] 그런데 이 규정이 1921년 10차 당대회에서는 두 달에 한 번으로 바뀌었다.[31]

어떤 기구 또는 기구들이 중앙위를 사실상 대체했는가? 형식적으로 정치국은 중앙위에 종속돼 있었다. 정치국의 기능은 "지체할 수 없는 문제들에 대한 결정을 내리고" 격주로 열리는 중앙위 회의에 그 결정 사항을 보고하는 것이었다. 그러나 긴급 현안을 처리하는 정치국의 권한에 대한 형식적 규제는 사실상 현실적이지 않았다. 마치 소브나르콤의 권한에 대한 전 러시아 소비에트나 중앙집행위원회VTsIK의 규제와 비슷했다. 중앙위 회의는 점차 뜸해졌고, 정치국이 주요 정책을 결정하면 국가기구가 그 결정을 집행하게 됐다.

10월 혁명 직후에는 중앙위 회의가 매우 자주 열렸다. 3개월 남짓한 기간에 열린 회의의 의사록이 17개 남아 있다[32](같은 기간에 회의는 더 많이 열렸지만 다른 의사록은 남아 있지 않다). 그 뒤 내전 시기에는 회의가 점차 뜸해졌다. 1918년 4~7월에는 중앙위 회의가 여섯 번만 열렸고, 7~11월에는 한 번도 열리지 않았다(1919년 3월 8차 당대회에서는 이에 대한 불만이 제기됐다). 나중에 중앙위 회의는 더 정기적으로 열렸다. 그래서 1919년 4~10월에는 여섯 번 열렸고 1920년 4월부터 1921년 3월까지는 스물아홉 번 열렸다.[33] 그러나 정치국(이나 조직국) 회의보다는 훨씬 더 띄엄띄엄 열렸다.

1919년 3월부터 12월까지 중앙위 회의는 겨우 여섯 번 열린 반면, 정치국과 조직국 회의는 각각 29번과 110번 열렸다. 이 기간에 정치국-조직국 합동 회의도 열 번 열렸다. 1919년 12월부터 1920년 9월까지 중앙위 회의는 겨우 아홉 번 열린 반면, 정치국과 조직국 회의는 각각 77번과 64번 열렸다. 1920년 9월부터 1921년 3월까지 중앙위 회의는 24번, 그러니까 거의 매주 열렸고 조직국과 정치국 회의는 각각 47번과 26번 열렸다. 1921년 5~8월에 중앙위 회의는 아홉 번 열렸고 조직국과 정치국 회의는 각각 48번과 39번 열렸다. 1921년 9~12월에 중앙위 회의는 겨우 다섯 번 열린 반면, 조직국과 정치국 회의는 각각 63번과 44번 열렸다.[34]

사실, 정치국과 조직국이 점차 중앙위의 권력을 침해했다. 레닌은 9차 당대회에 보고하면서 다음과 같이 말했다.

정치국이 국내외 정책의 모든 문제에 대한 결정을 내립니다. …… 지난해에 중앙위의 일상 활동은 중앙위 전체회의에서 선출된 두 기구, 즉 중앙위 산하 조직국과 중앙위 산하 정치국이 실행했습니다. …… 실제로, 당의 역량을 배분하는 것이 조직국의 주요 기능이 됐고 정치적 문제를 처리하는 것이 정치국의 주요 기능이 됐습니다. 이런 구분이 어느 정도 인위적이라는 것은 말할 나위도 없습니다. 모든 정책의 실행은 사람들을 임명하고 옮기는 것으로 나타날 수밖에 없다는 것이 명백하기 때문입니다.[35]

또 다른 당 기구, 즉 사무국의 권력도 계속 강화됐다. 정치국과 조직국의 활동을 조정하기 위해 사무국 책임자는 정치국원과 조직국원을 겸임했다.

1919년 3월에 사무국이 처음 만들어졌을 때는 책임자 한 명과 실무자 다섯 명으로 이루어져 있었다. 1년 뒤 중앙위원 세 명을 투입해서 사무국을 강화하고, "조직적·행정적 성격의 현안들을 사무국 관할로 이전하는 한편, 중앙위의 조직 활동을 전반적으로 지도하는 임무는 …… 계속 조직국이 맡는다"는 결정이 내려졌다.[36]

사무국은 원래 "당의 집행 기구"일 뿐이었다. 레닌은 9차 당대회에서 다음과 같이 말했다.

모든 오해를 없애고자 처음부터 강조해 두고 싶은 것이 있습니다. 당 중앙위 산하 사무국은 조직국이나 정치국에서 채택된 중앙위의 집단적 결정이나 중앙위 전체회의의 집단적 결정, 오직 이런 결정만을 실행했다는 것입니다.[37]

그러나 사무국의 권력은 훨씬 더 강력했다. 특히, 1922년 5월 스탈린이 사무국장에 임명된 뒤에는 더욱 그랬다. 1922년 이후 스탈린은 당 기구 네 곳(중앙위, 정치국, 조직국, 사무국)에 모두 소속된 유일한 인물이었다.

사무국의 인원이 크게 늘었다. 1919년 3월에 15명이었던 사무국은 그 해

11월 여덟 개 부서(총무, 재정, 정보, 조직, 배치, 감찰, 농민, 여성)에서 80명이 근무하는 기구로 커졌다.[38] 1920년 3월 사무국 인원은 150명으로 증가했고 1년 뒤에는 602명으로 늘었다(군대에서 파견 나와 경비와 전령 업무를 맡고 있던 140명을 제외한 수치다).[39]

사무국이 통제한 가장 중요한 권한 중 하나가 인사권이었다. 1920년 이래로 사무국 간사 세 명 가운데 한 명이 당의 인력을 관리하고 그 배치를 감독하는 '관리·배치부'(우치라스프레트, Uchraspred)를 책임지고 있었다. 10차 당대회에 제출된 보고서를 보면, 우치라스프레트는 12개월이 채 안 되는 기간에 당원 4만 2000명을 각종 직책에 임명하거나 전환 배치했다.[40] 우치라스프레트는 국가와 당 기구를 통제하는 강력한 기구가 됐다.

12차 당대회(1923년)에서 지노비예프는 주州 소비에트 집행위원장을 당 중앙위가 임명하는 것은 불가피하다고 설명했다.[41] 그러나 실제로는 임명권을 사무국이 쥐고 있었다.

주요 직책의 임명

당내 기구에서도 임명 관행이 널리 퍼졌다. 내전 시기에는 당의 지역위원회가(매우 광범한 지역을 포괄하는 지역위원회도 포함해서) 모스크바의 중앙위에 반발했다가 즉시 해체되는 사례가 아주 많았다. 예컨대, 1919년 봄에 중앙위는 선출된 우크라이나 지역위원회를 해체하고 새로운 위원회를 임명했다. 1922년 3월부터 1923년 3월까지 중앙 사무국은 주州위원회 사무국장 42명을 임명했다.[42]

당대회와 당협의회는 지도적인 당 기구의 직책들을 임명하지 말고 선출해야 한다고 거듭거듭 강조했다. 그래서 1920년 9월의 9차 당협의회는 다음과 같이 결의했다.

선출직에 사람들을 임명하는 것은 예외적인 경우로 한정하는 것이 원칙이며, 중앙위는 일반적으로 사람들을 임명하지 말고 추천할 것을 권고한다.

그리고 뒤늦게 현재 상황을 설명하면서 다음과 같이 덧붙였다.

당 기구와 당원 개인이 다른 동지들을 동원할 때는 당면 문제에서 비롯한 고려 사항만을 판단 기준으로 삼아야 한다. 특정 문제를 놓고 당의 결정 사항과 견해가 다르다는 이유로 동지들을 억누르는 것은 결코 용납될 수 없다.[43]

심지어 당대회 대의원조차 선출되지 않고 임명되는 경우가 흔했다. 11차 당대회(1922년 3월 27일~4월 2일)에 참석한 사마라 주의 대의원 약 50명은 주 협의회에서 선출되지 않고 주 위원회 전체회의에서 선발된 사람들이었다. 이 문제와 관련해서 당대회에 제출된 위임위원회 보고서는 "중앙위가 사마라 주의 객관적 상황을 고려해서 그렇게 하도록 허용했다"고 설명했다. 이것은 사마라가 노동자 반대파의 아성이었고, 따라서 선거가 실시됐다면 (당시 금지된) 반대파가 대의원으로 선출됐을 것이라는 사실을 에둘러 표현한 것이다. 이런 일이 당대회에서 허용된 경우는 오직 그때뿐이었지만, 그런 방법은 당시 다른 곳에서도 사용됐다.[44]

그 결과는 당연히 당내 민주주의의 쇠퇴였다.

노동조합에서의 임명

당과 국가가 융합되고 당내에서 임명이 선출을 대체하자 당연히 다른 기구들에서도 임명이 점차 늘어났다. 노동조합도 그랬다.

제4차 노동조합 대회에서 무슨 일이 일어났는지를 살펴보자. 1921년 5월

17일 대회 개막 몇 시간 전에 당 프랙션 회의가 열렸다. 전 러시아 노동조합 중앙위원회 의장인 톰스키가 정치국 보고서 "노동조합의 구실과 과제에 대해"를 발표했다. 프랙션 당원들은 보고서의 노조 간부 선출 관련 부분에 "프롤레타리아 민주주의의 정상적 방법"이라는 표현이 빠져 있음을 지적하면서 결의안을 수정하기로 결정했다. 톰스키가 공식적으로 반대했지만, 랴자노프가 주도해 민주적 절차 조항을 정치국 문서에 집어넣는 방침이 1500표 대 30표로 가결됐다.[45] 정치국은 톰스키가 약점을 드러냈다며 그를 노동조합 중앙위원회에서 즉시 해임했다. 톰스키는 심지어 노동조합 대회의 상임위원으로도 선출되지 못했다(나중에 그는 멀리 투르케스탄으로 보내졌다. 표면상으로는 투르케스탄에서 해야 할 '임무' 때문이었다).

같은 달인 1921년 5월에 당 중앙위는 중요한 금속노조의 문제들에도 깊숙이 개입했다. 중앙위는 금속노조의 주요 직책에 선출돼야 할 후보 명단을 당 프랙션에 제출했다. 그 명단에는 노동자 반대파 지지자들을 대체할 새로운 '충성파' 인사들이 포함돼 있었다. 프랙션은 중앙위가 제출한 명단을 120표 대 40표라는 압도적 차이로 거부했다. 이런 규율 위반에 격분한 중앙위는 표결 결과를 무시하고 중앙위가 선택한 사람들을 임명했다. 그리고 아예 노조를 재편해 버렸다.[46]

"낡은 오물이 되살아날 것이다"

당은 부패에서 완전히 깨끗할 수 없었다. 7장에서 말했듯이, 전시 공산주의 시기에 엄격한 평등주의가 득세했다는 것은 사실이다. 그러나 이런 평등주의 조처들은 대개 제대로 실현되지 못했다. 빈곤이 만연한 상황에서 평등은 별 의미가 없다. 청년 마르크스는 《공산당 선언》을 쓰기 2년 전에 다음과 같이 지적했다. "생산력의 발전은 …… [공산주의에 ― 지은이] 절대로 필요한 실질적 전제 조건이다. 왜냐하면 생산력 발전이 없으면 **결핍**이 만연할 것이고 그와 함께 생활필수품을 차지하기 위한 투쟁도 만연할 것이며, 그리 되면 낡은 오물이 모두 되살아날 것이기 때문이다."[47]

전시 공산주의가 한창일 때 볼셰비키의 매우 강력한 도덕적 압력에도 불구하고 극단적 평등의 외관 이면에서 '낡은 오물'이 정말로 되살아나고 있었다. 그리고 이런 부패가 당을 갉아먹었다. 이 점은 냉전 시기의 공산주의 관료를 묘사한 보리스 필냐크의 소설 ≪랴잔 사과Riazan Apples≫를 읽어 보기만 해도 금방 알 수 있다.

그의 방에는 전화기 옆에 안락의자가 있었다. 자기 부하직원과 통화할 때 그는 의자에 길게 누워서 다리를 쭉 뻗은 채 거만하게 이야기했고, 자신과 같은 직급의 사람들과 통화할 때는 그냥 평범하게 앉아서 이야기했고, 자기보다 높은 사람들과 통화할 때는 벌떡 일어나서 차려 자세로 이야기했다. 통화 상대방에 따라 목소리까지 완전히 달라졌다.[48]

또 다른 사례는 소비에트 작가인 유리 리베딘스키의 책 ≪1주일A Week≫ (1922년)에서 찾아볼 수 있다. 이 소설은 1921년 봄에 우랄산맥 기슭의 작은 도시에서 1주일 동안 일어난 일을 묘사한 작품이다. 이 책에 나오는 소비에트 관리 마투센코는 정치부 간사인데, 정권이 바뀔 때마다 공산당원 후보에서 독실한 정교회 신자로 변신을 거듭한다. 그러나 어느 경우든 편안한 일자리를 찾아서 일신의 안녕만을 추구한다.

오늘은 일요일인지라 타자원들과 속기사들은 11시에나 정치부에 출근해서 시끄럽게 떠들어 댈 것이다. 그러나 마투센코는 항상 그들과 멀리 떨어져 있다. 아니 더 정확히 말하면 그들을 신경 쓰지도 않고 그들의 존재를 의식하지도 않는다. 자신이 관심 없는 사물이나 동물은 눈길도 주지 않고 자신보다 직급이 낮은 적군 병사나 학교 선생님이 정치부를 찾아오면 거들떠보지도 않는 것처럼 말이다.

그러나 이를 보완하기 위해서 마투센코는 낮게는 정치부장인 골로블레프에서 높게는 레닌이나 트로츠키에 이르기까지 자신보다 높은 사람을 끔찍이 생각한다.[49]

수많은 사람들이 굶어 죽고 있는데도 마투센코는 "크림처럼 부드러운 노란 버터", "흰 빵", "크림을 곁들인 향긋하고 달콤한 차"를 즐기고 있었다.[50] 리베딘스키의 책에는 철도역에서 굶어 죽어 가는 군중 옆에서 지도위원이 우아하게 케이크를 먹는 장면도 나온다.

한 철도역에는 커다란 계단 비슷한 것이 있었는데 꼭대기에서 바닥까지 사람들로 가득했다. 남성, 여성, 아이들이 보잘것없고 더러운 소지품과 함께 계단에 널브러져 있었다. 며칠씩 씻지 못해 까맣게 때가 낀 그들의 얼굴에는 근심과 고통의 산물인 주름살이 거미줄처럼 잔뜩 퍼져 있었다. 바로 곁의 식당에서는 투기꾼이 케이크를 먹고 있었고, 굶주린 꼬마가 침을 흘리며 그 모습을 지켜보다가 투기꾼의 선심 덕분에 돈푼이라도 얻자 담배를 살 만한 액수가 되는지 헤아리며 밑으로 내려갔다. 그 끔찍한 계단을 따라서 말쑥하게 차려 입은 지도위원이나 가슴에 반짝이는 공산주의의 별을 단 지도위원이 …… 신경질적으로 걸어 내려왔다. 신경질적이라는 표현이 딱 어울렸다. …… 그는 지쳐 널브러진 더러운 사람들 사이를 걸으면서 옻칠을 한 자신의 부츠가 더러워지지 않도록 조심조심 발을 내디뎠다. 밑으로 내려온 그는 투기꾼과 함께 케이크를 먹었다. 그리고 군중 속에는 이가 득실거리는 아이들이 주린 배를 움켜쥔 채 서 있었다.[51]

또 다른 소비에트 소설 ≪시멘트Cement≫에서 표도르 글라드코프는 소비에트 집행위원장인 바딘이 당 숙청위원회 위에 군림하면서 우월한 완력(과 직위)를 이용해서 자신이 강간한 여성을 당에서 축출하는 과정을 묘사한다.

대중이 영웅적으로 행동하고 여전히 볼셰비즘의 전통이 매우 강력했던 내전 시기에는 특권을 쥐고 부패한 자들은 자신의 풍요로움을 어느 정도는 감춰야만 했다. 그러나 부패는 당과 국가, 나아가 사회 전체의 토대를 잠식하기 시작했다.

당의 민주적 전통을 고수하기 위한 투쟁이 지속되다

당내 민주주의의 쇠퇴는 당연히 당원들의 격렬한 반발에 부딪혔다. 예컨대, 9차 당대회에서 K K 유레네프는 중앙위가 다양한 방법으로 비판을 억누르고 있는데, 비판자들을 사실상 유형 보내는 것도 그중 하나라고 말했다. "한 사람은 크리스탸나로 보내졌고, 다른 사람은 우랄 지방으로, 또 다른 사람은 시베리아로 보내졌습니다."[52] 그는 중앙위가 당을 대하는 태도를 볼 때 중앙위는 "책임을 져야 하는 내각이 아니라 책임지지 않아도 되는 정부"가 돼 버렸다고 말했다. 같은 당대회에서 V N 막시모프스키는 '민주적 중앙집권주의'와 '관료적 중앙집권주의'를 대비시키면서 후자는 중앙위의 책임이라고 비판했다. "생선은 머리부터 썩는다고 합니다. 당은 상층부터 관료적 중앙집권주의의 영향을 받기 시작했습니다."[53] 또, 야코블레프는 다음과 같이 말했다. "우크라이나는 유형지가 됐습니다. 이런저런 이유로 모스크바에서 원치 않는 동지들이 우크라이나에서 유형 생활을 하고 있습니다."[54] 사프로노프도 다음과 같이 말했다. "여러분이 선거권이나 프롤레타리아 독재를 아무리 떠들어 대도, 당 독재를 추구하는 중앙위의 끈질긴 노력은 사실상 당 관료 집단의 독재로 이어지고 있습니다."[55]

그럼에도 내전 시기 내내 당협의회와 당대회에서는 자유로운 토론 분위기가 지속됐다. E H 카의 말을 빌리면, 브레스트리토프스크 강화조약을 둘러싼 논쟁 기간에 당은 "결정적으로 중요한 공공 정책의 문제들을 놓고 어떤 정당도 거의 실천하지 못하는 토론과 선전의 자유"를 누렸다.[56] 1918년 5월에는 '좌익 공산주의'를 옹호하며 레닌의 주장을 비판하는 부하린의 소책자가 100만 부나 발행됐다.[57]

노동조합 논쟁에서도* 볼셰비키의 민주적 전통은 분명히 남아 있었다. 볼셰비키를 지지하지 않는 역사가인 로버트 V 대니얼도 다음과 같이 썼다. "1920년 가을은 공산당 내에서 공개적 논쟁과 지도부의 권위에 대한 자유로운 비판이 절정에 이른 때였다."[58]

빅토르 세르주는 내전 시기의 당내 상황을 두고 다음과 같이 썼다.

지금 당의 오랜 민주적 관행이 권위주의적 중앙집권화에 자리를 내주고 있다. 이것은 투쟁의 요구와 신입 당원의 유입 때문에 불가피했다. 이 신입 당원들은 마르크스주의 교육이나 훈련을 받은 적도 없고 1917년 이전의 투사들처럼 개인적 자질이 뛰어난 것도 아니다. 그래서 볼셰비즘의 '올드 가드'는 당연하게도 자신들의 정치적 헤게모니를 유지하기로 결정했다.

그러나 당은 여전히 민주적 전통을 간직하고 있었다.

당은 정말로 '강철 군단'이다. …… 그렇지만 당의 생각은 여전히 매우 활기차고 자유롭다. 당은 어제의 아나키스트들과 사회혁명당원들을 환영한다. …… 레닌에 반대하거나 그를 비판하기를 두려워하는 당원은 아무도 없다. 레

---

* 제4권 9장을 보시오.

닌의 권위는 전혀 강요되지 않았고, 여전히 혁명의 민주적 방식이 아주 자연스러웠으므로 아무리 최근에 입당한 당원이라도 그가 혁명가라면 당과 국가를 지도하는 사람의 면전에서 자신의 견해를 솔직히 표명하는 것은 당연했다. 레닌이 이런저런 공장이나 회의에서 생전 처음 보는 사람들에게 가차 없이 비판받은 적이 한두 번이 아니다. 그는 상대방의 말을 차분하게 들은 다음 그들이 알아듣기 쉽게 답변했다.[59]

레닌, 당, 프롤레타리아

이 절과 제목이 똑같은 제2권 8장에서 나는 1917년의 레닌에 대해 다음과 같이 썼다.

급격한 전술 변화 속에서도 이를 관통하는 레닌의 핵심 주제 ― 노동계급의 의식과 조직화 수준을 끌어올리는 것, 대중에게 그들 자신의 이해관계를 설명하는 것, 민중의 정서와 생각을 정치적으로 분명하게 표현하는 것 ― 는 한결같았다. …… 프롤레타리아는 당을 만들고 레닌을 만들었다. 그리고 레닌은 당과 프롤레타리아를 만드는 데 일조했다.

볼셰비즘은 혁명의 깃발 아래 광범한 노동자, 병사, 농민 대중을 투쟁으로 끌어들이고, 당의 영향력을 확대·강화하고, 대중의 자주적 활동과 의식 수준을 끌어올림으로써, 프롤레타리아·당·지도부의 끊임없는 자기 교육을 통해, 10월에 민중을 승리로 이끌었다.[60]

당은 프롤레타리아의 전위였고, 레닌은 당의 선두에 있었다. 당은 대중 스스로 만들어 낸 구호들을 발전시켰고, 전략과 전술을 정교화해서 대중이 스스로 조직하고 스스로 행동하는 데 도움을 주었다.

그러나 끔찍한 내전이 끝났을 때의 상황은 사뭇 달랐다. 프롤레타리아는 해체됐다. 당은 자신이 능동적 계급의 지도자가 아니라 사무 관리자라고 느꼈다. 레닌은 1917년이나 그 전인 1905년에 거듭거듭 그랬던 것과 달리 이제는 '위원회 사람들'을 골라내기 위해 "수병들에게 갈" 수 없었다. 1917년에 그랬듯이 밀물 때에 대중은 당과 지도부를 지탱해 주었다. 썰물 때에 대중은 분위기와 목표가 달라졌으므로 정반대 효과를 냈다. 레닌이 "프롤레타리아의 엄청난 잠재력을 절대적으로 신뢰했던" 1917년의 원대한 꿈과, 노동계급이 원자화하고 당이 대체로 비非프롤레타리아화한 현실 사이의 괴리가 인간적 비극의 요소가 됐다. 그런 괴리로 말미암아 운명 앞에서 개인(과 개인들)의 무기력이 드러나고 개인보다 훨씬 더 큰 사회 세력들의 무기력이 드러났다.

혁명 전과 혁명기와 내전 기간의 영웅적 시기에 볼셰비키당이 엄청난 성공을 거둔 것은 사실이다. 그렇다고 해서 레닌주의 노선을 바탕으로 한 볼셰비키 조직 자체가 혁명의 성과를 확실히 굳히는 보증수표가 되는 것은 아니었다. 그것은 역사의 모든 문을 열 수 있는 조직적 열쇠가 아니었다. 혁명 정당은 혁명의 성공에 반드시 필요하지만 충분조건은 아니다. 레닌의 천재성은 대중에게 거듭거듭 호소해서 당이 대중의 염원에 반응하게 하고 그와 동시에 당을 이용해서 프롤레타리아의 활동과 의식 수준을 높일 수 있었다는 것이다. 따지고 보면, 당은 항상 노동계급에 종속되고 노동계급에 의존했다. 당의 말과 선전이 계급의 행동과 맞아떨어지는 한에서만 당은 계급에게 영향을 미칠 수 있다. 노동계급의 행동이 없다면 당은 무기력할 수밖에 없다.

14 레닌과 군사 전선

스탈린 시대 이후 러시아의 공식 역사가들은 내전 시기 적군赤軍의 활약을 설명할 때 트로츠키를 쏙 빼놓았다. 그들은 적군의 승리를 모두 레닌(과 스탈린)의 공적으로 돌렸다. 그런 식의 성인 숭배는 레닌을 모독하는 짓이다. 이 장에서는 적군을 지도하는 과정에서 레닌이 트로츠키에 견줘 부차적 구실을 했다는 것을 분명히 하려 한다.

차르 군대 장교 영입과 레닌

트로츠키는 옛 차르 군대의 장교들을 영입하려다가 강력한 반발에 부딪혔다. 브레스트리토프스크 강화조약을 거부하고 레닌의 경제 정책에 반대했던 '좌익 공산주의자들'은 대부분 '올드 볼셰비즘'의 이름으로 트로츠키의 정책을 거부했다. 그들은 차르 군대 장교들이 군대를 지휘하는 것을 반대했을 뿐 아니라 중앙집권적 상비군 건설조차 거부했다. 스미르노프, 부하린, 라데크, 부브노프가 이끄는 '좌익 공산주의자들'은 트로츠키를 신랄하게 비판했다. 또 다른 반대파는 중앙집권적 권위에 반대하지는 않았지만 옛 차르 군대 장교들을 의심하고 시샘해서 거부한 사람들이었다. 그들은 10월 혁명 직후 여러 지역에서 대수롭지 않은 무장 저항을 진압하고 소비에트 정권을 수립한 노동자, 병사, 수병으로 이루어진 게릴라 조직의 지도자들이었다. 이 반대파를 '차리친파'라고 불렀는데, 이들의 반대는 전문가에 대한 저속한 혐오감에서 비롯했대차리친은 볼가 강 유역의 도시 볼고그라드의 옛 이름으로 1925~1961년에는 스탈린그라드로 불렸다). 차리친파의 지도자는 보로실로프(제10군 사령관), 오르조니키제(제10군 정치위원), 구세프, 그리고 그들의 배후에 있는 스탈린이었다(차리친파는 나중에 스탈린 분파의 중핵이 됐다).

'좌익 공산주의자들'과 차리친파가 힘을 합쳐 트로츠키의 정책을 비판한 것이 훨씬 더 무서웠던 이유는 레닌이 한동안 차르 군대 장교 영입 문제에 대한 판단을 유보했기 때문이다.

트로츠키는 자신을 지지해 달라고 레닌에게 거듭거듭 부탁했다. 1918년 8월 레닌은 참모본부의 장교들을 모두 공산당원으로 교체하자는 라린의 제안을 어떻게 생각하느냐고 트로츠키에게 물었다. 트로츠키는 일언지하에 거절했다.

> 그들[옛 차르 군대 장교들 ─ 지은이] 중에 많은 사람들이 배신행위를 합니다. 그러나 철도에서도 군대 수송을 방해할 목적으로 저지른 것이 명백한 사보타주 사건들이 일어나지만, 그렇다고 철도 기술자들을 공산당원으로 교체하자고 제안하는 사람은 아무도 없습니다. 저는 라린의 제안이 전혀 쓸모없다고 생각합니다. …… 차르 군대 장교들을 활용하는 것을 가장 시끄럽게 반대하는 사람들은 잔뜩 겁먹은 사람들이거나 아니면 군사 기구의 업무와 전혀 무관하거나 군사 기구에서 근무하더라도 사보타주나 다름없는 짓을 하는 사람들입니다. 그들은 아무것도 보지 못하고 마치 식민지 총독처럼 행세하면서

빈둥거리며 시간만 허비하다가 패배라도 겪으면 모든 책임을 참모본부 장교들 탓으로 돌리는 그런 사람들입니다.[1]

1918년 11월 24일 레닌은 적군 장교들에게 한 연설에서 여전히 다음과 같이 말했다. "이제 우리의 새로운 군대를 건설할 때 우리는 오직 민중 가운데서만 장교를 뽑아야 합니다. 오직 붉은 장교들만이 병사들의 존경을 받을 것이고 우리 군대 안에서 사회주의를 강화할 수 있을 것입니다. 그런 군대는 천하무적일 것입니다."[2]

1919년 3월의 8차 당대회 직전까지도 그는 적군에서 군사 전문가들이 얼마나 많이 활용되고 있는지를 정확히 알지 못했다. 트로츠키는 1919년 3월 초에 있었던 다음과 같은 일화를 들려준다.

레닌이 나에게 다음과 같이 쓴 메모지를 보냈다. "전문가들을 모두 쫓아내고 라세비치를 총사령관에 임명하는 것이 어떻겠나?" 라세비치는 대對독일전에 참전해서 부사관으로 승진한 고참 볼셰비키였다. 나는 그 메모지에 "어린애 장난 같다!" 하고 답을 써 보냈다. 레닌은 아주 의미심장하게 얼굴을 찡그리고 눈썹을 찌푸리며 내 쪽을 쳐다보았다. 마치 "나한테 너무 심한 것 아냐" 하고 말하는 듯한 표정이었다. 그러나 실제 내심으로는 그는 의문의 여지를 남기지 않는 이런 단호한 대답을 좋아했다. 회의가 끝난 뒤 우리는 함께 걸어 나왔다. 레닌이 전선의 상황에 대해 이것저것 자세히 물었다.

내가 말했다. "옛 군대의 장교들을 모두 쫓아내는 것이 낫지 않겠느냐고 지금 저에게 물으시는 거죠? 그런데 지금 우리 군대 안에 그들이 얼마나 많은지 알고 계십니까?"

"모르겠는데."

"대충이라도 모르세요?"

"몰라."

"적어도 3만 명은 됩니다."

"뭐라구?"

"적어도 3만 명은 된다구요. 우리를 배신하는 장교가 한 명이라면 믿을 만한 장교가 100명씩 있습니다. 탈영하는 장교가 한 명 있다면 전사하는 장교가 두세 명씩 있습니다. 우리가 어떻게 그들을 모두 교체할 수 있겠습니까?"[3]

며칠 후 레닌은 사회주의 국가를 건설하는 문제에 대해 연설하면서 다음과 같이 말했다.

최근에 트로츠키 동지가 우리 전쟁부에 소속된 옛 군대 장교의 수가 수만 명에 이른다고 저에게 알려 줬습니다. 그 말을 듣고 저는 우리의 적을 활용하는 비결이 무엇인지, 공산주의에 반대한 사람들을 강요해서 공산주의를 건설하게 할 수 있는 방법이 무엇인지, 자본가들이 우리에게 던지려고 쌓아 놓은 벽돌로 공산주의를 건설할 수 있는 방법이 무엇인지를 구체적으로 알게 됐습니다![4]

위의 대화는 레닌이 적군의 조직 구조에 별로 영향을 미치지 못했으며 군사 문제에서 트로츠키에 견줘 부차적 구실을 했다는 것을 분명히 보여 준다. 그렇다면 적군의 군사 전략을 두고는 어땠는가?

전쟁 전략을 둘러싼 견해 차이

당 중앙위가 전략을 둘러싼 견해 차이로 분열한 경우는 네 번이었다. 다시 말해, 군사 전선의 수만큼 분열이 일어난 것이다. 네 번 가운데 한 번은 레닌이 옳았고 트로츠키가 틀렸다. 나머지는 모두 트로츠키가 옳았고 레닌이 틀렸다.

첫 번째 심각한 견해 차이는 1919년 여름에 동부 전선의 상황을 둘러싸고 나타났다. 트로츠키는 당시 적군 총사령관인 바체티스의 견해를 지지했다. 바체티스는 적군이 일단 콜차크를 우랄산맥 동쪽으로 몰아낸 뒤에는 더 추격하지 말고 겨울 동안 우랄산맥에 머물러야 한다고 주장했다. 그러면 동부 전선의 몇몇 사단을 빼내서 남부 전선으로 돌릴 수 있다는 것이었다. 남부 전선에서 데니킨이 점차 위험한 세력으로 떠오르고 있었기 때문이다. 그러나 이 계획은 차르 군대 참모본부의 대령 출신으로 당시 동부 전선 사령관이었던 S S 카메네프와 군사평의회 위원인 스밀가와 라셰비치(둘 다 고참 볼셰비키였다)의 격렬한 반발에 부딪혔다. 그들은 레닌의 지지를 받았다. 그들은 콜차크가 거의 패배하기 직전이므로 그를 추격하는 데는 소규모 병력만으로도 충분하고 가장 중요한 것은 그에게 숨 돌릴 틈을 줘서는 안 된다는 것이라고 주장했다. 그랬다가는 그가 겨울 동안 다시 힘을 비축할 것이고, 그래서 봄이 되면 우리는 동부 전선에서 처음부터 작전을 다시 펼쳐야 한다는 것이었다. 따라서 문제는 오로지 콜차크 군대와 그 후방의 상황을 정확히 평가하는 것에 달려 있었다.

트로츠키는 자신이 틀렸음을 인정했다. "콜차크 군대에 대한 평가에서는 동부 전선의 사령부가 옳았던 것으로 밝혀졌다. …… 동부 전선 사령부는 약간의 병력을 남부 전선에 할애하는 동시에 계속 콜차크를 추격해서 시베리아 한복판까지 진격했다."[5]

중앙위 내의 두 번째 견해 차이는 남부 전선을 둘러싼 것이었다. 이번에는 트로츠키가 옳았고 레닌을 비롯한 다수의 중앙위원들이 틀렸다. 그들은 새로 총사령관에 임명된 S S 카메네프의 계획을 지지했다. 남부 전선에서 적의 병력은 서로 미워하는 두 부류로 이루어져 있었다. 하나는 코사크, 특히 쿠반 지방[중심지는 크라스노다르]의 코사크였고, 다른 하나는 백군 자원병들이었다. 트로츠키는 이 불편한 동맹 세력의 내부 알력을 이용할 필요가 있다고 생각했다. 그러나 카메네프는 사회적 · 정치적 함의를 고려하지 않은 채 오직 병참 수준에서만 생각했다. 그래서 백군 자원병들의 주요 근거지가 쿠반 지방이므로 볼가 강 쪽에서 이 근거지에 결정적 타격을 가해야 한다고 주장했다. 적군은 카메네프의 전략을 따랐다가 끔찍한 패배를 겪었다. 트로츠키는 다음과 같이 썼다.

데니킨은 코사크를 설득해서 북부 대장정에 나서도록 하는 데 실패했다. 그런데 …… 우리가 남부에서 코사크의 소굴을 공격함으로써 데니킨을 도와주고 말았다. 이제 코사크는 더는 자기네 땅을 지키고 있지만은 않았다. 우리 자신이 코사크의 운명과 백군 자원병들의 운명을 하나로 엮어 준 것이다.
　주도면밀하게 작전을 준비하고 병력과 기술 수단을 집중시켰음에도 우리는 승리하지 못했다. 데니킨의 배후에 코사크가 강력한 보루를 형성하고 있었다. 그들은 자신들의 대지에 뿌리를 박은 듯했고, 필사적으로 싸웠다. 우리의 공격으로 코사크 주민 전체가 들고일어났다. 우리는 병력과 시간을 소모하며, 무장할 수 있는 주민들을 모두 백군 편으로 몰아넣고 있었다. 그 사이에 데니킨은 우크라이나를 휩쓸며 병력을 보충하고, 북쪽으로 진격했다.[6]

1919년 6월 25일 백군 자원병 부대가 우크라이나의 주요 도시인 하리코프를 점령했다. 그 달 말에는 돈 코사크가 돈 지방에서 소비에트 군대를 쓸어냈고 쿠반 코사크가 드네프르 강 하류의 에카테리노슬라프[지금의 드네프로페트로프스크]를 점령했다. 6월 30일에는 데니킨이 영국 전투기와 탱크의 지원을 받아 차리친을 점령했다. 7월 31일에는 폴타바가 백군에게 점령당했다. 8월 18일에는 흑해 연안의 헤르손과 니콜라예프가 백군에게 넘어갔고 5일 뒤에는 오데사가 함락됐다. 8월 31일에는 백군이 키예프로 진격했다. 9월 내내 데니킨의 군대는 승승장구했다. 9월 20일 쿠르스크를 점령했고, 10월 6일에는 우랄산맥을, 10월 13일에는 모스크바에서 250마일[약 400킬로미터]도 채 떨어지지 않은 오렐을 점령했다. E H 카는 당시를 "정권의 명운이 실낱같이 위태로웠던 결정적 순간"으로 묘사했다.

이제 당 지도부는 트로츠키가 처음에 강력히 주장했던 계획을 받아들였다. 트로츠키는

우리 군의 첫 일격으로 백군 자원병들과 코사크를 분리시킨 뒤 코사크를 내버려두고 우리의 주력을 자원병 쪽에 집중할 것을 요구했다. 이 계획에 따르면 공격의 주된 방향은 볼가 강 쪽에서 쿠반 지방으로 향하는 것이 아니라 보로네시에서 하리코프와 도네츠크 지역으로 향하는 것이었다. 북캅카스와 우크라이나 사이에 끼인 이 지역의 농민과 노동자는 철저히 적군赤軍 편이었다. 적군이 이 방향으로 전진하면 파죽지세로 나아갈 것이다. 코사크는 이방인들에 맞서 자신들의 경계선을 지키기 위해 자기네 땅에 머무를 것이다. 그러나 우리는 그들을 건드리지 않을 것이다. …… 마침내 이 계획이 채택됐지만, 그것은 데니킨이 툴라를 위협하기 시작한 뒤의 일이었다. 그리고 툴라를 잃는 것은 모스크바를 잃는 것보다 더 위험했을 것이다. 우리는 몇 개월을 낭비하며 쓸데없이 많은 손실을 입었고 대단히 위험한 몇 주일을 보냈다.[7]

이후의 사태에서 입증됐듯이, 트로츠키의 데니킨 공격 계획은 모든 점에서 탁월했다. 트로츠키가 고려한 사회적·정치적 요인은 두 가지였다. 하나는 돈 지방 프롤레타리아가 볼셰비키를 지지한다는 것이었고, 다른 하나는 쿠반 코사크와 데니킨의 백군 자원병 사이의 반목이었다. 트로츠키는 논란의 여지가 없는 사실을 바탕으로 이런 요인들을 추론해냈다.

9월 14일 정치국은 트로츠키의 원래 계획을 그대로 수용해서 남부 전선에 내리는 명령을 변경했다. 이제 데니킨의 군대가 후퇴하기 시작했다. 10월 20일 적군은 오렐을 점령했고, 4일 후 부됴니가 데니킨의 기병대를 격퇴했다. 11월 15일 데니킨은 보로네시 근처의 카스토르나야에서 패배했고 11월 17일에는 쿠르스크에서 패배했다. 12월에 데니킨의 군대는 후퇴에 후퇴를 거듭했다. 1920년 1월 3일 데니킨은 차리친에서 패배했고 1월 8일에는 로스토프에서 패배했다. 로스토프 주변에서 벌어진 격렬한 공방전 끝에 1월 20일 로스토프는 다시 데니킨의 수중에 들어갔지만 3일 후 적군이 다시 로스토프를 탈환했다. 백군은 계속 후퇴했다. 3월 15일 데니킨은 에카테리노다르[지금의 크라스노다르]를 잃었고, 4월 4일 마침내 그는 백군 사령관직을 포기하고 영국으로 떠났다.

트로츠키와 레닌의 세 번째 견해 차이는 페트로그라드 방위를 둘러싼 것이었다. 1919년 10월 데니킨이 모스크바를 위협하고 있을 때, 핀란드만에 정박 중인 영국 해군의 지원을 받은 유데니치가 에스토니아에서 페트로그라드로 빠르게 진격했다. 10월 12일 유데니치의 군대는 페트로그라드에서 137킬로미터 떨어진 얌부르크[지금의 킨기세프]를 점령했다. 10월 16일 그들은 100킬로미터쯤 진군해서 가치나에 도달했고, 그 직후 페트로그라드 근교의 휴양지인 차르스코예셀로에 도착했다. 백군 장성들은 기고만장했다. 작전사령관은 쌍안경으로 페트로그라드 시내를 살펴보라는 말에 내일이면 도심 한복판의 네프스키 대로를 활보하고 있을 텐데 굳이 볼 필요 있겠느냐며 거절했다고 한다.

10월 15일 정치국 회의가 열렸다. 양대 수도가 위험해지자 레닌은 페트로그라드를 포기하고 가용 자원과 병력을 모두 모스크바로 집중시키자고 제안했다(그는 심지어 모스크바도 포기하고 우랄산맥으로 철수할 생각까지 했다). 트로츠키는 이에 반대했고, 한동안 토론이 벌어진 끝에 중앙위는 트로츠키의 견해를 받아들였다. 10월 16일 트로츠키는 자신의 장갑 열차를 타고 페트로그라드로 갔다. 그는 시가전을 해서라도 페트로그라드를 방어해야 한다고 생각했다.

이 거인 같은 도시를 침입하더라도 백군은 이 돌의 미로에서 패배할 것이다. 그들에게는 이곳의 모든 집이 수수께끼이거나 위협이거나 치명적 위험일 것이다. 어디서 공격이 시작될지 그들이 어찌 알겠는가? 창문에서? 다락에서? 지하실에서? 길모퉁이 뒤에서? 모든 곳에서 공격이 시작될 것이다! …… 우리는 일부 거리를 철조망으로 둘러싸고 다른 거리는 그대로 놔둬서 함정으로 만들 수 있다. 항복하지 않겠다는 의지가 확고한 사람 수천 명만 있으면 된다. …… 그런 전투가 2~3일만 지속되면 침입자들은 두려움과 공포에 질린 겁쟁이들이 되어 혼자서나 떼 지어 비무장 행인들이나 여성들에게도 항복할 것이다.[8]

트로츠키의 탁월한 추진력, 뛰어난 조직 능력과 웅변술이 모두 효과를 냈다. 그는 페트로그라드 소비에트에서 "그토록 많은 고통을 겪었고, 안에서부터 그토록 강력한 불길을 내뿜으며 타올랐던 이 도시, …… 이 아름다운 붉은 페트로그라드는 전에도 그랬지만 지금도 여전히 혁명의 횃불입니다" 하고 말했다. 직접 말에 올라탄 그는 후퇴하는 병사들을 멈춰 세운 다음 그들을 이끌고 다시 전선으로 돌아갔다. 단호하고 대담해진 적군 병사들은 유데니치 군대를 물리쳤다.

페트로그라드 전선의 전환점이었던 그 날은 공교롭게도 남부 전선의 전환점이기도 했다. 10월 20일에 적군이 다시 오렐을 탈환한 것이다.

군사 전략을 둘러싼 트로츠키와 레닌의 네 번째 견해 차이는 바르샤바 진군에 대한 것이었다. 1920년 4월 25일 폴란드가 소비에트 러시아를 상대로 군사적 공세를 시작했다. 폴란드군이 우크라이나를 침략한 것이다. 그들은 빠르게 진군했고 5월 6일에는 우크라이나의 수도인 키예프에 입성하고 국토의 서부 지역 전체를 점령했다. 5월 26일 소비에트 군대의 반격이 시작됐다. 6월 5일 부됴니의 붉은 기병대가 돌파구를 열었다. 6월 12일 폴란드군은 키예프에서 철수했고, 그 뒤 폴란드-러시아 국경선까지 빠르게 후퇴했다.

전쟁의 성격이 방어전이었던 그때까지는 레닌과 트로츠키 사이에 이견이 없었다. 그런데 이제는 적군이 폴란드를 침공해서 점령해야 하는가 하는 문제가 제기됐다. 레닌의 대답은 '그렇다'였고 트로츠키의 대답은 '아니다'였다. 볼셰비키의 다른 지도자들은 대체로 레닌을 지지했다. 전황이 그다지 유리하지 않을 때는 전혀 열의가 없던[9] 스탈린이 이제는 매우 열을 올렸다.

폴란드 출신 공산당 지도자들은 견해가 갈렸다. 제르진스키와 마르흘레프스키, 특히 라데크는 소비에트 군대의 폴란드 진격에 반대했다. 운슐리흐트 Unschlicht, 렌스키, 보빈스키는 폴란드 진격을 지지했다. 레닌은 주저하지 않았다. 폴란드의 전황이 유리하게 돌아가는 동안 그의 자신감은 더욱 커졌다. 7월 17일 정치국 회의에서 레닌은 바르샤바 진군 결정을 큰 어려움 없이 통과시킬 수 있었다. 레닌은 트로츠키가 최고사령관을 대신해서 조언한 방침, 즉 공세를 중단하라는 주장을 무시했다. 다른 정치국원 다섯 명이 레닌을 지지했다.

그러나 레닌의 정책이 틀렸음이 입증됐고 그 대가는 매우 컸다. 적군은 폴란드의 노동자, 농민에게 환영받지 못할 것이라던 라데크의 말이 절대로 옳았음이 드러났다. 8월 15일 바르샤바 문턱에서 패배한 소비에트 군대는 400킬로미터 이상을 허겁지겁 후퇴해서 폴란드 영토 밖으로 빠져나왔다.

다른 요인들도 소비에트 군대의 패배에 한몫했다. 예컨대, 놀랍게도 서부 전선 사령부와 남서부 전선 사령부 사이에 조정이 이뤄지지 않았다. 8월 13일 남서부 전선 사령부는 서부 전선으로 이동하라는 명령을 받았지만 명령을 따르지 않았다. 트로츠키는 남서부 전선 사령부의 행동을 간단명료하게 설명했다. 남서부 전선의 정치위원인 스탈린의 개인적 야심과 좀스러운 시샘 때문이었다는 것이다. 스탈린은 투하체프스키[서부 전선 사령관]가 바르샤바에서 승리하는 것을 가만히 지켜볼 수도 없었고 투하체프스키의 정치 장교인 스밀가가 자신을 앞지르는 것도 참을 수 없었다. 스탈린은 어떤 희생을 치르더라도 투하체프스키와 스밀가가 바르샤바에 들어가는 순간 자신도 리보프에 입성하기를 원했다.

스탈린은 자기 나름대로 독자적인 전쟁을 벌이고 있었다. 투하체프스키의 군대가 위험에 빠졌다는 것이 명백해져서 적군 총사령관이 폴란드 군대와 바르샤바의 측면을 공격하기 위해 남서부 전선 사령부에 신속하게 방향을 바꿔 자모시치토마슈프[폴란드 남동부의 지명] 쪽으로 진격하라는 명령을 내렸을 때, 스탈린의 부추김을 받은 남서부 전선 사령부는 계속 서쪽으로 진군했다. 스탈린에게는 '다른 사람들'이 바르샤바를 점령하도록 도와주는 것보다 리보프 자체를 공략하는 것이 더 중요하지 않았을까? 사나흘 동안 우리 참모본부는 남서부 전선 사령부를 움직일 수 없었다. 위험에 가까운 요구를 거듭거듭 받은 뒤에야 남서부 전선 사령부는 방향을 바꿨지만, 그때는 이미 며칠간의 지연 때문에 우리 군대가 치명적 타격을 입은 뒤였다. 8월 16일 폴란드 군대가 반격에 나섰고 우리는 후퇴할 수밖에 없었다. 스탈린과 보로실로프와 무식한 부됴니가 갈리시아에서 '그들 나름대로 독자적인' 전쟁을 벌이지 않았다면 그리고 붉은 기병대가 루블린[폴란드 남동부의 도시]에 제때 도착했다면 적군은 재앙적 패배를 겪지 않았을 것이다.[10]

(바르샤바 진군이 실패할 수밖에 없었던 이유가 병참 문제 때문인지 적군의 빈약한 교통, 통신 때문인지 지원 병력 부족 때문인지 아니면 다른 이유 때문인지

를 여기서 논하는 것은 부적절하다.) 바르샤바로 진군한다는 생각 자체가 정치적 오류였다. 바르샤바 진군이 실패한 뒤 레닌은 "우리의 공세, 우리가 바르샤바 문턱까지 신속하게 진군한 것은 분명히 오류였다"고 말했다.[11] 폴란드인들은 소비에트 군대의 침입을 오랜 숙적의 공격으로 여길 수밖에 없었다. 레닌은 자신의 오류를 숨기는 사람이 아니었다. 그는 클라라 체트킨에게 다음과 같이 말했다.

> 폴란드인들은 적군赤軍을 형제나 해방자가 아니라 적으로 여겼습니다. 폴란드인들은 사회적·혁명적으로 생각하고 행동하지 않고 민족주의자, 제국주의자처럼 생각하고 행동했습니다. 우리가 기대했던 폴란드 혁명은 일어나지 않았습니다. 피우수트스키와 다신스키에게 속은 폴란드의 노동자, 농민은 자기 계급의 적을 옹호하고 우리의 용감한 적군 병사들을 굶어 죽게 하고 매복 공격하고 죽도록 두들겨 팼습니다. …… 라데크는 어떤 일이 벌어질지를 예상했습니다. 그는 우리에게 경고했습니다. 나는 격분해서 그를 '패배주의자' 라고 비난했습니다. …… 그러나 라데크의 주장이 옳았습니다.[12]

적군의 운용과 관련해 전술적 차이가 있었지만 레닌과 트로츠키 사이의 관계는 극히 친밀했다. 이 점은 당시 두 사람이 주로 내전의 문제들을 놓고 주고받은 수많은 통신문(길고 짧은 편지나 전보)만 살펴봐도 알 수 있다.[13]

이런 내전의 일화들(콜차크, 데니킨, 유데니치, 피우수트스키에 맞선 투쟁)에서 나타난 레닌과 트로츠키의 차이는 실천적으로 매우 중요했다. 그러나 그것은 원칙의 차이가 아니었다. 특정 시점, 특정 장소에서 적에 맞서 싸우는 가장 효과적인 방법이 무엇인가 하는 방법상의 차이였다. 레닌이 아니라 트로츠키가 페트로그라드 철수를 주장했거나 실패한 바르샤바 진군을 찬성했다면 스탈린주의자들은 분명히 레닌이 아니라 트로츠키의 투항과 모험주를 부각해 이를 전설로 만들었을 것이다. 대체로 군사 문제에서는 트로츠키의 전략적 판단이 레닌의 판단보다 훨씬 더 신뢰할 만한 것이었음이 입증됐다. 레닌은 정치·경제 문제를 처리하는 데 너무 몰두해 있어서 전선을 방문하거나 군사 부서의 일상 활동에 참여할 수 없었다. 그래서 군사 문제를 정확히 파악하지 못했다. 10월 봉기를 기술적으로 조직할 때도 그랬지만 레닌보다는 트로츠키가 군사 문제와 관련해서 무엇이 필요한지를 훨씬 더 잘 알고 있었다.[14]

그럼에도 트로츠키가 적군의 지도자로서 성공할 수 있었던 것은 인민위원회 의장이자 노동·국방위원회 의장이었던 레닌의 지지에 크게 힘입었다는 것도 사실이다.

내전 시기에 레닌과 트로츠키의 관계가 긴밀했다는 것은 두 사람의 이름이 한 묶음으로 불렸다는 것에서도 드러난다. 정부는 흔히 레닌과 트로츠키의 정부로 불렸고 당도 마찬가지였다. 처음에는 러시아 국내에서 그랬지만 나중에는 전 세계에서 그렇게 불렸다. 레닌이 트로츠키를 얼마나 신뢰했는지를 상징적으로 보여 주는 것 중에 하나가 트로츠키의 명령을 무조건 승인한다는 보증서다. 레닌은 아무것도 쓰지 않은 백지 맨 밑에 다음과 같이 써서 트로츠키에게 보내줬다.

동지들! 트로츠키 동지가 내린 명령은 엄격하다는 것을 잘 알기에 나는 트로츠키 동지의 명령이 올바르고 적절하고 대의에 부합한다는 것을 확신하면서, 최고로 확신하면서, 이 명령을 전적으로 지지합니다. V 울랴노프(레닌).[15]

군사 문제에서 레닌은 항상 트로츠키의 구실이 결정적이었다고 확신했다. 그는 고리키와 개인적으로 나눈 대화에서 트로츠키에 대해 다음과 같이 말했다고 한다. "1년 만에 거의 모범적인 군대를 조직할 수 있고, 게다가 직업

군인들의 지지도 끌어낼 수 있는 사람이 있으면 어디 한번 데려와 보시오. 우리에게는 그런 사람이 있소. 우리는 모든 것을 갖고 있소. 당신은 기적을 보게 될 것이오."[16]

트로츠키는 소비에트 승리의 일등공신이었다. 그는 소비에트 군대의 창건자였고 그 승리를 만들어 낸 사람이었다. 그는 사실상 무無에서 강력한 대군을 만들어 내는 일을 해냈다. 그는 적군의 수많은 노동자, 농민에게 활력을 불어넣었고 그들의 승리 의지를 북돋웠고 그들의 사기를 고무했고 그들을 승리로 이끌었다.

새로운 군대의 상징은 트로츠키의 장갑 열차였다. 그 열차는 내부에 사무국, 인쇄소, 무선국, 전신국, 발전소, 도서관, 차고, 욕실을 갖춘 채 끊임없이 이동하는 행정 기구였다. 내전 기간 3년 동안 그 열차가 이동한 거리는 대략 지구 둘레의 다섯 바퀴 반쯤 된다.[17]

트로츠키의 장갑 열차는 영감, 선전, 조직의 중심이었고, 동요하는 불안정한 대중을 진정한 전투부대로 변모시킨 혁명의 모범이었다. 트로츠키에게는 조직화와 임기응변을 교묘히 결합하는 탁월한 재능과, 병사들이 무엇을 위해 싸우고 있고 무엇을 위해 죽어 가는지를 깨닫고 기꺼이 그렇게 하도록 만드는 비범한 능력이 있었다.

러시아 혁명의 국제적 성격

내전이 끝났을 때 레닌은 볼셰비키가 가혹한 시련을 견디고 마침내 승리했다는 것을 깨달았다.

그러나 그 대가는 엄청났다! 1920년의 사회·정치 체제는 1917년에 볼셰비키가 내세운 이상과 엄청난 차이가 있었다! 혁명의 목표는 계급 장벽이 없고, 사회 성원 전체가 사회를 운영하고, 관료 집단이 존재하지 않는 사회주의 사회를 건설하는 것이었다. 그런 사회에서는 처음부터 모든 시민의 복지가 자주성, 독창성, 창조적 능력 같은 인간의 개성을 발전시킬 것이다. 내전을 치른 러시아는 결코 그런 사회가 아니었다. 혁명은 대중의 지지, 열정, 의지력 덕분에 가까스로 반혁명 세력을 격퇴하고 승리했지만 혁명을 일으킨 프롤레타리아의 해체라는 대가를 치러야 했다. 물론 그들이 건설한 국가기구는 살아남았다. 그러나 1917년의 사회주의 국가는 이제 일당 국가로 변모했다. 소비에트는 살아남았지만 관료적으로 통제되는 볼셰비키 권력의 외피로 전락했다. 당 자체는 노동계급의 당에서 정치국, 조직국, 사무국의 통제를 받는 관리들의 매우 중앙집권적인 당으로 급격하게 바뀌었다.

1917년의 이상과 1920년의 현실을 레닌보다 더 분명히 깨달은 사람은 없었다. 그러나 레닌은 볼셰비키가 현실에서 출발해야 한다는 것을 알고 있었다. 그 현실이 아무리 불쾌하더라도 말이다. 파국에서 벗어날 수 있는 길은 오직 국제 혁명의 승리뿐이라고 레닌은 생각했다.

레닌은 세계 혁명의 발전이 러시아 혁명의 운명을 좌우할 것이라고 거듭 거듭 강조했다. 그는 1918년 1월 11일(24일) 제3차 소비에트 대회에서 다음과 같이 말했다. "물론 한 나라에서 사회주의가 최종 승리를 거둘 수는 없습니다. 소비에트 권력을 지탱하고 있는 우리 노동자·농민 분견대는 위대한 세계 군대의 일부입니다."[18] "…… 우리가 겪는 일이 아무리 어렵더라도, 우리에게 아무리 결함이 많더라도, 세계 사회주의 혁명은 일어날 것입니다."[19] "…… 절대 진리는 독일 혁명 없이는 우리가 멸망하고 말 것이라는 사실입니다."[20]

그리고 실제로 러시아 혁명은 전 세계를 뒤흔들었다. 대중 정당들로 구성된 공산주의 인터내셔널이 급성장했다. 러시아 볼셰비키의 운명과 세계 공산주의의 운명은 아주 긴밀하게 맞물려 있었다. 세계 공산주의 운동의 성공과 실패, 그리고 이것과 러시아 국내의 사태 전개 사이의 상호작용이 제4권의 주제다.

연표

1918년 2월 1일 전에 일어난 사건의 날짜는 (서유럽의) 그레고리력과 율리우스력을 병기
倂記했고, 그 후에 일어난 사건은 그레고리력으로만 표기했다.

1917년

10월 25일 / 11월 7일 : 페트로그라드에서 임시정부가 전복되고 케렌스키가 도주하다.
볼셰비키가 다수파가 된 2차 소비에트 대회가 열리다.

10월 26일 / 11월 8일 : 볼셰비키만으로 이루어진 인민위원회 정부가 새로 수립되다. 새
정부가 토지를 국유화하는 포고령, 모든 교전국에 즉시 강화 협상을 제안하는 포고
령 등을 공포하다.

10월 27일 / 11월 9일 : 수백 명의 코사크 부대를 거느린 크라스노프 장군과 함께 케렌스
키가 페트로그라드를 향해 진군하기 시작하다.

10월 29일 / 11월 11일 : 페트로그라드에서 사관생도들이 봉기했으나 실패로 끝나다.

10월 30일 / 11월 12일 : 페트로그라드 교외에서 케렌스키 군대와 교전이 벌어지다.

11월 1일 / 11월 14일 : 케렌스키는 도주하고 크라스노프는 사로잡히다.

11월 2일 / 11월 15일 : 볼셰비키가 모스크바에서 승리하다. 전前 러시아군 최고사령관
알렉세예프 장군이 돈 코사크의 수도인 노보체르카스크에 도착해서 백군白軍 자원
병 부대를 조직하기 시작하다. 이들은 나중에 볼셰비키에 대항하는 가장 무서운 군
대가 된다.

11월 4일 / 11월 17일 : 유명한 공산주의자 몇 명이 다른 사회주의 정당들을 정부에 포함
시키는 데 비타협적으로 반대하는 레닌의 태도에 항의해서 인민위원직이나 중앙위
원직을 사임하다.

11월 7일 / 11월 20일 : 우크라이나에서 권력을 장악하고 있던 라다가 3차 선언을 발표해
서 제헌의회가 수립될 때까지는 라다가 국가권력을 행사할 권리가 있다고 주장하

다. 소비에트 정부는 총사령관인 두호닌에게 강화 협상을 시작하라고 명령하다.

11월 9일 / 11월 22일 : 두호닌이 소비에트 정부의 명령에 복종하지 않아서 해임되다. 볼셰비크인 해군 소위 크릴렌코가 총사령관에 임명되다.

11월 13일 / 11월 26일 : 모든 기업체에서 노동자 통제를 실시하는 포고령이 공포되다.

11월 18일 / 12월 1일 : 좌파 사회혁명당이 정부에 참여하기로 볼셰비키와 합의하다.

11월 19일 / 12월 2일 : 코르닐로프 반란에 참여한 혐의로 모길료프 근처 비코프에 투옥돼 있던 코르닐로프, 데니킨 등의 장군들이 탈출해서 돈 지방으로 가서 알렉세예프가 이끄는 자원병 부대의 지휘관들이 되다.

11월 22일 / 12월 5일 : 예비 휴전협정이 체결되다.

12월 2일 / 12월 15일 : 독일, 오스트리아-헝가리 등과 휴전협정이 체결되다.

12월 4일 / 12월 17일 : 소비에트 정부가 우크라이나 라다에 혁명적 군대의 무장을 해제하는 조처를 중단할 것과 코사크 부대들이 우크라이나를 거쳐 돈 지방으로 가도록 허용하지 말 것을 요구하는 최후통첩을 보내다.

12월 7일 / 12월 20일 : '반혁명과 사보타주에 맞서 투쟁하는 전 러시아 비상위원회', 즉 체카가 설치되다.

12월 9일 / 12월 22일 : 브레스트리토프스크에서 강화 협상이 시작되다.

12월 13일 / 12월 26일 : 하리코프에서 우크라이나 소비에트 정부가 수립돼 라다의 권위에 도전하다.

12월 14일 / 12월 27일 : 은행 국유화 포고령이 공포되다.

12월 23~31일 / 1918년 1월 5~13일 : 3차 소비에트 대회.

1918년

1월 5일 / 1월 18일 : 제헌의회가 개회했으나, 볼셰비키 반대파가 다수를 차지하다.

1월 6일 / 1월 19일 : 제헌의회 경비 임무를 맡은 부대 지휘관이 제헌의회를 해산하다.

1월 7~14일 / 1월 20~27일 : 제1차 노동조합 대회.

1월 8~9일 / 1월 21~22일 : 브레스트리토프스크 협상을 논의하기 위해 중앙위원회 임시 회의가 열리다. 이 회의에서 레닌의 방안(영토 합병을 승인하는 강화조약 체결)과 트로츠키의 방안(강화도 아니고 전쟁도 아니다)이 모두 부결되고 부하린의 방안(독일을 상대로 혁명전쟁을 벌인다)이 채택되다.

1월 10~18일 / 1월 23~31일 : 3차 소비에트 대회.

1월 12일 / 1월 25일 : 우크라이나 라다가 3차 선언을 발표해서 독립을 선언하다.

1월 16~23일 / 1월 29일~2월 3일 : 키예프에서 볼셰비키가 봉기했으나 결국 우크라이나 군대에게 진압당하다.

1월 28일 / 2월 8일 : 적군赤軍이 키예프를 점령하다.

1월 29일 / 2월 9일 : 라다 대표가 따로 독일, 오스트리아-헝가리 등과 강화조약을 체결하다.

1월 30일 / 2월 10일 : 소비에트 강화 사절단의 대표인 트로츠키가 강화조약 체결을 거부하면서도 전쟁 종식과 러시아군 해산을 선언하는 성명서를 발표하다.

2월 18일 : 광범한 전선에서 진격을 시작한 독일군이 드빈스크를 점령하다. 중앙위원회 임시 회의가 열렸는데, 오전 회의에서는 레닌이 트로츠키와 부하린 지지자들에게 표결에서 졌으나 저녁 회의에서 트로츠키가 레닌을 지지하기로 태도를 바꾼 뒤 레닌의 즉시 강화 동의안이 채택되다.

2월 19일 : 소비에트 정부가 강화조약 체결에 동의하다.

2월 20일 : 적군 건설 포고령.

2월 22일 : 중앙위 회의에서 트로츠키가 독일군에 맞서기 위해 연합국에 지원을 요청하는 방안을 제안하고 외무 인민위원직을 사임하다. 회의에 참석하지 않았던 레닌은 쪽지를 보내 "영국, 프랑스 제국주의 강도들한테서 식량과 무기를 지원받는 것"에 찬성하다. 트로츠키의 권고가 6 대 5로 채택되다. 소비에트 정부가 독일의 새로운 강화 조건을 받아들이다.

2월 23일 : 인민위원회와 볼셰비키당 중앙위원회가 강화조약 체결에 동의하다.

2월 25일 : 돈 지방에서 볼셰비키에 대항하는 운동의 중심지였던 로스토프와 노보체르카스크를 적군이 점령하다. 백군 자원병 부대 잔당들이 남쪽으로 후퇴해서 쿠반 지방으로 이동하다.

3월 2일 : 독일군이 키예프를 점령하고 우크라이나 라다 정부를 복원시키다.

3월 3일 : 브레스트리토프스크 강화조약이 체결되다.

3월 6~8일 : 7차 당대회.

3월 8일 : 볼셰비키당이 당 이름을 '공산당'으로 바꾸다.

3월 12일 : 정부가 페트로그라드에서 모스크바로 옮겨 가다.

3월 13일 : 트로츠키가 전쟁 인민위원에 임명되다.

3월 14일 : 쿠반 주州의 주도인 예카테리노다르[크라스노다르의 옛 이름]의 코사크 정부가 도주한 뒤 적군이 그 도시에 입성하다.

3월 14~16일 : 4차 소비에트 대회.

3월 15일 : 4차 소비에트 대회에서 브레스트리토프스크 강화조약이 비준되다. 좌파 사회혁명당이 강화조약 체결에 항의해서 소비에트 정부에서 사퇴하다.

4월 6일 : 일본군이 블라디보스토크에 상륙하다.

4월 9일 : 트란스캅카스의 독립이 선포되다.

4월 15일 : 터키군이 바투미를 점령하다.

4월 23일 : 외국무역 국유화 포고령.

4월 29일 : 독일군이 우크라이나 라다를 해체하다. 스코로파드스키 장군이 우크라이나의 수반이 돼 독재 권력을 휘두르다.

5월 6일 : 소비에트 정부에 맞서 반란을 일으킨 코사크 군대가 노보체르카스크를 점령하다.

5월 8일 : 독일군과 코사크 군대가 로스토프를 점령하다.

5월 25일 : 소비에트 정부와 체코슬로바키아 군단 사이에 공공연한 적대 행위가 시작돼, 체코 군단이 첼랴빈스크를 점령하다.

5월 26일 : 트란스캅카스 연맹이 세 독립국, 즉 그루지야, 아르메니아, 아제르바이잔으로 쪼개지다.

5월 28일 : 체코슬로바키아 군단이 러시아 동부와 시베리아의 여러 도시를 점령하다.

5월 29일 : 전 러시아 소비에트 집행위원회가 적군의 부분 징병제를 도입하다.

6월 8일 : 체코슬로바키아 군단이 사마라를 점령해서, 사회혁명당 제헌의원들이 주도해서 볼셰비키에 대항하는 정부를 수립할 수 있는 상황이 조성되다. 시베리아의 옴스크에서 반反볼셰비키 정부가 수립되다.

6월 11일 : 빈농위원회가 설치되다.

6월 17~19일 : 탐보프에서 소비에트 정권에 반대하는 반란이 일어났으나 실패하다.

6월 20일 : 페트로그라드에서 유명한 공산당원 볼로다르스키가 사회혁명당원에게 암살당하다.

6월 28일 : 대규모 산업을 국유화하다.

7월 4~10일 : 5차 소비에트 대회에서 헌법을 채택하다.

7월 6일 : 모스크바에서 독일 대사인 미르바흐 백작이 좌파 사회혁명당원이 암살당하다.

좌파 사회혁명당이 반란을 일으키다. 보리스 사빈코프가 이끄는 반란군이 야로슬라프 시를 점령하다.

7월 11일 : 볼가 전선의 소비에트 군대 지휘관인 무라비예프가 볼셰비키를 배신하고 군대를 모스크바로 진격하게 하려 했으나 병사들이 명령을 따르기를 거부하고 무라비예프를 총살하다.

7월 16일 : 차르와 그의 가족이 예카테린부르크에서 처형당하다.

7월 21일 : 소비에트 군대가 야로슬라프를 점령하다.

8월 2일 : 연합국 군대가 아르항겔스크를 점령하고 러시아 북부에 반볼셰비키 정부를 세우다.

8월 6일 : 체코슬로바키아 군단과 반볼셰비키 러시아군이 카잔을 점령해서 위세를 떨치다.

8월 14일 : 바쿠 주민들이 볼셰비키 소비에트 정권을 몰아내자 더스터빌 장군이 이끄는 소규모 영국군 부대가 바쿠를 점령하다.

8월 15일 : 데니킨 장군이 지휘하는 백군 자원병 부대가 쿠반 주의 주도인 예카테리노다르를 점령하다.

8월 26일 : 백군 자원병 부대가 노보로시스크를 점령해서 흑해 진출로를 확보하다.

8월 30일 : 파냐 카플란이 레닌을 저격해서 중태에 빠뜨리다. 페트로그라드에서 유명한 공산당원인 우리츠키가 사회혁명당원에게 암살당하다.

9월 4일 : 소비에트의 내무 인민위원인 페트로프스키가 부르주아지를 겨냥한 "대중 테러"를 호소하는 담화문을 발표하다.

9월 8~23일 : 시베리아와 러시아 동부의 반볼셰비키 정부 대표들이 우파에서 열린 국가협의회에서 만나 집정관 5인으로 구성되는 중앙집권적 정부를 수립하기로 합의하다.

9월 10일 : 적군이 카잔을 함락하고, 볼가 지방의 전황을 역전시키다.

9월 14일 : 영국군이 떠나고 터키군이 바쿠를 점령한 후 수많은 아르메니아인들이 학살당하다.

9월 20일 : 트란스캅카스 당국의 명령에 따라 바쿠 인민위원 26명이 크라스노보드스크[오늘날의 투르크멘바시]와 아시가바트 사이에 있는 사막에서 처형당하다.

10월 8일 : 적군이 사마라를 탈환하다.

11월 6~9일 : 6차 소비에트 대회.

11월 9일 : 독일에서 혁명이 일어나다.

11월 13일 : 소비에트 정부가 브레스트리토프스크 조약을 무효화하다. 페틀루라가 이끄는 우크라이나 민족주의자들이 스코로파드스키에 맞서 벨라야 체르코프에서 반란을 일으키다.

11월 18일 : 알렉산드르 콜차크 제독이 옴스크에서 군사 쿠데타를 일으키고 사회혁명당원 집정관들을 체포한 후 최고 집정관이 돼 독재 권력을 휘두르다.

11월 21일 : 소비에트 정부가 내국무역을 국유화하다.

11월 27일 : 볼셰비키가 우크라이나를 점령하기 위한 첫 조처로 우크라이나 임시 소비에트 정부가 수립되다.

12월 14일 : 페틀루라가 이끄는 우크라이나 민족주의자들의 군대가 키예프를 점령하자 스코로파드스키가 도주하다. 적군이 서쪽의 옛 독일군 점령 지역으로 이동해서 민스크를 점령하다.

1919년

1월 3일 : 소비에트 군대가 서쪽과 남쪽으로 진격해서 라트비아의 수도인 리가와 우크라이나 동부의 최대 도시인 하리코프를 점령하다.

1월 16~25일 : 제2차 노동조합 대회.

2월 6일 : 적군이 우크라이나 민족주의 정권의 수도인 키예프를 함락하다.

2월 15일 : 크라스노프 장군이 돈 코사크의 최고 지도자 자리에서 물러나고 보가예프스키 장군이 뒤를 잇다. 크라스노프의 사퇴로 데니킨이 러시아 남동부에서 볼셰비키에 대항하는 백군의 최고 사령관이 되다.

3월 2~7일 : 모스크바에서 공산주의인터내셔널[코민테른] 1차 대회가 열리다.

3월 13일 : 볼가를 향해 진격하기 시작한 콜차크 군대가 우타를 점령하다.

3월 18~23일 : 공산당 8차 당대회.

3월 21일 : 헝가리에서 소비에트 정권이 수립되다.

4월 6일 : 우크라이나의 주요 항구도시 오데사에서 프랑스군이 철수하자 적군이 오데사에 입성하다.

4월 10일 : 크림 반도로 진격한 소비에트 군대가 심페로폴을 점령하다.

4월 26일 : 볼가를 향해 진격하던 콜차크 군대가 부줄루크 지역과 부구루슬란 지역에서 패배한 후 진군을 중단하다.

5월 7일 : 루마니아를 겨냥해 공세를 펴기로 돼 있던 소비에트 군대의 지휘관 그리고리예프가 반란을 일으키고, 볼셰비키에 반대하고 유대인 혐오를 부추기는 담화문을 발표하다.

5월 15~17일 : 그리고리예프 군대가 엘리자베트그라드에서 수많은 유대인을 학살하다.

5월 19일 : 데니킨이 남동부 전선에서 소비에트 군대를 겨냥해 공세를 시작하다. 그의 기병대가 유조프카 근처에서 적군의 방어선을 돌파하다.

6월 4일 : 빨치산 지도자 마흐노가 적군 지휘부와 결별하다. 마흐노 추종자들과 일부 적군 병사들의 불만 때문에 데니킨의 백군이 돈 지방과 도네츠 탄전 지대에서 결정적 승리를 거두다.

6월 9일 : 적군이 우파를 탈환하고, 콜차크 군대가 계속 퇴각하다.

6월 12일 : 페트로그라드 근처의 크라스나야 고르카 요새를 지키는 부대의 장교들이 반란을 일으키고 북서부 백군 진영으로 넘어가다.

6월 16일 : 크라스나야 고르카 요새를 탈환해, 페트로그라드를 위협하는 요인을 제거하다.

6월 25일 : 데니킨이 하리코프를 함락하다.

6월 30일 : 차리친과 예카테리노슬라프를 함락하는 등 데니킨의 진격이 계속되다.

7월 1일 : 동부 전선으로 진군한 소비에트 군대가 페름을 탈환하다.

7월 25일 : 적군이 첼랴빈스크를 점령하고, 콜차크 군대는 퇴각하면서 점차 무너지기 시작하다.

7월 27일 : 그리고리예프가 마흐노에게 살해당하다.

8월 1일 : 헝가리 소비에트 정부가 무너지다.

8월 10일 : 데니킨의 기병대 장군 마몬토프가 소비에트 군대의 남부 전선을 돌파해서 후방에서 오랫동안 지속될 습격을 시작하다.

8월 18~21일 : 마몬토프가 탐보프를 장악하다.

8월 23일 : 데니킨이 오데사를 점령하다.

8월 30일 : 적군이 키예프에서 철수하고, 페틀루라 세력이 키예프에 입성하다.

8월 31일 : 데니킨의 군대가 페틀루라 세력을 키예프에서 몰아내다.

9월 25일 : 아나키스트들이 모스크바 공산당 중앙당사에 폭탄을 던져 많은 공산당원들이 죽거나 다치다.

10월 11일 : 유데니치가 페트로그라드를 향해 진격하기 시작하다.

10월 14일 : 데니킨이 오렐을 점령해서, 공세가 절정에 달하다.

10월 20일 : 적군이 오렐을 탈환하다.

10월 22일 : 유데니치가 페트로그라드 교외의 차르스코예셀로와 파블로프스크에서 격퇴
당하다.

11월 14일 : 적군이 콜차크 군대의 근거지인 옴스크를 점령하다.

11월 17일 : 남부 전선의 소비에트 군대가 쿠르스크를 점령하자, 데니킨의 저항이 전선
전체에서 무너지기 시작하다.

12월 5~9일 : 7차 소비에트 대회.

12월 12일 : 적군이 하리코프를 함락하다.

12월 30일 : 적군이 예카테리노슬라프를 탈환하다.

1920년

1월 3일 : 적군이 차리친을 점령하다.

1월 4일 : 콜차크가 최고 사령관직에서 물러나고 데니킨이 뒤를 잇다.

1월 8일 : 적군이 데니킨 정부의 근거지인 로스토프를 함락하자, 데니킨 군대가 돈 강
남쪽으로 퇴각하다.

1월 15일 : 이르쿠츠크에서 콜차크를 호위하던 체코슬로바키아 군단이 그를 정치센터
[1919년 11월 이르쿠츠크에서 콜차크 타도를 목표로 결성된 무정파 정치 단체]에
넘겨주다.

1월 16일 : 연합국이 소비에트 러시아 봉쇄를 해제하다.

2월 1일 : 에스토니아와 강화조약을 체결하다.

2월 7일 : 이르쿠츠크 혁명위원회의 결정에 따라 콜차크가 총살당하다.

2월 10일 : 적군 병사들을 생산 활동에 동원하려고 '노동자 군대'를 조직하기 시작하다.

2월 19일 : 아르항겔스크에서 [백군의] 북부 정부가 무너지다.

3월 17일 : 적군이 쿠반의 주도인 예카테리노다르를 점령하다.

3월 27일 : 사기가 떨어진 데니킨 군대를 추격하던 소비에트 군대가 항구도시 노보로시스
크를 점령하다.

4월 4일 : 데니킨이 남부 러시아군 사령관직을 사임하고 후임으로 표트르 브란겔 남작을
지명하다.

4월 3~6일 : 3차 노동조합 대회.

4월 27일 : 적군이 바쿠를 점령하다. 아제르바이잔 소비에트 정부가 수립되다.

4월 29일~5월 5일 : 공산당 10차 당대회.

5월 6일 : 폴란드 군대가 키예프에 입성하다.

5월 7일 : 소비에트 정부가 그루지야와 조약을 체결하고 독립을 승인하다.

6월 6일 : 군내를 새정비한 브란겔이 크림 반도에서 북진하기 시작하다.

6월 8일 : 폴란드군의 후방을 기습한 부됴니의 기병대가 베르디체프와 지토미르를 점령
하다.

6월 12일 : 적군이 키예프를 탈환하다.

7월 11일 : 폴란드 전선에서 공세로 돌아선 적군이 민스크를 함락하다.

7월 14일 : 소비에트 군대가 빌나를 점령하다.

7월 21일 / 8월 6일 : 공산주의 인터내셔널 2차 대회.

7월 31일 : 폴란드에 소비에트 정권을 수립하기 위해, 폴란드 출신 공산주의자들이 이끄
는 혁명위원회가 비알리스토크에 설치되다.

8월 1일 : 적군이 브레스트리토프스크를 점령하다.

8월 15일 : 바르샤바 남쪽에서 폴란드군이 반격을 시작하다.

8월 21일 : 폴란드군의 반격이 성공해서 브레스트리토프스크를 다시 되찾고 적군이 비스
와에서 전면 퇴각하게 만들다.

9월 21일 : 리가에서 러시아와 폴란드의 강화 협상이 시작되다.

10월 12일 : 폴란드와 예비 강화조약을 체결하다.

10월 20일 : 브란겔 군대를 겨냥한 최종 공격이 시작되다.

11월 2일 : 브란겔 군대가 크림 반도로 퇴각하다.

11월 11일 : 적군이 크림 반도로 통하는 페레코프 지협을 기습하다.

11월 14일 : 브란겔이 크림 반도에서 철수하다.

11월 29일 : 소비에트 정부가 소규모 산업도 국유화하는 포고령을 공포하다.

후주

1장 볼셰비키 정부의 첫 조처들

1   L Trotsky, *My Life*, New York 1960, p 37.

2   R P Browder and A F Kerensky, *The Russian Provisional Government 1917~Documents*, Stanford 1961, Vol. 3, p 1801.

3   P N Miliukov, *Istoriia vtoroi rusakoi revoliutsii*, Sofia 1923, Part 3, p 296.

4   V B Stankevich, *Vospominaniia, 1914~1919 g.*, Berlin 1920, p 267.

5   A Kopp, *Town and Revolution*, London 1967, pp 1~2.

6   I V Gessen, 'In Two Revolutions : Life Experience', *Arkhiv russkoi revoliutsii*, Vol. 22, Berlin 1937, p 382.

7   J Bunyan and H H Fisher, *The Bolshevik Revolution, 1917~1918: Documents and Materials*, Stanford 1934, p 148.

8   J Reed, *Ten Days That Shook the World*, London 1961, p 97.

9   N N Sukhanov, *The Russian Revolution 1917, A Personal Record*, London 1955, p 648.

10 I Getzler, *Martov*, Cambridge(Mass.) 1967, p 172.

11 Reed, 앞의 책, p 28.

12 Sukhanov, 앞의 책, p 636.

13 같은 책, pp 639~640.

14 V I Lenin, *Collected Works*, translated from the fourth Russian edition(hence forth referred to as *Works*), Vol. 29, p 209.

15 L Trotsky, *On Lenin*, London 1971, p 122.

16 Lenin, *Works*, Vol. 44, p 206.

17 Trotsky, *On Lenin*, 앞의 책, p 127.

18 S S Pestovsky, 'On October Days in Peter'. *Proletarskaia revoliutsiia*, No. 10, 1922. Bunyan and Fisher, 앞의 책, pp 186~187.

19 Reed, 앞의 책, p 102.

20 *Vospominaniia o Vladimire Ilyiche Lenine*, Moscow 1963, Vol. 3, pp 160~166.

21 Bunyan and Fisher, 앞의 책, p 186.

22 Lenin, *Works*, Vol. 26, pp 249~250.

23 같은 책, pp 258~260.

24 같은 책, Vol. 30, p 265.

25 Y Akhapkin, *First Decrees of Soviet Power*, London 1970, p 32.

26 같은 책, pp 36~38.

27 같은 책, pp 42~43.

28 같은 책, pp 63~65, 69~71.

29 같은 책, pp 88~89.

30 W H Chamberlin, *The Russian Revolution*, New York 1965, Vol. 1, p 355.

31 Lenin, *Works*, Vol. 44, pp 71~72.

32 J L H Keep, 'Lenin's Letters as an Historical Source', in B W Eissenstat(ed.), *Lenin and Leninism*, Lexington(Mass.) 1971, p 258.

33 G S Ignatiev. *Oktiabr 1917 goda v Moskve*, Moscow 1964, p 4.

34 J Keep, 'October in the Provinces', in R. Pipes(ed.) *Revolutionary Russia*, Cambridge(Mass.) 1967, p 194.

35 같은 책, pp 195~196.

36 같은 책, p 197.

37 R W Pethybridge, *The Spread of the Russian Revolution : Essays on 1917*, London 1917, p 77.

38 Reed, 앞의 책, pp 161~162.

39 같은 책, p 164.

40 Pethybridge, 앞의 책, p 17.

41 같은 책, p 22.

42 같은 책, p 23.

43 Lenin, *Works*, Vol. 26, p 294.

44 V Serge, *Year One of the Russian Revolution*, London 1972, p 79.

45 Trotsky, *On Lenin*, 앞의 책, pp 151, 118.

46 Lenin, *Works*, Vol. 27, p 519.

47 M Latsis, *Chrezvychainaia Komissiia po borbe s kontrrevoliutsiei*, Moscow 1920.

48 Serge, 앞의 책, p 307.

49 E H Carr, *The Bolshevik Revolution, 1917~1923*, Vol. 1, London 1950, p 168.

50 Serge, 앞의 책, p 189.

51 Lenin, *Works*, Vol. 30, p 223.

52 *Vospominaniia o Vladimire Ilyiche Lenine*, 앞의 책, Vol. 2, pp 435~438.

53 Lenin, *Works*, Vol. 26, pp 409, 415.

54 같은 책, p 261.

55 같은 책, p 288.

56 같은 책, p 365.

57 같은 책, p 479.

58   같은 책, p 404.

59   Reed, 앞의 책, p 179.

60   같은 책, p 150.

2장 권력의 강화

1   *The Bolsheviks and the October Revolution: Minutes of the Central Committee of the Russian Social Democratic Labour Party (bolsheviks) August 1917-February 1918*(hereafter referred to as CC Minutes), London 1974, p 121.

2   같은 책, pp 129~134.

3   L Trotsky, *The Stalin School of Falsification*, New York 1962, pp 109~122.

4   *CC Minutes*, 앞의 책, pp 136~138, 300.

5   같은 책, pp 139~141.

6   같은 책, p 150.

7   O H Radkey, *The Sickle under the Hammer*, New York 1963, pp 66~67.

8   Bunyan and Fisher. 앞의 책, p 190.

3장 제헌의회 해산

1   Lenin, *Works*, Vol. 24, p 99.

2   같은 책, Vol. 26, p 20.

3   Browder and Kerensky, 앞의 책, Vol. 3, p 1695.

4   같은 책, p 1729.

5   Trotsky, *On Lenin*, 앞의 책, pp 105~106.

6   O H Radkey, *The Elections to the Russian Constituent Assembly of 1917*, Cambridge (Mass.) 1950, pp 16~17.

7   같은 책, p 20.

8   같은 책, p 36.

9   같은 책, p 37.

10   Radkey, *The Sickle under the Hammer*, 앞의 책, p 344.

11   Radkey, *The Elections to the Russian Constituent Assembly of 1917*, 앞의 책, p 38.

12   Lenin, *Works*, Vol. 26, p 380.

13   Radkey, *The Sickle under the Hammer*, 앞의 책, p 301.

14   T Cliff, *Lenin*, London 1975, Vol. 1, p 116을 보시오.

15   Lenin, *Works*, Vol. 26, pp 379~383.

16   같은 책, Vol. 30, pp 257~258.

17 같은 책, p 263.

18 같은 책.

19 같은 책, pp 266~267.

20 K Marx and F Engels, *Selected Correspondence*, London 1942, pp 433~434.

21 K Marx, 'Address to the Communist League, 1850', Appendix to F Engels, *Revolution and Counter Revolution in Germany*, London 1933.

4장 브레스트리토프스크 강화조약

1 Lenin, *Works*, Vol. 21, p 404.

2 같은 책, Vol. 26, pp 444, 447~448.

3 *CC Minutes*, 앞의 책, p 173.

4 Lenin, *Works*, Vol. 26, p 451.

5 *CC Minutes*, 앞의 책, pp 177~178.

6 같은 책, p 174.

7 같은 책, p 179.

8 같은 책, pp 189~191.

9 같은 책, p 194.

10 V I Lenin, *Sochineniia*, 1st edition, Moscow 1924~1925, Vol. 15, p 626.

11 J W Wheeler-Bennett, *Brest Litovst: The Forgotten Peace*, London 1938, p 237.

12 *CC Minutes*, 앞의 책, p 205.

13 같은 책, pp 210~211.

14 같은 책, pp 212~215.

15 Lenin, *Works*, Vol. 27, p 37.

16 같은 책, p 39.

17 *CC Minutes*, 앞의 책, p 216.

18 Lenin, *Works*, Vol. 27, pp 19~20.

19 같은 책, pp 23~24.

20 같은 책, p 29.

21 같은 책, p 65.

22 *CC Minutes*, 앞의 책, pp 218~225.

23 Lenin, *Works*, Vol. 27, pp 68~69.

24 Bunyan and Fisher, 앞의 책, p 523.

25 같은 책, pp 523~524.

26 *Leninskii sbornik*, Vol. 11, pp 59~61.

27 같은 책, p 89.

28 같은 책, p 42.

29 Trotsky, *My Life*, 앞의 책, pp 380~381.

30 Wheeler-Bennett, 앞의 책, p 170.

31 같은 책, p 196.

32 *Piatii sozyv vserossiiskogo tsentralnogo ispolnitelnogo Komiteta sovetov rabochikh, krestia-nskikh, krasnoarmeiskikh, kazachikh deputatov: stenograficheskii ctchet*, Moscow 1919, p 248.

33 Lenin, *Works*, Vol. 33, p 95.

34 같은 책, p 98.

35 Trotsky, *On Lenin*, 앞의 책, p 103~104.

5장 자본주의에서 사회주의로의 이행

1 Lenin, *Works*, Vol. 27, pp 230~231.

2 K Marx and F Engels, *Selected Works*, London 1942, Vol. 2, p 504.

3 S E Cohen, *Bukharin and the Bolshevik Revolution, a Political Biography 1888~1938*, London 1974, p 90.

4 K Marx, F Engels and F Lassalle, *Aus dem literarischen Nachlass von K Marx, Fr Engels und F Lassalle*, Stuttgart 1902, Vol. 3, pp 435~9. in D Ryazanoff(ed.), K Marx and F Eagels, *The Communist Manifesto*, New York 1963, pp 184~185.

5 K Marx, *The Cologne Communist Trial*, London 1971, p 62.

6 Lenin, *Works*, Vol. 25, p 329.

7 같은 책, pp 330~331.

8 같은 책, p 337.

9 같은 책, pp 341~342.

10 같은 책, Vol. 27, p 148.

11 같은 책, Vol. 28, p 214.

12 같은 책, pp 424~425.

13 같은 책, Vol. 29, p 69.

14 같은 책, p 74.

15 같은 책, p 206.

16 같은 책, p 208.

17 같은 책, Vol. 10, pp 253~254.

18 같은 책, Vol. 30, pp 330~331.

19 같은 책, Vol. 28, pp 72~73.

20 같은 책, Vol. 30, p 202.

21 같은 책, p 518.

6장 "우리는 국가 자본주의가 필요하다"

1   M Philips Price, *My Reminiscences of the Russian Revolution*, London 1921, p 212.

2   Chamberlin, 앞의 책, Vol. 1, p 416.

3   Serge, 앞의 책, p 212.

4   같은 책, p 236.

5   Chamberlin, 앞의 책, Vol. 1, p 418.

6   Bunyan and Fisher, 앞의 책, pp 649~650.

7   T Cliff, *State Capitalism in Russia*, London 1974보시오.

8   Lenin, *Works*, Vol. 27, p 301.

9   Carr, 앞의 책, Vol. 2, pp 88~89. Bunyan and Fisher, 앞의 책, pp 621~622.

10 Lenin, *Works*, Vol. 27, pp 245~246.

11 같은 책, p 248.

12 같은 책, pp 248~250.

13 같은 책, pp 249, 350.

14 같은 책, pp 268~269.

15 같은 책, p 212.

16 같은 책, p 34917. 같은 책, p 271.

18 같은 책, p 212.

19 같은 책, Vol. 26, p 500.

20 같은 책, Vol. 27, p 231.

21 같은 책, p 515.

22 같은 책, pp 258~259.

23 같은 책, Vol. 20, pp 152~154.

24 같은 책, Vol. 27, pp 335~336.

25 같은 책, p 294.

26 같은 책, p 337.

27 같은 책, pp 338~339.

28 같은 책, pp 295~296.

29 같은 책, p 340.

30 같은 책, p 301.

31 같은 책, pp 213~214.

32 같은 책, p 396.

33 같은 책, p 475.

34 같은 책, p 218.

35 Marx and Engels, *Selected Correspondence*, 앞의 책, p 493.

36 Cliff, *State Capitalism in Russia*, 앞의 책, pp 124~141.

7장 전시 공산주의(1918~1921년)

1   V Brügmann, *Die russichen Gewerkschaften in Revolution und Buürgerkrieg 1917~1919*, Frankfurt a/M 1972, p 140.
2   M Dobb, *Soviet Economic Development Since 1917*, London 1948, pp 84~85.
3   Serge, 앞의 책, p 137.
4   Dobb, 앞의 책, p 90.
5   V P Miliutin, *Istoriia ekonomicheskogo razvitiia SSSR*, Moscow-Leningrad 1929, p 115.
6   Brügmann, 앞의 책, p 247.
7   L N Kritzman, *Die heroische Periode der grossen russischen Revolution*, Frankfurt a/M 1971, pp 101~102, 208.
8   같은 책, pp 97~98.
9   같은 책, p 80.
10 같은 책, p 293.
11 K Leites, *Recent Economic Development in Russia*, Oxford 1922, pp 152, 199.
12 J Bunyan, *The Origin of Forced Labor in the Soviet State: 1917~1921*, Baltimore 1967, pp 173~174.
13 Brügmann, 앞의 책, p 151.
14 Kritzman, 앞의 책, p 252.
15 같은 책, p 254.
16 같은 책, p 283.
17 같은 책, p 265.
18 같은 책, p 273.
19 같은 책, p 276.
20 같은 책, p 216.
21 Chamberlin, 앞의 책, Vol. 2, pp 100~101.
22 Dobb, 앞의 책, p 100.
23 Chamberlin, 앞의 책, Vol. 2, p 105.
24 Kritzman, 앞의 책, p 287.
25 Lenin, *Works*, Vol. 30, p 228.
26 F Lorimer, *The Population of the Soviet Union, History and Prospects*, Geneva 1948, p 41.
27 Kritzman, 앞의 책, p 288.
28 *Lenin and Gorky: Letters, Reminiscences. Articles*, Moscow 1973, p 163.
29 V Serge, *Conquered City*, London 1976, pp 89~90.
30 V Serge, *Memoirs of a Revolutionary, 1901~1941*, London 1963, p 79.
31 같은 책, p 101.
32 Lenin, *Works*, Vol. 35, p 333.
33 A Ransome, *Six Weeks in Russia in 1919*, London 1919, pp 68~69.

34 Lenin, *Works*, Vol. 32, p 22.

35 Dobb, 앞의 책, p 114.

36 Lenin, *Works*, Vol. 29, pp 137~138.

37 같은 책, Vol. 30, pp 108~109.

38 같은 책, pp 284~285.

39 N I Bukharin, *Economics of the Transformation Period*, New York 1971, p 146.

40 C Clark, *The Conditions of Economic Progress*, London 1940, pp 79, 83, 91, 98.

41 Lenin, *Works*, Vol. 33, pp 62~63.

42 같은 책, p 58.

43 같은 책, p 57.

44 같은 책, pp 84~86.

45 L Trotsky, *The First Five Years of the Communist International*, London 1953, Vol. 2, p 266.

46 Lenin, *Works*, Vol. 32, pp 233~234.

47 같은 책, p 343.

8장 영웅적 비극

1   Lenin, *Works*, Vol. 30, p 437.

2   같은 책, p 454.

3   같은 책, p 288.

4   같은 책, p 297.

5   같은 책, Vol. 32, p 154.

6   L Trotsky, *Problems of Everyday Life*, New York 1973, p 163.

7   Reed, 앞의 책, p 12.

8   Serge, *Year One of the Russidn Revolution*, 앞의 책, p 362.

9   Chamberlin, 앞의 책, Vol. 2, p 340.

10 J Maynard, *The Russian Peasant: and Other Studies*, London 1942, pp 102, 139.

11 L Trotsky, *The Revolution Betrayed*, New York 1937, p 181.

12 K Marx and F Engels, *Collected Works*, London 1976, Vol. 3, p 263.

13 Trotsky, *Problems of Everyday Life*, 앞의 책, p 53.

14 Trotsky, I Deutscher, *The Prophet Armed*, London 1954, p 407에서 인용.

15 Lenin, *Works*, Vol. 29, p 74.

16 같은 책, pp 154~155.

17 같은 책, Vol. 30, p 518.

18 같은 책, Vol. 33, p 24.

19 같은 책, Vol. 32, p 361.

20 같은 책, p 327.

21 Bunyan, *The Origin of Forced Labor in the Soviet State*, 앞의 책, p 98.

22 K Marx, *The German Ideology*, London 1940, p 69.

23 Trotsky, *Problems of Everyday Life*, 앞의 책, p 54.

24 Trotsky, *The First Five years of the Communist International*, 앞의 책, Vol. 2, p 120.

25 Lenin, *Works*, Vol. 28, p 72.

26 같은 책, Vol. 27, p 341.

27 같은 책, p 498.

28 같은 책, Vol. 33, p 306.

29 같은 책, p 605.

30 같은 책, p 279.

31 같은 책, Vol. 32, p 224.

32 Shakespeare, *Macbeth*.

9장 전시 공산주의 시기의 프롤레타리아

1 Ia S Rosenfeld, *Promyshlennaia politika SSSR*, Moscow 1926, p 37.

2 Brügmann, 앞의 책, pp 215~216.

3 *Vtoroi Vserossiiskii sezd professionalnykh soiuzov*, Moscow 1921, p 138.

4 Lenin, *Works*, Vol. 29, p 158.

5 같은 책, Vol. 33, p 26.

6 같은 책, p 256.

7 Kritzman, 앞의 책, p 217.

8 *Trudy II vserossiiskogo sezda sovetov narodnogo khozidistva*, Moscow 1919, p 251.

9 Kritzman, 앞의 책, p 218.

10 *Trudy I Vserossiiskogo Sezda sovetov narodnogo khoziaistva*, Moscow 1918, p 434.

11 *Chetvertii vserossiiskii sezd Professionalnykh sciuzov*, Moscow 1921, p 119.

12 M H Dobb and H C Stevens, *Russian Economic Development Since the Revolution*, London 1928, p 189.

13 Lenin, *Works*, Vol. 29, p 555.

14 같은 책, Vol. 33, p 65.

15 같은 책, Vol. 32, p 199.

16 같은 책, p 411.

17 같은 책, Vol. 33, pp 23~24.

18 R Arskii, 'Trade Unions and Factory Committees', *Vestnik narodnogo kommissariata truda*, February-March 1918. F I Kaplan, *Bolshevik Ideology and the Ethics of Soviet Labour*, London 1969, pp 129~130에서 인용.

19 A Pankratova, *Fabzavkomy iProfsoiuzy v revoliutsii 1917 goda*, Moscow-Leningrad 1927, p 238.

20 *Izvestiia*, 27 April 1918. Bunyan and Fisher, 앞의 책, p 619에서 인용.

21 Bunyan, *Origin of Forced Labor in the Soviet State*, 앞의 책, pp 20~21.

22 같은 책, p 26.

23 P N Amosov et al., *Oktiabrskaia revoliutsiia ifabzavkomy*, Moscow 1927, Vol. 2, p 188.

24 *Pervii vserossiiskii seze professionalnykh soiuzov*, Moscow 1918, p 235.

25 같은 책, p 243.

26 같은 책, pp 369~370.

27 같은 책, p 374.

28 Akhapkin, 앞의 책, p 50.

29 J Bunyan, *Intervention, Civil War and Communism in Russia*, April-December 1918, Baltimore 1936, pp 405~406.

30 *Trudy I vesrossiiskogo gezda Sovetov narodnogo Khoziaistva*, 앞의 책, p 10.

31 *Chetvertii Vesrossiiskaia konferentsiia professionalnykh soiuzov*, Moscow 1923, p 28.

32 Kritzman, 앞의 책, p 135.

33 N Bukharin and P Preobrazhensky, *The ABC of Communism*, London 1969, p 448.

34 *Sobranie uzakonenii i raspori azhenii rabochego i krestianskogo pravitelstva*, 1919, No. 14, Art. 163(hereafter sited as SUR.).

35 *SUR*, 1919, No. 18, Art. 204.

36 Bunyan, *Origin of Forced Labor in the Soviet State*, 앞의 책, pp 163~164.

37 M Dewar, *Labour Policy in the USSR: 1917~1928*, London 1956, pp 48~49.

38 Lenin, *Works*, Vol. 30, p 312.

39 같은 책, pp 333~334.

40 Kaplan, 앞의 책, p 359.

41 Lenin, *Works*, Vol. 29, pp 423~442, 426~427.

42 Dewar, 앞의 책, p 61.

43 Lenin, *Works*, Vol. 30, p 499.

44 같은 책, Vol. 32, p 412.

45 *Odinnadtsatii sezd RKP(b)*, Moscow 1936, p 109.

46 Lenin, *Works*, Vol. 31, pp 364~365.

10장 전시 공산주의와 농민

1 Cliff, *Lenin*, 앞의 책, Vol. 1, pp 211ff., 224~225.

2 Lenin, *Works*, Vol. 10, p 191.

3 같은 책, Vol. 32, p 251.

4 같은 책, Vol. 30, p 506.

5 같은 책, Vol. 29, p 359.

6   같은 책, Vol. 27, p 232.

7   같은 책, Vol. 24, p 23.

8   *Kommunisticheskaia partiia sovetskogo soiuza v rezoliutsiiakh i resheniiakh sezdov, konfer-entsii i plenumov TsK*, 7th edition, Moscow 1953(hereafter cited as KPSS v Rezoliutsiiakh), Vol. 1, pp 341~342.

9   *O Zemle*, Moscow 1921, p 9.

10   Lenin, *Works*, Vol. 28, pp 175~177.

11   같은 책, p 342.

12   *SUR*, 1919, No. 4.

13   J L H Keep, *The Russian Revolution: A Study in Mass Mobilization*, London 1976, p 414.

14   A M Bolshakov and N A Rozhkov, *Istoriia Khoziaistva rossii v materialakh idokumentakh*, Leningrad 1926, Vol. 3, p 248.

15   P Lezhnev-Finkovskii, *Sovkhozy i kolkhozy*, Moscow-Leningrad 1928, p 61.

16   Lenin, *Works*, Vol. 27, p 337.

17   Keep, *The Russian Revolution*, 앞의 책, p 462.

18   *Izvestiia TsK RKP*(b), No. 8, 2 December 1919. R H Rigby, *Communist Party Membership in the USSR*, 1917~1967, Princeton 1968, p 106에서 인용.

19   O A Narkiewicz, *The Making of the Soviet State Apparatus*, Manchester 1970, p 60.

20   Ia A Iakovlev(ed.), *K voprosu o sotsialisticheskom Pereustroistve selskogo khoziaistva*, Moscow 1928, pp 3, 7.

21   Kritzman, 앞의 책, p 73.

22   Lenin, *Works*, Vol. 32, p 277.

23   같은 책, p 341.

24   같은 책, Vol. 26, p 503.

25   같은 책, pp 503~504.

26   *SUR* 1917~1918, No. 35. Bunyan, Intervention, *Civil War and Communism in Russia*, 앞의 책, pp 460~462.

27   같은 책, p 464.

28   Lenin, *Works*, Vol. 27, p 397.

29   같은 책, pp 437~439.

30   *SUR*, 1917~1918, No. 43. Bunyan, Intervention, *Civil War and Communism in Russia*, 앞의 책, pp 472~473.

31   Lenin, *Works*, Vol. 29, p 157.

32   Kritzman, 앞의 책, pp 135~139.

33   A S Pukhov, *Kronstadtskii Miatezh 1921 g.*, Leningrad 1931, p 8.

34   C Betelheim, *Class Struggles in the USSR: First Period: 1917~1923*, New York 1976, p 233.

35   B Pilnyak, *Mother Earth and other Stories*, London 1972, p 20.

36   Lenin, *Works*, Vol. 29, p 299.

37 Maynard, 앞의 책, p 104.

38 Marx and Engels, *Collected Works*, 앞의 책, Vol. 7, p 520.

39 *The Trotsky Papers*, edited by J M Meijer, The Hague 1971, Vol. 2, pp 485~565.

40 *Kolkhozy vo vtoroi stalinskoi piatiletke*, Moscow 1939, p 1.

41 같은 책.

42 Lenin, *Works*, Vol. 30, p 112.

43 같은 책, Vol. 29, pp 359, 369.

11장 국가의 시들기?

1 Lenin, *Works*, Vol. 25, p 402.

2 같은 책, pp 412, 463.

3 같은 책, pp 487~488.

4 같은 책, p 472.

5 같은 책, p 489.

6 같은 책, p 429.

7 같은 책, p 448.

8 Akhapkin, 앞의 책, p 157.

9 *Sezdy sovetov RSFSR v postanovleniakh i rezoliutsiiakh*, Moscow 1939, p 218.

10 J Towster, *Political Power in the USSR: 1917~1947*, New York 1948, p 209.

11 같은 책, pp 157~159.

12 Lenin, *Works*, Vol. 30, p 237.

13 *Sedmoi vserossiiskii sezdsovetov rabochikh, krestianskikh, krasnoarmeiskikh, i kazachikh deputatov*, Moscow 1920, pp 261~262.

14 Towster, 앞의 책, p 246.

15 G V Vernadsky, *A History of Russia*, New York 1944, p 319.

16 *SUR*, 1917~1918, No. 12, Art. 79.

17 *SUR*, 1919, No. 53, Art. 508.

18 O Anweiler, *The Soviets: The Russian Workers, Peasants and Soldiers' Councils, 1905~1921*, New York 1974, p 235.

19 J V Stalin, *Works*, Moscow 1952~1955, Vol. 4, p 220.

20 Latsis, 앞의 책.

21 W Pietsch, *Revolution und Statt: Institutionen als Träger der Macht in der Sowjetrussland (1917~1922)*, Cologne 1969, p 94.

22 같은 책, p 95.

23 같은 책, p 96.

24 같은 책, pp 114~115.

25 Lenin, *Works*, Vol. 33, p 176.

26 *SUR*, 1922, No. 4, Art. 42.

27 Lenin, *Works*, Vol. 25, p 389.

28 같은 책, Vol. 26, p 272.

29 같은 책, Vol. 24, pp 100~101.

30 Bunyan and Fisher, 앞의 책, pp 298~299.

31 Rigby, 앞의 책, pp 417~418, *Growth of the Red Army*, Princeton 1944, p 102.

32 *The Trotsky Papers*, 앞의 책, Vol. 1, pp 799~800.

33 Fedotoff-White, 앞의 책, p 105.

34 같은 책, p 99.

35 같은 책, p 91.

36 *The Trotsky Papers*, 앞의 책, Vol. 1, p 29.

37 같은 책, p 208.

38 같은 책, p 118.

39 L Trotsky, *Kat vooruzhalas revoliutsiia*, Moscow 1923, Vol. 1, p 235.

40 Fedotoff-White, 앞의 책, p 90.

41 Pietsch, 앞의 책, p 137.

42 Lenin, *Works*, Vol. 31, p 178.

43 Kritzman, 앞의 책, p 233.

44 Lenin, *Works*, Vol. 29, pp 32~33.

45 같은 책, p 183.

46 같은 책, Vol. 33, p 77.

47 같은 책, Vol. 36, p 557.

48 같은 책, p 566.

49 같은 책, Vol. 33, pp 428~429.

50 Bukharin and Preobrazhensky, 앞의 책, p 240.

12장 볼셰비키의 정치적 독점 확립

1 Lenin, *Works*, Vol. 23, pp 325~326.

2 같은 책, Vol. 25, p 450.

3 같은 책, p 440.

4 같은 책, p 404.

5 같은 책, pp 487~488.

6 Sukhanov, 앞의 책, pp 528~529.

7 Carr, 앞의 책, Vol. 1, p 183.

8 Bunyan and Fisher, 앞의 책, p 359.

9   같은 책, p 361.

10 같은 책, p 220.

11 Radkey, *The Sickle under the Hammer*, 앞의 책, p 291.

12 같은 책, p 491.

13 Serge, *Year One of the Russian Revolution*, 앞의 책, p 230.

14 *SUR*, 1917~1918, No. 44. Art. 536.

15 Lenin, *Works*, Vol. 28, pp 190~191.

16 M Gorky, *Untimely Thoughts: Essays on Revolution, Culture and the Bolsheviks, 1917~1918*, New York 1968, pp 85~86.

17 같은 책, p 88.

18 Stalin, 앞의 책, Vol. 4, p 138.

19 Carr, 앞의 책, Vol. 1, p 171.

20 Lenin, *Works*, Vol. 28, pp 212~213.

21 같은 책, Vol. 29, p 151.

22 Getzler, 앞의 책, p 200.

23 L Schapiro, *The Origin of the Communist Autocracy*, New York 1965, pp 123, 125~126.

24 P Avrich, *The Russian Anarchists*, Princeton 1971, pp 195~196.

25 Bukharin and Preobrazhensky, 앞의 책, p 436.

26 Serge, *Year One of the Russian Revolution*, 앞의 책, p 336.

27 *KPSS v rezoliutsiakh*, Vol. 1, pp 446~447.

28 같은 책, pp 600~601.

29 같은 책, p 627.

30 같은 책, p 469.

31 Rigby, 앞의 책, pp 4171~1418.

32 같은 책, pp 470~471.

33 Lenin, *Works*, Vol. 33, p 135.

34 같은 책, Vol. 26, p 260.

35 같은 책, Vol. 29, p 183.

36 같은 책, p 559.

37 같은 책, Vol. 36, p 561.

38 *Dvenadtsatii sezd RKP(b)*, Moscow 1923, pp 41, 207.

39 Bunyan, *The Origin of Forced Labor in the Soviet State*, 앞의 책, p 251.

40 *Vomoi sezd RKP(b)*, Moscow 1933, p 250.

41 *Deviagii sezd RKP(b)*, Moscow 1934, p 307.

42 Trotsky, *The First Five Years of the Communist International*, 앞의 책, Vol. 1, pp 99~100.

43 M A Waters(ed.) *Rosa Luxemburg Speaks*, New York 1970, p 394.

44 같은 책, pp 389~390.

45 같은 책, p 391.

46 같은 책, p 375.

47 같은 책, p 369.

48 같은 책, p 394.

49 같은 책.

50 Lenin, *Works*, Vol. 32, p 25.

51 같은 책, Vol. 33, pp 306~307, 314.

52 Serge, *Year One of the Russian Revolution*, 앞의 책, p 264.

13장 당의 변모

1 Cliff, *Lenin*, 앞의 책, Vol. 2, pp 160~161을 보시오.

2 Rigby, 앞의 책, pp 241~242.

3 Lenin, *Works*, Vol. 30, p 498.

4 *Izvestiia TsK RKP*(b), 24 March 1920.

5 *Desiatii sezd RKP*(b), Moscow 1933, pp 29~30, 76.

6 *Odinnadtsatii sezd RKP*(b), 앞의 책, p 443.

7 같은 책, p 422.

8 Rigby, 앞의 책, p 109.

9 *Izvestiia IsK RKP*(b), January 1923.

10 Narkiewicz, 앞의 책, p 61.

11 Rigby, 앞의 책, p 245.

12 *Izvestiia TsK RKP*(b), 2 December 1919.

13 Lenin, *Works*, Vol. 30, p 71.

14 Rigby, 앞의 책, p 78.

15 Lenin, *Works*, Vol. 28, p 61.

16 같은 책, Vol. 29, pp 32~33.

17 같은 책, Vol. 30, p 485.

18 같은 책, Vol. 29, p 265.

19 같은 책, Vol. 32, p 355.

20 *KPSS v rezoliutsiiakh*, 앞의 책, Vol. 1, pp 623~624.

21 Lenin, *Works*, Vol. 33, p 254.

22 *KPSS v rezoliutsiiakh*, 앞의 책, Vol. 1. pp 446~447.

23 Rigby, 앞의 책, p 77.

24 Lenin, *Works*, Vol. 24, pp 432~433.

25 *Izvestiia TsK RKP*(b), March 1922.

26 Pietsch, 앞의 책, p 133.

27 *Izvestiia Tsk RKP*(b), 24 March 1920.

28 *Odinnatsatii sezd RKP*(b), 앞의 책, p 420.

29 Lenin, *Works*, Vol. 28, p 257.

30 *KPSS v rezoliutsiiakh*, 앞의 책, Vol. 1, pp 442, 463.

31 같은 책, p 525.

32 *CC Minutes*, 앞의 책, pp 126~251.

33 Pietsch, 앞의 책, p 153.

34 R H McNeal(ed.), *Resolutions and Decisions of the Communist Party of the Soviet Union*, Toronto 1974, Vol. 2, p 13.

35 Lenin, *Works*, Vol. 30, pp 443~444.

36 *KPSS v rezoliutsiiakh*, 앞의 책, Vol. 1, p 500.

37 Lenin, *Works*, Vol. 30, p 444.

38 *Vosmaia konferentsiia RKP*(b), Moscow 1961, p 221.

39 *Desiatii sezd RKP*(b), 앞의 책, p 56.

40 *Izvestiia TsK RKP*(b), 5 March 1921.

41 *Dvenadtsatii sezd RKP*(b) 앞의 책, p 207.

42 *Izvestiia Tst RKP*(b), March 1923.

43 *KPSS v rezoliutsiiakh*, 앞의 책, Vol. 1, p 509.

44 McNeal, 앞의 책, Vol. 2, pp 11~12.

45 *Odinnadtsatii sezd RKP*(b), 앞의 책, pp 277~278.

46 J B Sorenson, *The Life and Death of Soviet Trade Unionism, 1917~1925*, New York 1969, pp 167~169.

47 K Marx and F Engels, *Sochineniia*, Moscow 1955, Vol. 3, p 33.

48 Pilnyak, 앞의 책, p 145.

49 I Libedinsky, *A Week*, London 1923, p 42.

50 같은 책, p 47.

51 같은 책, p 99.

52 *Desiatii sezd RKP*(b), 앞의 책, p 52.

53 같은 책, p 54.

54 같은 책, pp 62~63.

55 같은 책, pp 56~57.

56 Carr, 앞의 책, Vol. 1, p 188.

57 A G Löwy, *Die Weltgeschichte ist das Weltgericht*, Vienna 1968, p 111.

58 R V Daniels, *The Conscieaceof the Revolution: Communist Opposition in Soviet Russia*, Cambridge(Mass.) 1965, p 129.

59 Lenin, *Works*, Vol. 31, p 336. Serge, *Year One of the Russian Revolution*, 앞의 책, pp 366~367.

60 Cliff, *Lenin*, 앞의 책, Vol. 2, p 169.

14장 레닌과 군사 전선

1   *The Trotsky Papers*, 앞의 책, Vol. 1, pp 107~109.

2   Lenin, *Works*, Vol. 28, p 195.

3   Trotsky, *My Life*, 앞의 책, p 447.

4   Lenin, *Works*, Vol. 29, p 71.

5   Trotsky, *My Life*, 앞의 책, p 452.

6   같은 책, p 454.

7   같은 책, pp 454~455.

8   Trotsky, *Kak vooruzhalas revoliutsiia*, 앞의 책, Vol. 2, Book 1, pp 388ff.

9   Stalin, 앞의 책, Vol. 4, pp 345~346.

10 L Trotsky, *Stalin*, London 1947, pp 329, 332.

11 Lenin, *Works*, Vol. 32, p 173.

12 C Zetkin, *Reminiscences of Lenin*, London 1929, p 20.

13 *The Trotsky Papers*, 앞의 책, Vols. 1 and 2.

14 *Cliff*, Lenin, 앞의 책, Vol. 2, pp 369~375을 보시오.

15 *The Trotsky Papers*, 앞의 책, Vol. 1, p 589.

16 B. Souvarine, *Stalin*, London 1939, pp 222~223.

17 Trotsky, *My Life*, 앞의 책, p 414.

18 Lenin, *Works*, Vol. 26, pp 470~471.

19 같은 책, Vol. 27, p 95.

20 같은 책, p 98.

찾아보기